JOURNAL D'UN MANDARIN

PARIS. — TYPOGRAPHIE DE E. PLON, NOURRIT ET Cie, RUE GARANCIÈRE, 8.

JOURNAL

D'UN MANDARIN

LETTRES DE CHINE

ET

DOCUMENTS DIPLOMATIQUES INÉDITS

PAR

UN FONCTIONNAIRE

DU CÉLESTE EMPIRE

PARIS

LIBRAIRIE PLON

E. PLON, NOURRIT ET Cⁱᵉ, IMPRIMEURS-ÉDITEURS

RUE GARANCIÈRE, 10

1887

Tous droits réservés

PRÉFACE

En réunissant en volume les Lettres de Chine auxquelles le *Journal des Débats* a accordé déjà une si
bienveillante hospitalité, je n'ai eu en vue que l'intérêt de la cause que j'ai voulu défendre, celle d'une
politique d'entente, sur des bases qui sont malheureusement encore à trouver, entre la France et la
Chine. J'ai la prétention de connaître aussi bien la
France que la Chine, ce qui n'est pas peu dire, et
par conséquent d'avoir quelque peu le droit d'exprimer mon avis sur les questions qui établissent des
rapports entre l'Extrême-Occident et l'Extrême-
Orient. Je crois avoir complétement démontré dans
ces Lettres que bien des obstacles se dressent encore
devant les solutions attendues. La France n'est pas

assez chinoise; la Chine n'est pas assez française. Les deux extrèmes du vieux monde se font toutes sortes d'invitations et voudraient bien, je pense, arriver à s'entendre : mais l'une est Mahomet et l'autre la montagne, et ni l'une ni l'autre ne veut accepter que l'autre soit la montagne. C'est à vrai dire toute la difficulté, la seule qui arrête la Chine et la France sur la voie des bonnes dispositions.

J'entends dire sans cesse qu'il est nécessaire que les deux pays aient pleine confiance l'un dans l'autre, et l'on veut toujours nous démontrer que la France a de bonnes raisons·pour se défier de la Chine. Que puis-je répondre à cela? C'est toujours le même procédé de discussion : il ferme les chemins au lieu de les ouvrir. A mesure que nous pourrions avancer, nous nous plaisons à amonceler sur notre route de grosses pierres qui nous empêchent d'aller plus loin : il semble que nous ayons peur de tomber d'accord.

Le vice-roi de Canton a mis à la mode cette manière de comprendre les relations entre les peuples civilisés : il a inondé la Rivière des Perles d'énormes quartiers de roche qui interceptent les communications avec Canton par vaisseaux de haut bord. De même à Shanghaï, nos autorités se refusent à draguer la rivière, en dépit des réclamations incessantes qu'élèvent les étrangers. Va-t-on déclarer pour cela que la France et la Chine ne peuvent pas s'entendre? Il n'entre pas de navires français à Canton. Cependant l'occasion serait bien belle!

En toutes choses il faut d'abord admettre tout ce que le bon sens force à admettre. Je ne finirais pas si je me mettais à énumérer toutes les exigences du bon sens. On peut discuter la Chine et les Chinois, et c'est même un genre que je ne me suis pas gêné de rendre dans ces Lettres qu'il fallait quelquefois orner de détails *amusants* pour excuser le reste; on peut évidemment trouver en Chine des travers et des ridicules d'une narration aisée et d'un effet toujours certain, et en faire un gros volume. Mais à quoi servira-t-il? Nous ne le lirons pas. Les Chinois sont extraordinairement absolus dans leurs idées, — quelles qu'elles soient; — ils sont réactionnaires à un point qu'on ne peut soupçonner, et il vaut mieux les admettre tels qu'ils sont que s'imaginer vouloir les changer. Ils ont, du reste, de nombreuses qualités qui suffisent à l'ambition de tous les Européens; mais ils sont Chinois et ils resteront Chinois; c'est un fait qu'il faut reconnaître pour exact dans toutes ses conséquences.

Je crois que l'on abuse trop de la bonne foi. Laissons-la de côté pour le moment, et supposons que cette haute vertu n'habite que les capitales du monde européen. De cette manière nous serons fixés. Rien, en effet, ne prévaut contre la coutume : on ne transforme pas les traditions comme une opinion politique.

On abuse trop aussi de Confucius dont l'Europe nous recommande de suivre les principes, quand ils favorisent ses projets. Mais Confucius a dit tant de choses qui soutiennent aussi nos idées ! Je n'ai vraiment que l'embarras du choix. C'est lui, pour ne citer qu'un exemple, un des plus frappants, qui nous a révélé comme une circonstance heureuse : *l'ensablement de nos ports.* Il déclare que cette circonstance n'est pas fortuite, qu'elle a été voulue au nom d'un principe qu'il appelle la « raison suprême des eaux »; et nous admettons ce principe; nous pensons que nos villes du littoral sont plus à l'abri, étant moins abordables ; nous sommes plus sûrement chez nous. Confucius n'avait pas réfléchi qu'un jour viendrait où le monde occidental nous traiterait de barbares parce que le sable de nos rivages ne favorise pas le débarquement des étrangers. Il faut avouer, entre nous, habitants de Paris, que la raison est excessive. Comment donc qualifier alors les Anglais qui ne veulent pas être réunis au continent par un canal sous-marin, de peur de n'être plus aussi insulaires qu'ils le sont? Ne trouvez-vous pas qu'ils estiment eux aussi la « raison suprême des eaux »?

Tous les peuples ont la même passion de l'indépendance : c'est pourquoi les défenses dites *naturelles* sont des bienfaits du Créateur. Nos rivages sont ensablés au lieu d'être accessibles : nous n'avons pas à le regretter. Nous aimons notre sable.

Pour arriver à opérer l'entente franco-chinoise, il faut en France accepter ces théories. En Chine, c'est déjà fait depuis cinq mille ans au moins. Notre manière d'être citoyens du genre humain, auquel nous appartenons, n'a pas été calquée sur les modes de Paris, mais sur celles de Pékin, du temps que Pékin n'existait pas. Ces sortes de modes ne varient pas. Nous pourrons monter cependant en wagon, si un jour la fantaisie nous en prend, mais nous ne permettrons pas au wagon de nous moderniser. La locomotive connaîtra une autre force que celle de la vapeur ; elle aura pour âme un Dragon aux yeux de lapin, pour génie protecteur un Phénix ; et vos savants auront beau faire, jamais la physique ne triomphera de notre mythologie.

On se préoccupe trop exclusivement des incidents qui se produisent entre nos mandarins et les mandarins français. Ne vaut-il pas mieux chercher le meilleur moyen d'empêcher qu'ils se renouvellent trop fréquemment ? Nous n'arriverons jamais à un état de relations absolument parfait. Eh ! si l'on connaissait mieux nos mandarins, on excuserait plus souvent nos malheureux ministres.

J'ai conté dans mes Lettres, sur le ton qu'aiment les Parisiens, une série d'incidents qui intéressent quelquefois la politique. J'ai dit du mal des Chinois ; je les traite sévèrement même, quand ils dépassent les limites des convenances sociales chinoises. Mais, au fond, je leur suis bienveillant. Le lecteur verra que je n'aime pas les Anglais, que je les déteste cordialement, et je le prouve. Il reconnaîtra aussi que je ne suis pas un courtisan des puissances ministérielles. Par le temps qui court, le mérite n'est pas absolument indigne d'être remarqué, même par moi. Je suis un impartial qui, ayant dit leur fait aux hommes politiques, n'a nulle souvenance de leur avoir causé de l'ennui. Je poursuis un but; je vais droit mon chemin, ne disant évidemment que ce que 'e peux dire; et si j'ai fait œuvre utile, cela seul suffira à mon bonheur.

JOURNAL D'UN MANDARIN

I

Politique d'évacuation. — L'utilité du Tonkin. — Opinion d'un Chinois. — Le testament du maréchal Tso.

Shanghaï, le 15 octobre 1885.

En Chine comme en France, la question passionnante est celle du Tonkin. Demandez aux étrangers qui habitent en Chine leur opinion au sujet de l'avenir de notre jeune colonie : ils déclareront que le Tonkin est le Mexique de la République, qu'il n'y a que des épidémies à coloniser, et que le parti le plus avantageux pour la France est d'abandonner la situation. Les étrangers, en Chine comme ailleurs, savent faire très-bien leurs affaires et pratiquent, pour arriver à leurs fins, la devise fameuse : « Ote-toi de là que je m'y mette ! » De telles déclarations sentent leur orfèvre de quatre mille lieues, et ne peuvent pas avoir grande chance d'être écoutées.

Cependant tout peut se dire; et les Anglais et les Allemands, qui sont si chauds partisans d'une politique française dite d'évacuation, sont tout à fait dans leur rôle, quand ils nous conseillent le retour dans le beau pays de France. Nous les gênons tant au Tonkin qu'ils seraient capables d'y élire domicile, notre dernier soldat embarqué. L'Anglais et l'Allemand sauront, du reste, s'entendre, et l'Indo-Chine consolera assurément l'Angleterre, qui a perdu le Soudan. Ce sont ici, sur place, des vérités éclatantes; et le plus curieux de l'affaire, c'est que ce sont ces mêmes Anglais qui pleurent leur influence perdue en Afrique, qui nous conseillent de les imiter. Par malheur, il y a en France des esprits qui se laissent séduire par ces misérables calculs. On admirera la *logique* des Anglais, alors qu'il vaudrait mieux donner la bonne raison, l'échec de leurs armes. Il est facile de dire que les raisins sont trop verts quand ils sont hors de portée; mais faire croire qu'ils étaient verts, c'est un comble qu'il faudra mettre à l'actif de la naïveté française.

Les Chinois ont des accès de gaieté, quand ils discutent ces détails. Il faut reconnaître qu'ils n'ont pas tort; mais ils cessent de rire quand ils envisagent l'avenir, et c'est ce mot mystérieux qui donne à la question du Tonkin une importance de premier ordre. C'est, en effet, la clef de voûte de l'influence française en extrême Orient, *quelle que soit la prospérité de notre nouvelle colonie.* Le Tonkin n'est que le pied-à-terre de la France en extrême Orient, et la résidence où pourront s'effectuer à l'égard de la Chine ces rapports *de bon voisinage* auxquels le président de la République française a lui-même fait allusion dans le discours qu'il adressa au ministre de Chine il y a quelques mois. Ce sont ces rapports *de bon voisinage* qui doivent devenir l'espérance de la colonie; elle sera florissante si, par elle, à cause d'elle, la Chine devient la *cliente* et l'*alliée* de la France.

Voilà la question du Tonkin telle qu'il faut la considérer et telle que la considèrent les officiels chinois qui sont *indépendants*. Sans doute, les difficultés sont encore très-grandes; l'état de guerre prolongé a organisé dans tout le pays, y compris le Delta, une piraterie disciplinée qui ne déposera pas les armes aussi aisément que les Chinois, car ces bandes n'obéissent à aucunes lois établies, puisque la Chine s'est désintéressée du débat, et, avant de reconnaître la suprématie de la France, il faudra qu'elles soient détruites. C'est l'œuvre d'une campagne, et d'une campagne très-prompte, si les côtes sont bien gardées, de manière à empêcher les débarquements d'armes et de munitions de s'effectuer. Nos pires ennemis ne sont pas les pirates.

Un des mandarins les plus intelligents du Céleste Empire, auquel je soumettais cette même question du Tonkin, me disait ces jours derniers que la pacification du Tonkin dépendait des relations qui allaient se produire entre la France et la Chine :

— Les étrangers, me disait-il, ont intérêt à prolonger l'état de révolte du Tonkin. C'est une situation désagréable pour la France qu'exploitent habilement ses adversaires, mais elle est très-dangereuse pour la Chine. Nous ne pouvons pas supposer que la France abandonne désormais le Tonkin; si, par extraordinaire, cette situation se présentait, l'anarchie serait telle dans tout le pays, en Annam et au Tonkin, que nous serions nous-mêmes menacés. La France et la Chine peuvent certainement s'entendre; elles le doivent; nos intérêts sont équivalents. Pourquoi, par exemple, la France ne reprendrait-elle pas son idée première, celle qu'elle a jusqu'ici négligée, à savoir d'organiser le Tonkin au point de vue de la culture? Nous pourrions vous prêter, en bons voisins, des colons, et vous savez que nous ne manquons pas d'hommes. Les Chinois n'ont pas à redouter le climat; ils résistent naturellement aux intempéries dont les vôtres souffrent; ils sont acclimatés. —Comment! lui répliquai-je, vous croyez que les autorités chinoises accepteraient une telle combinaison, et deviendraient nos collaborateurs? — Mais pourquoi en douter? Le gouvernement chinois n'a pas fait preuve de mauvaise volonté; il a conclu avec la France une paix durable, et, malgré les ardentes réclamations de nos vice-rois et de nos chefs de corps, qui ne demandaient qu'à poursuivre les résultats que promettait notre succès de Lang-son, il a intimé à tous l'ordre de rentrer en Chine et de respecter la volonté de l'Impératrice régente. Ce sont des faits très-clairs qui démontrent que nous n'avons pas *officiellement* d'antipathies à l'égard de la France. Nous pouvons être d'accord; il suffit de le vouloir. Tenez, si vous le permettez, je vais vous lire un document que je viens de recevoir; c'est une belle page dont je méditais les sages conseils au moment même où vous êtes venu me voir : c'est le testament du maréchal Tso, son dernier rapport à l'Empereur, et vous jugerez si cette pensée suprême, dictée par le patriotisme le plus pur et le plus élevé, peut être suspectée de mauvaise foi :

« J'ai été très-malade, et, comme la maladie s'aggravait tous les jours, j'ai demandé à Votre Majesté de m'accorder un congé pour rentrer dans mon pays et me soigner. J'ai donc remis, le vingt-cinquième jour de la présente lune, les sceaux de commissaire impérial et de commandant en chef de l'armée au vice-roi Yang, qui m'en a accusé réception.

« Je devais partir; mais, au moment de me mettre en route, j'ai éprouvé des douleurs si vives que j'ai dû rester au lit; en même temps, tout mon corps enfla ; je sais que je vais mourir.

« J'ai servi sous trois règnes pendant lesquels Leurs Majestés m'ont confié des charges importantes, à la capitale comme ministre, dans les provinces comme commandant en chef de l'armée.

« Actuellement, la question de la guerre ou de la paix est liée à la puissance ou à la faiblesse de l'empire. J'avais reçu la mission de me rendre dans le Sud, mais je n'ai pu soutenir le prestige de notre armée. Cela est mon seul regret au moment de la mort.

« La situation politique actuelle est que, depuis la paix de l'Ouest, le Japon attend toujours l'occasion, et les pays européens nous guettent avec un œil ouvert. Si nous ne réunissions pas tous nos efforts pour réparer le passé et préparer l'avenir, une fois les hostilités ouvertes, nous ne serions que plus faibles encore. Nous aurions de la peine à retrouver même l'état actuel.

« Je prie S. M. l'Impératrice mère et S. M. l'Empereur de décider immédiatement le projet du conseil d'amirauté que j'ai déjà présenté, ensuite la question des chemins de fer, des mines, des canons et des navires. Toutes ces questions sont relatives au relèvement de notre puissance; mais la conduite doit toujours être la question principale.

« Je voudrais que Votre Majesté donnât plus d'ardeur à ses études et ne négligeât aucun détail concernant l'administration du gouvernement. Approchez toujours les hommes dont la droiture a été éprouvée, et écoutez tous les bons conseils.

« Employez pour l'armée toutes les dépenses qui auraient pu être faites pour des objets inutiles.

« Il faut rechercher toujours *les résultats réels*.

« C'est dans l'espoir que mes conseils seront suivis que je considère ma mort comme si je continuais à vivre. »

Le ton dont mon interlocuteur soulignait certains passages de ce rapport m'intéressa vivement. Il voulait me faire comprendre qu'en haut lieu les étrangers sont cotés à leur juste valeur, et que le sentiment intime de la Chine officielle est uniquement le souci de son indépendance et de son honneur. Cette impression devint tout à fait convaincante lorsque je pris connaissance du rapport adressé à l'Empereur par le maréchal Tso sur le projet de création du conseil d'amirauté.

Le conseil d'amirauté, ou mieux le ministère de la marine, pour l'organisation de la défense nationale, a été institué, comme vous le savez, après la mort du maréchal, dont *tous les conseils seront suivis*. Je ne crois pas que les journaux anglais mettent beaucoup d'empressement à publier ces rapports ; ils laissent trop clairement percer les intentions des mandarins ; il vaut évidemment mieux s'en tenir aux vieilles redites qui font de la Chine un arsenal de ferrailles dépareillées et de coutumes surannées.

La Chine, qu'on exploite, a fait d'immenses progrès depuis ces trois dernières années ; et elle en fera encore de plus grands dont nous serons peut-être *les seuls à ne pas nous plaindre, si notre politique est conciliante et patiente.*

Je voulais vous donner sur l'affaire de Hamilton quelques curieux détails que j'ai appris ici. Ils auront encore leur intérêt dans quelques jours. Les Anglais sont définitivement installés à Port-Hamilton, cette Gibraltar si enviée des Russes, et y resteront, parce que les intérêts de l'Angleterre l'exigent. C'est une raison.

II

Le rapport du maréchal Tso.

Shanghaï, 20 octobre 1885.

Voici le texte du rapport adressé à l'Empereur par feu le maréchal Tso au sujet de la création du conseil d'amirauté. Cette traduction reproduit presque littéralement, et *in extenso,* ce document, qui a eu en Chine un retentissement immense. C'est, en effet, l'acte officiel de la révolution qui vient de s'accomplir dans le Céleste Empire.

C'est ce rapport auquel le maréchal Tso fait allusion dans son testament politique que je vous ai communiqué déjà, et qui, ces temps derniers, a fait l'objet de discussions solennelles dans les conseils de l'Impératrice. Il est aujourd'hui admis comme la *règle de conduite nouvelle* de l'empire; c'est vous dire suffisamment quelle est son importance et quelle place il prendra dans l'histoire contemporaine de la Chine.

Je vous rendrai compte dans ma prochaine lettre des impressions qu'il a fait naître. En général, il est approuvé sans réserves par le parti des jeunes lettrés, qui saluent avec enthousiasme les nouvelles idées et les nouvelles réformes; le vieux parti les accepte comme une nécessité qui s'impose, tout en regrettant l'ancien monde. Li-hung-chang est plus que jamais le maître de la situation.

RAPPORT A L'EMPEREUR DE CHINE

présenté par S. Exc. le maréchal Tso-tsung-tang, au sujet de la création d'un ministère de la marine (Comité de défense nationale ou Comité d'amirauté).

« Le 25ᵉ de la 3ᵉ lune de l'année présente, j'ai reçu de Votre Majesté un décret ainsi conçu :

« Quoique la paix soit faite actuellement, la défense
« des côtes doit être maintenue. Il faut encore chercher
« les moyens sûrs et immédiats pour prolonger et per-
« pétuer cet état de défense. Respectez ceci. »

« A la lecture de ce décret, j'ai immédiatement cherché à m'y conformer, bien que je sois à l'article de la mort et que toutes mes pensées ne soient pas actives. J'ose cependant dire mon avis à Votre Majesté, afin qu'Elle prenne un parti.

« Les pays étrangers, ayant exercé leur marine depuis des siècles, ont obtenu des résultats tels qu'ils ont pu faire tout ce qu'ils ont voulu sur la mer. Heureusement, depuis vingt ans, notre réorganisation a reçu un commencement d'exécution. Nous avons créé les arsenaux, les fabriques, les écoles maritimes, bien que toutes ces créations, tous ces établissements ne soient pas encore dans un état parfait. Mais les fondements existent; et c'est pour cela que nous avons pu entrer en lutte l'année dernière : le combat de Chen-haï en a été la preuve.

« Notre marine actuelle est loin de valoir celle des étrangers ; mais les Chinois sont attentifs et réfléchis : même les Européens les trouvent intelligents. Si les autorités chinoises peuvent employer tous leurs efforts à adopter tout ce qui est relatif au progrès, nous entrerons bientôt en parallèle avec les puissances maritimes, car il ne doit pas nous suffire de nous organiser seulement en état de défense.

« Un décret précédent de Votre Majesté disait que notre marine possède des établissements et des navires. Mais ces navires ne sont pas solidement construits, et les constructions ne sont pas perfectionnées. Le choix du personnel n'a pas été fait avec soin; les crédits étaient insuffisants.

« Mon avis est qu'il faut commencer nos constructions navales par les cuirassés et, en ce qui concerne les engins de guerre, par les canons. C'est pour cela que j'ai demandé dernièrement l'agrandissement de tous nos établissements, car il vaut mieux que nous construisions nos navires dans nos chantiers que de les acheter.

« L'arsenal de Foutchéou, tel qu'il est installé actuellement, ne peut pas construire de cuirassés. Son agrandissement doit être immédiatement ordonné.

« J'ai entendu dire que le vice-roi de Hou-kouang avait proposé de créer un établissement pour la construction des machines à l'entrée du lac Po-yang. En effet, à partir de Han-kaou et de Hou-tchang, le fleuve Bleu est large et profond. Il faudrait ordonner au vice-roi et aux gouverneurs, dont l'autorité s'exerce le long de ces rivages, d'envoyer les délégués compétents pour sonder ces parties du fleuve et permettre ainsi à mon collègue de réaliser son projet.

« Quant aux canons, on pourra les fabriquer à Nanking et à Canton. Il faut faire, dès à présent, des essais, afin de ne pas perdre de temps. Mais, pour que tout marche convenablement, il faut avoir les hommes capables de diriger les établissements.

« On attribue les progrès lents de notre marine à la tradition. Mais je pense que toutes les difficultés proviennent, d'après mon expérience comme ministre d'État et comme vice-roi, du partage des pouvoirs, car les membres des conseils de Pékin ne reçoivent l'ordre que de discuter les projets présentés par les provinces, et celles-ci se renferment chacune dans les pouvoirs qui leur sont propres, sans qu'elles aient le droit de s'immiscer dans les pouvoirs des autres provinces. Il n'y aura donc pas de direction unique pour tous les établissements que le décret de Votre Majesté ordonne de créer dans chaque province.

« Pour éviter l'inégalité des efforts, il y a lieu de désigner des hommes capables en leur conférant le titre de surintendants généraux de la marine ou de ministres de la marine, pour assumer la direction de toutes les mesures destinées à l'organisation de la défense nationale. Ces fonctionnaires auront le pouvoir de proposer directement au Trône tout ce qui concerne le choix du personnel, les exercices de la marine, les demandes de crédits, les constructions navales, l'acquisition du matériel. La résidence de ces ministres sera établie à Yantse-kiang, qui se trouve placé à mi-chemin du Nord et du Sud.

« Le ministre demeurera dans sa résidence pour l'expédition des affaires courantes, ou voyagera pour inspecter les escadres, selon la nécessité.

« Il devra avoir des secrétaires qui l'aideront de leurs conseils et pourront le remplacer en cas d'absence. De cette manière, les pouvoirs seront centralisés et les responsabilités incomberont à ce personnage seul. Conséquemment, il devra jouir de la considération universelle, avoir toutes les connaissances dites modernes, et être versé dans les arts européens.

« Quant aux règlements de l'organisation, quelque imparfaits qu'ils soient, je présente à Votre Majesté sept articles, en La priant de vouloir bien les faire discuter et exécuter s'il y a lieu.

ARTICLE PREMIER

Des constructions navales.

« Dans les marines étrangères, malgré la puissance des cuirassés, on emploie toujours les croiseurs, les canonnières, les torpilleurs, les transports et les chaloupes pour former les escadres.

« Mais pour que la marine soit complétement réorganisée, il ne suffit pas qu'elle soit complète; il faut qu'elle soit parfaite. Les anciens types sont bons seulement pour les transports.

« D'après l'étendue du littoral de la Chine, qui a plus de 10,000 lis, nous avons besoin au moins de dix escadres, dont chacune serait composée de plusieurs cuirassés et bâtiments de tous genres exercés, afin d'être prêts à toute éventualité.

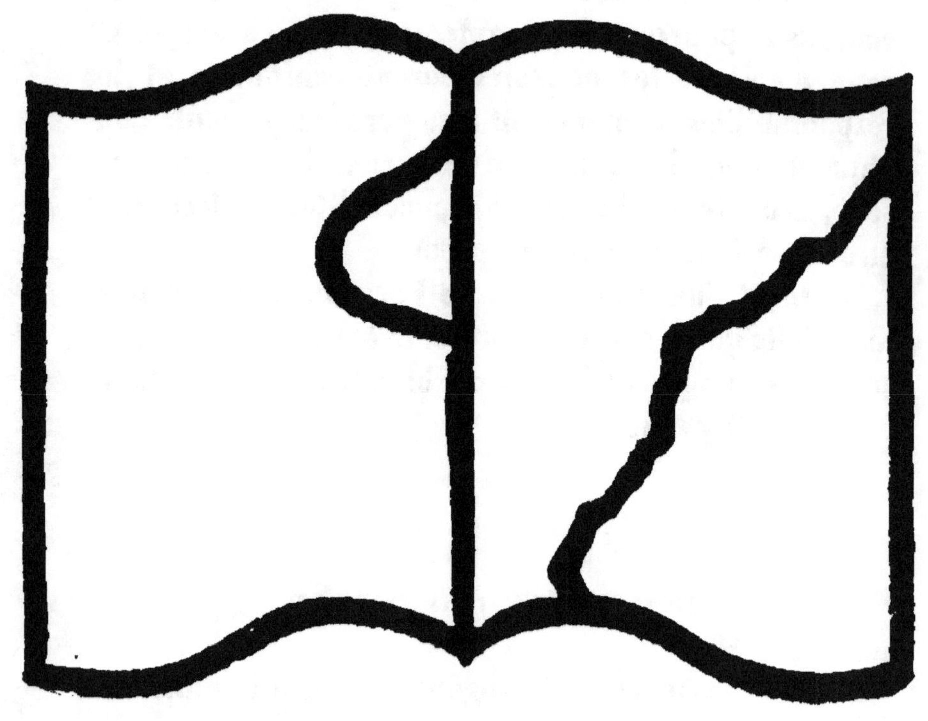

Texte détérioré — reliure défectueuse
NF Z 43-120-11

ARTICLE II

Modification des règlements.

« L'ancienne marine ne ressemble nullement à la nouvelle marine que je propose. A l'exception de la police maritime intérieure, nous devons modifier les règlements concernant la marine de haute mer, et ne plus faire de distinction entre la marine du Nord et celle du Sud. Il ne doit y avoir qu'une seule marine, sous le commandement du conseil d'amirauté.

« Chaque escadre aura un commandant du grade d'amiral, un commandant en second du grade de vice-amiral. Tous les autres officiers auront des grades équivalents dans la hiérarchie militaire. Les avancements et les mutations seront proposés par le conseil d'amirauté.

ARTICLE III

Règlement uniforme pour les exercices et les évolutions.

« Malgré les dix escadres, si l'on ne fait pas des évolutions et des exercices en haute mer, les avantages obtenus ne seront pas importants. Je propose de placer huit escadres dans les rades de Ta-kou, Niou-chang, Tché-fou, Tsung-min, Chenaï, Foutchéou, Formose et Canton.

« Elles feront la garde des côtes, tout en faisant les manœuvres réglementaires.

« Les escadres se remplaceront mutuellement tous

es quatre mois et feront, avant de prendre leurs nou-
elles positions, des manœuvres d'ensemble. Quant aux
eux autres escadres, l'une se rendra dans les mers de
'Est, et l'autre dans les mers de l'Ouest. Elles poursui-
ront le même but que les escadres étrangères, qui font
es voyages pour exercer les marins, protéger les natio-
aux et étudier les pays étrangers. Les commandants
'escadre remettront à leur retour des rapports détaillés
u conseil d'amirauté. Chaque escadre voyagera à tour
e rôle pendant un an.

.   .   .   .

ARTICLE VII

Construction des chemins de fer.

« Les pays étrangers considèrent le commerce comme
principale des ressources. Il n'en est pas de même en
hine. Mais *pour le commerce* on fait des routes, et
ar *les routes* on mobilise les troupes. Une fois les
ransports devenus faciles et rapides, tout marche à
uhait. Il est vrai qu'avant la construction des chemins
n rencontre des obstacles multiples ; mais, une fois
chevés, ils constituent pour le peuple une source de
chesses et pour l'État une grande puissance.

« Tout prouve jusqu'à présent que les chemins de
r ne présentent que des avantages, jamais des incon-
énients. Pour les adopter, il faut laisser de côté toutes
es critiques et toutes les observations.

« Rappelons la pensée de Confucius : le peuple
'aura qu'à nous suivre sans chercher à nous apporter
es entraves. La preuve en est que, depuis l'adoption

des navires à vapeur et des lignes télégraphiques, on ne peut plus s'en passer. A plus forte raison doit-on accepter les avantages que présentent les chemins de fer. Mon avis est que de Ton-chow jusqu'à Tsin-kien l'on doit ouvrir la première ligne ferrée qui mettra le Nord et le Sud en rapports directs, d'abord pour les transports, ce qui relèvera le commerce, et ensuite pour la mobilisation, ce qui diminuera les effectifs.

« Les dépenses de cette ligne demandent plusieurs millions de taëls seulement. Les actions seront faciles à réunir, et dans le pays que cette ligne doit traverser, elle ne présentera aucune difficulté. Nous pourrons ensuite, après ce premier résultat obtenu, créer des embranchements et les prolongements qui seront reconnus nécessaires. Aussitôt après la nomination du ministre de la marine, on pourra faire étudier cette question dans tous ses détails.

ARTICLE VIII

Instruction des officiers.

« Jusqu'à présent, l'instruction consiste dans la philosophie et la littérature, sous prétexte que la philosophie est la règle de conduite ou théorie, et la littérature la pratique. L'année dernière, un des censeurs avait proposé d'ouvrir un concours sur les sciences. J'ai appuyé cette proposition, car je savais que la doctrine philosophique et les sciences ne sortent que de la même source. On ne pourrait pas marcher l'un sans l'autre. Mais les sciences fournissent des hommes plus utiles. Après avoir voyagé dans plusieurs provinces, j'ai pris es informations plus complètes. Je crois que non-seulement les officiers de marine doivent sortir d'une école spéciale, comme l'a établi Li-hung-chang, mais qu'il faut aussi ouvrir tous les établissements officiels à toutes les carrières dans cet ordre d'idée.

« Car la physique, les constructions, la géographie et toutes les sciences ont pour base la philosophie et pour résultats la pratique. Il faut autant que possible traduire tous les livres scientifiques pour les vulgariser. Il faut que le peuple, que les lettrés travaillent et s'instruisent dans les sciences, et que toutes les classes fournissent à l'État les gens capables qui puissent répondre à son appel et qui méritent sa confiance. »

Ce rapport a été l'objet d'un décret impérial instituant le conseil d'amirauté, et qui a nommé comme ministres :

Le prince Chung, père de l'Empereur ; le vice-roi Li-hung-chang, le marquis de Tseng et un autre membre tartare.

III

Port-Hamilton et les étrangers. — La politique des Anglais. — Le rôle de la France. — L'exploitation de la Chine. — La disgrâce de Li-fong-pao.

Shanghaï, le 28 octobre 1885.

On ne parlera plus de l'affaire de Hamilton. Le dernier acte de cette comédie renferme quelques intermèdes qui ne manquent pas d'intérêt. Les Chinois qui s'occupent de politique, — et ils sont très-nombreux, trouvent que les Anglais ont été « inconvenants ». C'est peut-être leur audace qui les a fait triompher. Voici les faits : Les Anglais s'étaient installés à Port-Hamilton, au nord de Quelpart. Cette île, qui commande une des stations les plus importantes de l'extrême Orient, appartient à la Corée. La Corée est encore actuellement sous la dépendance officielle de la Chine; dépendance plutôt nominale qu'effective, car tout le monde règne en Corée : la Russie, le Japon, l'Allemagne et l'Angleterre s'en disputent le protectorat, et sans doute la Russie et le Japon finiront par s'entendre. C'est l'opinion généralement admise.

Quant à la Chine, il est clair que *tout le monde* sera d'accord pour combattre son influence en Corée. Le programme des étrangers et du Japon en extrème Orient est dans ces mots : « Sus à la Chine ! » Il y a un parti de patriotes en Chine qui connaît exactement cette situation, et qui patiente en attendant le moment favorable pour agir. L'important, dans les circonstances actuelles, est de conserver l'état existant, et d'être bien avec *tout le monde*.

Après l'occupation de Port-Hamilton par les Anglais, la Russie, qui désirait s'y installer, réclama auprès du roi de Corée, et lui conseilla de réunir dans la capitale du royaume tous les résidents étrangers, à l'exception du représentant de l'Angleterre, et de soumettre à cette assemblée toutes les pièces du procès en cause. Cette réunion déciderait souverainement sur la question de savoir si les Anglais pouvaient occuper, en pleine paix, un territoire dépendant du royaume de Corée. Le Roi accéda avec empressement à la demande de la Russie; mais le consul anglais fut assez habile pour faire échouer tous ces beaux projets. Il demanda audience au Roi et exposa à Sa Majesté que la situation politique entre

Angleterre et la Russie était telle qu'une guerre pou-
it éclater d'un moment à l'autre; que les circon-
ances étaient devenues si pressantes que l'Angleterre
avait pas eu le temps (*sic*) de faire auprès de Sa Majesté
s démarches nécessaires pour obtenir l'autorisation
occuper Hamilton; bref, que c'était contrainte et
rcée par des raisons majeures que l'Angleterre avait
à s'assurer cette position, parce qu'elle était la clef
es communications maritimes entre le Nord et le Sud.
e consul ajouta que son gouvernement ne comptait
installer à Hamilton que temporairement, pour acqué-
r la force morale nécessaire au succès de sa politique
ntre la Russie, et pria en conséquence le roi de Corée
e consentir à l'occupation de Hamilton, *à titre de*
ét. Le consul désapprouva, du reste, le projet de la
union d'une conférence qui ne pourrait susciter que
es conflits dont souffrirait l'autorité du Roi, et il lui
présenta que l'Angleterre serait si satisfaite du concours
u'il lui apporterait en cette circonstance qu'elle prouve-
it sa reconnaissance. Le Roi consentit à l'occupation.
Voilà, certes, un tour de force qui n'est pas ordinaire
qui explique la vogue dont jouit la politique anglaise
extrême Orient. On prend une ville, une île, un
rritoire, parce que la situation est stratégique. L'An-
eterre sait qu'elle peut se permettre encore ces au-
aces, et la Chine les tolère parce qu'elle ne peut pas
ire autrement; mais ces victoires fantastiques ne se-
ont plus aussi faciles à remporter si, comme les
jeunes » le proclament et le souhaitent, la Chine nou-
elle qui se forme tous les jours aspire à l'indépendance;
t pour la Chine, l'indépendance, c'est la chasse aux
nglais.

Il est difficile de se rendre compte en France de cette impression. On est trop habitué à considérer les Chinois comme des êtres inférieurs, incapables de progrès ou tout au moins indifférents à nos progrès. Or, ce n'est pas le cas. Il s'accomplit en Chine une renaissance qui sera le grand événement de la fin de ce siècle, et ce mouvement social, civilisateur, il dépend de la politique française de le diriger.

Ce n'est pas là une opinion fantaisiste, c'est une conviction acquise que les circonstances imposent comme une nécessité. On peut dire, sans exagération de forme, que la Chine sera en Asie une grande puissance ou ne sera rien, selon que la France lui prêtera son appui ou le lui refusera. L'Angleterre et l'Allemagne n'ont pas cessé d'*exploiter* la Chine : c'est, de leur propre aveu, *la meilleure des colonies*. Tout le rebut des fabriques anglaises passe en Chine pour du neuf; pendant la guerre du Tonkin, toutes les munitions provenaient des arsenaux de l'Allemagne, qui a écoulé à des prix très-avantageux son vieux matériel. Cette guerre, qui a été si onéreuse pour notre trésor, a jeté des millions par centaines dans les caisses des Anglais et des Allemands; et je vous assure qu'il est plaisant d'entendre les Chinois se plaindre d'avoir été volés, à la lettre, et notamment d'avoir reçu de vieilles cartouches, — un stock de 1870, — qui ne partaient plus. Et les vieux canons vendus comme neufs, parce qu'ils sortaient de chez Krupp, et les vieux fusils vendus comme armes perfectionnées ! L'occasion était admirable; personne n'a eu garde de la manquer. C'est aujourd'hui que tous ces mécomptes, toutes ces tromperies reviennent à la mémoire; au moment de refaire le matériel, on s'aperçoit que

ancien ne peut pas servir, qu'il a été mauvais dès le
emier jour et qu'on a été exploité. Tout le monde a
is part à cette brillante affaire. Il me revient de
ien-tsin, directement de l'entourage du Vice-roi, que
s Russel et Cie, qui avaient acheté pendant la guerre la
otte de la China Merchants Company, pour la sous-
aire aux poursuites de nos marins, et qui, après la
nclusion de la paix, ont rendu la flotte à ses premiers
ropriétaires, ont demandé un tel prix au Vice-roi qu'il
'est pas probable qu'il ait jamais la tentation de recom-
iencer l'expérience. On dit même à Tien-tsin et à Shang-
aï que les Russel et Cie, qui jusqu'alors avaient la con-
ance du Vice-roi et qui devaient être les agents géné-
aux de la Chine pour l'acquisition du matériel de
uerre en Europe, auraient perdu de leur influence. La
ouvelle ne serait pas sans importance, car elle serait
avorable aux intérêts français, que les Russel et Cie et
eurs agents n'étaient que trop empressés à négliger,
inon à combattre. Je vous renseignerai à ce sujet
ussitôt que j'aurai reçu mon courrier de Tien-tsin.

Il n'est bruit en ce moment que de la disgrâce qui
enacerait d'atteindre l'ancien ambassadeur de Chine à
erlin, Li-fong-pao, accusé par le Conseil des censeurs
'avoir négligé les intérêts de l'empire. Les conclusions
u rapport sont telles qu'il est à craindre que l'Impéra-
rice ne les sanctionne. Le télégraphe vous apprendra
ans doute avant l'arrivée de cette lettre la décision qui
ira été prise par la régente; mais quelle qu'elle soit,
'ex-ministre Li-fong-pao est perdu de réputation. On
prétend, et c'est aussi mon avis, que les Anglais ne sont
pas étrangers à cette mesure, car Li-fong-pao avait
commis le crime impardonnable d'avoir fait construire

trois corvettes cuirassées dans les chantiers de la Compagnie Vulcain de Stettin. Les Anglais ont attendu l'arrivée de ces corvettes pour accabler l'ancien ministre de Berlin, et démontrer qu'il avait été trompé. Le fait est que ces corvettes ne valent rien, et qu'elles ont eu même grand'peine à arriver jusqu'en Chine. L'une d'elles avait dû faire escale à Malte pendant un mois! La Chine veut à tout prix une flotte qui puisse tenir la mer, et non des bateaux de pacotille. La seule faute qu'ait commise Li-fong-pao est donc d'avoir commandé des cuirassés en Allemagne; c'était évidemment une erreur.

Je vous l'ai déjà dit, et je ne cesserai de vous le répéter, la solution de la question tonkinoise n'est pas au Tonkin, encore moins à Paris; elle est à Pékin et à Tien-tsin. C'est là seulement qu'elle se résoudra. On ne peut pas espérer anéantir chez un peuple qui respecte depuis plus de trois mille ans la même autorité, l'attachement à ce passé; on ne brise pas d'un trait de plume, ni d'un coup de sabre, la longue chaîne ininterrompue qui relie les siècles entre eux. L'autorité de la Chine est indiscutable et indiscutée au Tonkin et en Annam; nous ne voudrions pas avoir la simplicité de supposer que nos procédés de civilisation tels que les ont pratiqués les Brière de l'Isle, les Courbet et les Négrier, sont admirés de ces gens-là. Ce serait leur faire trop d'honneur. La guerre est une de ces exceptions que les civilisés parfaits peuvent seuls admettre. Mais au Tonkin et en Annam, un mandarin à plume de paon, investi des pouvoirs impériaux, portant en lui l'image du Fils du Ciel, serait adoré tout simplement. Que voulez-vous obtenir de populations qui ont de telles coutumes? Donnez-leur des Chinois à boutons de corail; récitez-leur

bonnes pensées de Confucius; à la bonne heure! —
is ne leur apprenez pas la guerre d'escarmouches;
finiront par devenir des bandits, et il faudra vingt
s pour les exterminer.

Des mandarins qui connaissent la question me l'ont
ez souvent dit : la France et la Chine doivent s'en-
dre d'un commun accord pour régler cette affaire;
st l'intérêt de la Chine et c'est celui de la France, non
s seulement parce que de cette manière la pacification
Tonkin sera assurée, mais parce que la France et la
ine deviendront *alliées,* et que cette alliance sera
ur les deux pays une source de prospérité. Quant à
vacuation du Tonkin, ce serait une réelle trahison;
r les Anglais occuperaient aussitôt le territoire aban-
nné. Ce jour-là, la France aura porté une atteinte
ave à son antique renommée de « nation qui aime
onneur ». Et le monde sera témoin de cette étrange
iose, qu'une expédition entreprise pour soutenir l'hon-
ur du drapeau aura eu pour résultat, malgré des faits
armes glorieux, de ternir à jamais l'honneur de ce
ême drapeau.

IV

s réformes. — Le premier chemin de fer. — Décret de l'Impératrice. —
La Corée et la Russie. — Le marquis Tseng et le Vice-roi. — Le Tsung-
li-yamen. — Macao.

Shanghaï, le 15 novembre 1883.

L'empire du Milieu est devenu un monde nouveau :
n n'y parle que de projets; même les journaux, jusqu'a-

lors si prudents, se permettent d'enfler leur voix et de donner des conseils aux gouvernants, sous prétexte d'opinion publique. C'est parfait. Seulement il est peut-être bon de se demander si cette ère nouvelle, si impatiemment attendue par les financiers de toutes nuances qui abordent sur ces rivages, ne sera pas exclusivement consacrée... aux projets. L'optimisme est permis quand on veut convaincre des actionnaires; mais les actionnaires chinois n'ont pas encore fait avec les titres au porteur une suffisante connaissance pour qu'on puisse être certain de leur collaboration.

Sans doute des mesures nouvelles seront adoptées; l'armement sera organisé de manière à assurer la défense permanente des frontières de l'empire; la marine comprendra plusieurs escadres de cuirassés, de croiseurs et de torpilleurs. Sous ce rapport, les Chinois se mettront tout à fait d'accord avec les Européens, il n'y a pas à en douter. Mais les chemins de fer, la seule création active qui fonderait une nouvelle Chine, verront-ils jamais le jour? C'est une question.

Le vice-roi Li-hung-chang s'occupe de tout. A mon dernier voyage, il mettait à l'étude l'organisation des banques d'État. Actuellement, toute la Chine parle des banques d'État. Ces établissements seraient ouverts dans tous les ports et à Pékin. Le gouvernement chinois verserait un fonds de garantie, accorderait des priviléges et inviterait ensuite le public à souscrire des actions. Voilà le projet. Le Vice-roi voudrait rattacher à ces banques un service régulier de lignes maritimes pour l'exportation des produits chinois à l'étranger, projet assez ambitieux, parait-il, pour un Chinois qui se mêle de marine marchande, lorsque les Anglais en

ament souverainement le monopole. Mais le Vice-roi
avant tout Chinois et paraît disposé à le démon-
, même aux Anglais, même aux Chinois qui se sont
é acheter. Seul Li-hung-chang pouvait avoir de ces
ces.

e puissant vice-roi, — on l'appelle le plus souvent le
d chef, — est allé à Pékin il y a quelques semaines
n est revenu comme un triomphateur. C'est le maître
'empire; personne n'est au-dessus de lui. L'Impé-
ice l'a comblé de présents et d'égards. C'est de ce
ge que date réellement la création des chemins de
en Chine. Le Vice-roi a présenté au trône, disent les
lles publiques, un petit modèle de chemin de fer com-
de treize wagons. Les expériences ont été faites dans
alais du prince Tchun, père de l'Empereur. Ainsi la
r de Chine en est encore au joujou! Nous sommes
loin des grandes lignes. Et cependant que de com-
tions excitées parmi les commissionnaires et les
nciers qui rêvent les fortunes subites! Ces conces-
s de chemins de fer ont fait tourner la tête au monde
er. A qui appartiendra la première concession, l'u-
ue concession dont il est question un peu sérieuse-
t, celle de Tching-kiang à Pékin? On me dit, et je
s cette nouvelle d'un des secrétaires de Li-hung-
g, que le Vice-roi serait disposé à accorder la con-
ion à une Compagnie américaine pour une période
ix années, période après laquelle la ligne revien-
it à l'État. Cette nouvelle est, je crois, exacte. La
ison américaine qui arriverait ainsi première est une
plus importantes de Shanghaï; c'est la maison Jar-
e Matheson et Cⁱᵉ. Tout le monde à Shanghaï connaît
influences, et personne n'a été surpris de son succès.

Après tout, il ne peut que nous satisfaire; car si cette compagnie n'avait pas eu la concession, c'était un syndicat allemand qui l'obtenait. C'est même la raison pour laquelle les Américains ont obtenu les faveurs du Vice-roi. Les Américains sont considérés par les Chinois comme des neutres. Lorsque les compétitions sont trop grandes et que les difficultés deviennent insurmontables, le Vice-roi prend un parti héroïque, toujours le même : il choisit les Américains qui, pour le Chinois, possèdent l'avantage de n'être pas Européens.

Naturellement, l'enthousiasme a gagné les esprits les plus rebelles aux émotions dites modernes. On voit déjà la Chine couverte de chemins de fer...; mais il y aura bien des difficultés à résoudre. Cependant le Vice-roi a dit que, l'année prochaine, Taku et Tien-tsin seront reliées par un chemin de fer; le Vice-roi l'a déclaré à l'amiral Lespès en prenant congé de lui il y a quelques semaines, et ce propos était ici, ces jours derniers, le sujet de toutes les conversations.

Je vous ai annoncé dans ma dernière lettre la nouvelle de la disgrâce de Li-fong-pao comme étant encore incertaine. Cette nouvelle est aujourd'hui officielle. L'ancien ambassadeur de Chine à Paris et à Berlin a été dégradé par décret. Le décret de l'Impératrice dit que « la conduite de l'ex-ambassadeur a été méprisable, en ce sens qu'elle a été sans dignité, son seul mobile ayant été l'intérêt personnel ». Le décret ajoute que l'ex-ambassadeur avait été plusieurs fois « censuré », et qu'il y a lieu de le destituer. Cet incident, qui a produit dans tous les cercles une profonde émotion, — car Li-fong-pao était une très-haute personnalité, et il avait su s'attirer et mériter les sympathies du monde officiel

artout où il avait passé, — est certainement d'une
ès-grande importance. En frappant Li-fong-pao, l'Im-
ératrice et ses conseillers ont voulu donner une grave
çon à tous ceux qui se sont faits les agents intéressés
es commissionnaires européens pour toutes les livrai-
ns qui ont été faites lors des récents événements. Le
ouvernement chinois a été exploité comme il n'est pas
ossible de l'être, non-seulement par les Européens,
ais aussi par les Chinois qui avaient reçu leurs encou-
agements. La Chine officielle commence à comprendre
ue les vieilles ferrailles qui leur ont été vendues pour
u neuf à des prix exorbitants ne pourront plus lui
ervir, et qu'elle a été volée. Un décret de l'Impératrice
rdonne aux censeurs de faire dans tout l'empire une
nquête à ce sujet et de rechercher tous les délégués
ui ont été chargés, pour le compte de l'État, des achats
e matériel de guerre. Le décret constate que ce maté-
iel ne se compose que de rebut, et que ces opérations
nt enrichi d'une manière scandaleuse les commission-
aires qui les ont traitées. Le décret ordonne aux maré-
haux et aux vice-rois de punir très-sévèrement tous
es sujets de l'empire qui auront été convaincus d'avoir
ervi d'intermédiaires à ces marchés.

Le décret qui dégrade Li-fong-pao a donc une grave
ignification. Malheureusement, l'Impératrice n'a pas le
ouvoir de dégrader tous ceux qui ont conseillé l'ex-
inistre de Chine à Berlin, et tout le monde ici nomme
un Européen qui aurait largement profité de toutes les
aventures dont l'infortuné Li-fong-pao supporte aujourd'hui la responsabilité, et qui n'en conserve pas
moins ses attributions et sa faveur. Les intrigues ont
été très-violentes en cette affaire : les Allemands officiels

ont essayé d'imposer leur désir, mais ils n'ont même pas réussi à faire croire que les produits de leur industrie étaient bons. On en veut certainement aux Allemands, et il faut reconnaître qu'ils n'ont pas volé cette disgrâce. Par contre, ils ont *gagné* beaucoup d'argent; ce qui peut leur paraître une suffisante compensation.

La question de la Corée devient chaque jour de plus en plus irritante. Je vous ai dit que le Roi avait fait à son père, — retour de Chine, après un emprisonnement de plusieurs années, — un accueil des plus chaleureux. C'était un événement en Corée. Ce personnage est, en effet, très-jaloux des prérogatives de sa dynastie, et représente en Corée ce qu'on pourrait appeler, avec quelque exagération cependant, le parti national coréen. Un pauvre parti évidemment, et il l'a prouvé, car aucun des partisans de l'ex-Roi n'a osé paraître et lui faire cortége le jour de son arrivée dans la capitale. C'est le Japon qui domine en Corée. Les Russes et les Anglais s'y disputent bien l'influence, mais le Japon est en tête. En attendant que les rivaux parviennent à s'entendre, l'Impératrice a ordonné à Li-hung-chang, par décret officiel, d'envoyer une garnison à Séoul et de prendre toutes les dispositions pour assurer la protection du royaume coréen contre les tentatives des étrangers. Attendons-nous de ce côté, aussitôt que la Chine sera en mesure de faire éclater sa puissance, à quelques complications. La Russie a en ce moment même quelques démêlés avec le Céleste Empire. Les douanes de Kia-u-khan, qui commençaient à recevoir les marchandises russes, ont donné prétexte à des difficultés. Le consul russe établi à Kaschgar a excité contre l'administration chinoise les mahométans, et il en est résulté un conflit qui donne de 'occupation aux diplomates. C'est peu de chose, mais n en parle, même à Shanghaï.

De Tien-tsin et de Pékin, les dernières nouvelles eçues ne sont pas très-importantes. Le gouvernement e paraît s'occuper que de l'organisation de la marine. e maréchal Sien a été désigné pour le commandement n chef de la flotte du Sud, et le marquis Tseng pour 1 flotte du Nord, de concert avec son collègue du con-eil de l'amirauté, le vice-roi Li. Un décret de l'Impé-atrice ordonne que les inspections générales auront ieu au printemps prochain, sous la direction du prince hung. Vous remarquerez à ce propos que, malgré son ésir d'entrer dans la voie des réformes nécessaires, la hine commet encore quelques erreurs de détail qui ront sans doute de l'impression en Europe. Le mar-uis Tseng transformé en amiral est une invention assez rôle qui pourrait amuser les Parisiens, mais qui, pa-aît-il, est destinée à relever le crédit de la marine chi-oise. Tout est possible. Il a été décrété que la Chine rait une puissance maritime; par conséquent, les pre-niers en faveur auprès du trône se sont proclamés ami-aux, comme s'il suffisait du titre pour en avoir les ualités. Ces petits détails ne manquent pas d'être très-structifs; ils établissent aussi le crédit dont jouit la mille Tseng, aujourd'hui l'égale des plus puissantes milles de sang impérial. L'oncle du marquis, qui était ce-roi de Nankin, vient d'être élevé à la dignité de aut fonctionnaire, inspecteur provincial, une des pre-ières charges de l'État. Il hérite d'une partie des ouvoirs dont était investi le maréchal Tso. On s'ac-rde à dire que les Anglais ne sont pas étrangers à lte nomination : la politique anglaise s'est, en effet, proposé de faire du marquis Tseng le rival de Li-hung-chang, et de créer en Chine deux partis politiques à l'exemple des nations civilisées. Le Vice-roi représenterait le parti national, puisqu'il a maintes fois affirmé son intention de rendre la Chine indépendante; les Tseng représenteraient, au contraire, l'influence anglaise. Certes, rien ne pourrait être plus désagréable aux Anglais que de voir le marquis Tseng et le vice-roi Li faire cause commune. (Mais ce n'est pas fait.) Ces deux puissances s'entendront-elles?

L'ancien vice-roi de Nankin est remplacé par le vice-roi de Canton, que certains on dit avaient fait passer pour un de nos ennemis les plus actifs. Cette nomination pourrait donc être interprétée dans un sens favorable à notre influence, s'il était à supposer que les mauvaises dispositions du vice-roi de Canton aient été approuvées en haut lieu, ce qui n'est nullement établi. Du reste, il faut toujours se mettre en garde contre les nouvelles qu'on prétend de source officielle : l'imagination joue un grand rôle en Chine, et les moindres choses prennent tout de suite des proportions gigantesques. La politique du Tsung-li-yamen est encore un mythe. Le véritable gouvernement, c'est-à-dire la décision, est entre les mains de Li-hung-chang, et cet état de choses, à moins d'une révolution, durera tant que vivra le Vice-roi. Quant au Tsung-li-yamen, il ne constitue, à vrai dire, qu'un bureau international pour la réception et l'expédition des dépêches. On n'a jamais entendu parler d'une résolution prise par le Tsung-li-yamen, qui se borne à écouter les avis de l'Impératrice, le matin à l'aube, et à faire exécuter ses ordres. S'il s'agissait seulement de donner à l'Impératrice des indi-

ations se rapportant à des responsabilités quelque peu
raves, tous les membres du Tsung-li-yamen garde-
aient le silence. C'est bien ce qui est arrivé au mois de
évrier dernier, alors que tout le monde, en Chine et en
rance, désirait la fin du conflit tonkinois; personne
'osait parler de la paix en présence de l'Impératrice :
'était interdit par décret. Sans la courageuse initiative
jui fut prise alors de Berlin par Li-fong-pao, la guerre
urerait peut-être encore. La cour de Chine a oublié ce
ervice et ne s'est rappelé que les critiques peut-être
malveillantes des censeurs. On raconte dans les cercles
officiels des choses très-curieuses au sujet des préliminaires de la paix; je vous les conterai quelque jour,
mais il est établi, c'est hors de doute, que cette paix a
été faite à Berlin, sans le concours des Allemands, entre
Français et Chinois. Je suis en mesure de vous affirmer
le fait.

Les Portugais ont fait parler d'eux tout récemment :
on a dit qu'ils réclamaient Macao. C'est une question très-
plaisante, comme on n'en voit qu'en Chine. Macao est
au Portugal sur les cartes de géographie; mais elle fait
toujours partie pour les Chinois du territoire de l'empire. Le Portugal n'a jamais pu obtenir l'acte de reconnaissance de cette colonie. Il arrive que les Portugais,
disent les chroniques les plus récentes, désirent ar-
demment un traité de commerce avec la Chine, et la
Chine répond : Macao. C'est très-désobligeant, mais c'est
correct.

On annonce, à bref délai, l'arrivée des délégués de
plusieurs syndicats européens qui se sont constitués pour
recevoir et exécuter les commandes de la Chine. Ils n'auront pas grand succès. La Chine a été fortement éprouvée

par les commissionnaires et les délégués, et est résolue à profiter de la leçon. Les produits de l'industrie française ont pour eux le mérite de la nouveauté; ils pourront bénéficier de cet avantage, et, comme je vous l'ai déjà écrit, s'ils sont bien *représentés*, ils l'emporteront sans conteste sur les produits étrangers. L'avenir nous réserve peut-être, comme surprise, de voir les intérêts de notre commerce et de notre industrie activement soutenus en extrême Orient. Les Chinois le désirent certainement et attendent nos propositions.

V

UNE CONVERSATION AVEC UN FONCTIONNAIRE CHINOIS.

Les exploits de l'Angleterre en Birmanie ont été acceptés de la Chine comme une conséquence prévue. C'est, en effet, une spécialité du caractère chinois de se défier, et par conséquent de prévoir; spécialité assez peu utile quand elle se borne à constater que tel résultat arrivera nécessairement, sans autre forme de procédure; mais, au point de vue théorique, elle mérite d'être signalée.

Les Chinois lettrés qui raisonnent d'après Confucius ont d'admirables formules qui expliquent tout. L'histoire et les philosophies suffisent à former une expérience qu'ils appellent pompeusement la science politique universelle, et les docteurs de Hanlin se croient volontiers des hommes d'État infaillibles. Ainsi ces affaires très-embrouillées de la Birmanie, de la Corée, de l'Annam et du Tonkin qui n'occupent en ce moment en

rope que les ministères de la guerre deviennent en
lelques tours de formules savantes, pour les politiques
hinois, des questions très-ordinaires dont la solution
'pend de principes fixés d'avance. J'ai été assez heu-
ux pour me rencontrer ces jours derniers avec un haut
nctionnaire chinois dont les idées ne sont pas celles
tout le monde, et qui, pour moi, avaient le plus
and prix, parce que je savais qu'elles reflétaient les
éories du vice-roi Li-hung-chang. Je vous en résume
-après les pricipaux passages :

Moi. — Connaissez-vous l'opinion du Vice-roi sur la
ouvelle situation politique que les conquêtes de l'An-
cterre en Birmanie, et les menaces de la Russie et du
pon en Corée, doivent déterminer en Chine? Vos hommes
État se préoccupent-ils des conséquences? De tous les
tés, aux quatre points cardinaux, vos frontières sont
enacées; vous êtes devenus le but des convoitises uni-
rselles. Est-ce que vos gouvernants, et en particulier
vice-roi Li, n'ont pas, à l'égard de ces menaçants voi-
nages, des craintes d'avenir en prévision desquelles
lle ou telle politique s'imposerait, inévitablement? La
hine se contente-t-elle d'enregistrer les progrès de ses
bitieux amis les Anglais? Est-ce qu'elle n'ira pas au-
vant du danger 'avant qu'il soit devenu insurmon-
ble?

Le haut fonctionnaire. — Notre empire a, il est vrai,
sisté en spectateur à la ruine progressive des petits
tats tributaires établis au delà de nos frontières comme
s grand'gardes de sa puissance. Malheureusement, les
rincipes et les formules nous gouvernent encore, et si,
ans certains cas, ils sont d'une application pratique,
ans certains autres ils deviennent la pire des choses.

Nous disons ceci : « Les choses doivent pourrir elles-mêmes pour que les vers viennent. » Nous disons aussi : « L'homme qui ne se respecte pas lui-même ne peut pas mériter le respect des autres. » Cherchez la conséquence de ces maximes; elle vous conduit à cette opinion politique : que les petits États doivent se relever eux-mêmes, afin de faire cesser les ambitions des grands États.

Moi. — Mais votre gouvernement ne peut-il prendre la défense de ces petits États?

Le haut fonctionnaire. — Les avis sont partagés. Les uns disent que la Chine, au point de vue de ses droits, ne doit pas laisser s'achever la ruine de la Birmanie sans protester; les autres disent que nous avons autre chose à faire que de porter secours à nos voisins. Chacun a raison. Mais au point de vue doctrinal, il importe peu; car les petits États tributaires doivent se relever eux-mêmes. Périsse la Chine plutôt qu'un principe! Il y a cinquante ans, l'Angleterre a suscité en Birmanie des difficultés qui ont obligé cet État à céder à son adversaire une partie de son territoire. De nouvelles difficultés survinrent quelques années plus tard, qui se terminèrent au profit des Anglais par une nouvelle cession de territoire; de sorte que la Birmanie proprement dite n'est actuellement que la moitié de ce qu'elle était il y a un demi-siècle. La conquête s'est préparée lentement par une désorganisation successive de la puissance de l'adversaire, et les Anglais n'ont plus pour s'emparer de la Birmanie qu'à profiter de sa faiblesse. La situation est condamnée d'avance.

Moi. — La Birmanie a-t-elle jamais été une nation importante?

Le haut fonctionnaire. — C'était un pays florissant,

me grande étendue, et possédant toutes les ressources
i font les peuples capables de s'enrichir et de se for-
er. Il confine le long de ses frontières de l'est à notre
ovince du Yunnan; au sud, il est limité par le royaume
Siam; à l'ouest et au nord, par les Indes. De l'est à
uest, il mesure 1,400 lis. Montagneux et aride au
rd, il possède dans les contrées méridionales de fer-
es prairies, des plaines bien cultivées dont les récoltes
nt si abondantes qu'elles suffisent chaque année à la
nsommation de plusieurs années. Les forêts sont ad-
irables et fournissent les plus beaux bois de construc-
n que l'on puisse trouver dans ces contrées; l'ivoire
t également très-abondant. Avec toutes ces ressources,
serait possible de faire quelque chose pour relever le
ys. L'histoire nous apprend, en effet, qu'on peut gou-
rner un pays de 100 lis d'étendue; mais on n'a jamais
i dire qu'avec un territoire aussi grand que celui de la
irmanie on n'ait pu arriver à aucun bon résultat. Certes
Japon était bien moins riche que la Birmanie, et ce-
ndant il s'est élevé au rang des grands États.

Moi. — A quelle cause attribuez-vous la ruine de la
irmanie?

Le haut fonctionnaire. — A une seule, la même du
ste pour tous les États qui se débattent en ce moment
ntre l'inévitable sort qu'ils ont mérité. Tous ces États
'ont pas été gouvernés, et le zèle patriotique des classes
férieures n'a jamais été stimulé. Les grades et les
mplois s'accordaient seulement à l'ancienneté, jamais
u mérite. C'est la supériorité de notre civilisation et sa
uvegarde contre les grands dangers qui peuvent as-
illir la patrie d'avoir fondé l'égalité de toutes les classes
ar la reconnaissance d'un seul privilége, celui du talent.

De toutes les nations de l'Asie, la Chine est la seule qui ait mis en pratique ce grand principe. Partout ailleurs, la classe populaire fait défaut par manque d'ambition. « Marchands de bois nous sommes, disent les Birmans, marchands nous resterons; que nous importe le reste! » Les Coréens pensent de même, et ils sont logiques. Le peuple de la Birmanie ne ressemble pas à celui de la Corée. Les Coréens ont le caractère doux, mais amolli par les pratiques abrutissantes des sectes du Tao et des religions dégradées qui tyrannisent l'intelligence; au contraire, les Birmans ont le caractère cruel et enclin à la paresse. Il fallait pour les gouverner une main de fer.

MOI. — Croyez-vous que la Corée soit exposée à être envahie, comme l'a été la Birmanie?

LE HAUT FONCTIONNAIRE. — C'est le sort qui lui est réservé indubitablement. Ne voyez-vous pas que les préparatifs sont les mêmes? On crée des difficultés; des révoltes éclatent, on les réduit; et pour prix de la paix, on exige une cession de territoire. Or, le territoire est petit et les ambitions sont grandes. Les partages sont donc tout indiqués, et il arrivera en Corée ce qui est arrivé en Annam. L'événement est certain.

MOI. — Quel serait, selon vous, le remède à cette situation?

LE HAUT FONCTIONNAIRE. — Il n'en existe qu'un seul : changer les mœurs. Tous ces peuples ont des qualités spéciales qui les rendent aptes au travail, mais ils sont corrompus et amollis. Les religions les ont énervés. Ils ne peuvent devenir puissants que s'ils réagissent contre les doctrines et les pratiques ineptes de l'idolâtrie, que s'ils changent les mœurs. Le proverbe dit : « Avec mille écus dans sa poche il ne faut pas coucher

ur la voie publique. » C'est la seule leçon qui soit bonne
méditer pour tous nos voisins, y compris les Annamites
ui ne doivent qu'à leur faiblesse l'avantage d'être ac-
ellement placés sous le protectorat de la France.

Moi. — Pensez-vous donc que ce soit un malheur pour
s Annamites d'être soumis à notre influence, et ne
royez-vous pas que nos institutions, tous les éléments
ouveaux de notre civilisation, n'apporteront pas dans
vaste pays les ressources qui précisément lui man-
uaient pour sortir de l'état d'anarchie? Quel est votre
vis à ce sujet, ou bien, si vous voulez, quel est celui de
onfucius?

Le haut fonctionnaire. — Justement Confucius dit :
Lorsqu'on ne pense pas au loin, les soucis sont pro-
hes. » Et c'est cette vérité que les Français se chargent
e démontrer actuellement en Annam. Le philosophe
entseu dit aussi : « Soumettre les hommes par la force.
'est ne pas les soumettre; mais par la vertu on peut
umettre l'univers. » Ce sont des maximes qui ont en-
re dans notre système de gouvernement des défenseurs
nvaincus, quels que soient les progrès réalisés, et
uelque vieilles qu'elles paraissent. Il en est qui tien-
ent encore pour la vertu officielle; c'est peut-être très-
rt, mais c'est passé de mode chez nos voisins, et nous
vons subi l'influence de ces modifications dans une me-
ure assez large pour que je puisse parler de ce sujet
ème légèrement.

Ce que je constate seulement, c'est la permanence de
s vieux souvenirs et l'existence chez mes compatriotes
'une opinion basée uniquement sur les maximes de
nfucius et de Mentseu. Il faut donc en tenir compte
ans une certaine mesure. Certes, je ne prétends pas que

la France ne puisse pas arriver à pacifier et à organiser l'Annam, ce n'est pas ma pensée; mais je prétends qu'elle n'arrivera à ce résultat que si elle travaille à opérer ce *changement des mœurs* que j'ai indiqué comme nécessaire pour opérer le relèvement de la nation. Les peuples de l'Annam ont un caractère changeant, indécis et rusé; ils sont peu gouvernables par les aristocraties. Il est possible que la création d'une classe moyenne dont tous les membres pourront arriver aux emplois de l'État satisfasse les classes dites inférieures et prépare le parti de l'influence française. Si le protectorat prend résolûment la cause des classes moyennes contre les mandarins, il est assuré de devenir populaire, et ses proclamations auront plus de force que les promenades militaires toujours sanglantes des généraux en chef du corps d'occupation. Les coups de fusil ne résoudront aucune question en Annam, parce que c'est une question sociale qui a conduit ce peuple à la ruine. En vérité, c'est une ruine que d'être soumis.

L'Annam est un pays riche; ses ressources étaient suffisantes pour lui donner la puissance. Les Annamites n'ont pas su les employer utilement. Ils ont les richesses naturelles : les mines, les terres fertiles, les prairies; les récoltes sont abondantes. Ils n'ont pas su se gouverner ni se prémunir contre la faiblesse; ils ont marché vers la ruine, par leurs fautes, comme les Birmans, comme les Coréens, et comme bientôt les Siamois, s'il plaît aux Français ou aux Anglais de leur faire savoir qu'ils ont cessé d'être. C'est la loi de l'envahissement, une sorte d'expiation pour les nations asiatiques qui ont abusé de la corruption. Les esprits réfléchis en Chine ne se méprennent nullement sur cet état de choses, et je vous assure que si la France ambitionne le titre de nation civilisatrice, elle ne pouvait pas rencontrer d'occasion plus favorable qui servît d'application à ses doctrines et à son activité. Nous sommes très-impatients de la voir à l'œuvre.

Moi. — J'ai déjà constaté que les lettrés de haut rang étaient plutôt disposés à nous aider de leurs conseils, et même à souhaiter que notre influence devînt effective. Je ne suis donc pas surpris de vous voir raisonner de la sorte; mais en attendant que le protectorat de la France se soit affirmé par des résultats appréciables, l'Annam et le Tonkin sont encore troublés par des bandes de révoltés qui ont organisé dans tout le pays la guerre civile, et il ne s'agit pas en ce moment de gouverner, mais de pacifier. Or, vous me permettrez de n'être pas absolument de l'avis du philosophe Mentseu; je crois que la force, même brutale, est dans ce cas d'un concours indispensable. Vous-mêmes, n'avez-vous pas lutté, les armes à la main, contre les Taïpings? Que faisiez-vous lors des maximes de Mentseu?

Le haut fonctionnaire. — Les circonstances étaient bien différentes. Les Taïpings étaient une espèce d'armée de Pavillons-Noirs, redoutable par son organisation, disposant de forces considérables. C'était vraiment la guerre qu'ils nous avaient déclarée. Mais au Tonkin et en Annam, la guerre est finie. Les Pavillons-Noirs sont entrés en Chine, *sur l'ordre de la Chine,* et c'est là ce qu'il ne faut pas perdre de vue. Je ne crois pas qu'il eût été possible, à moins de sacrifices énormes, de venir à bout des Pavillons-Noirs s'ils étaient restés, par ordre de la Chine, sur les territoires du Tonkin et de l'Annam. Il n'y aurait pas eu d'administration possible; le pillage eût été organisé, il vous aurait fallu défendre chaque récolte, chaque maison, chaque village contre les incursions de ces bandits; la tâche était impossible. Il faut donc admettre comme une réalité que la Chine désire la pacification de ces florissantes contrées, surtout du Tonkin, qui n'a jamais été depuis de longs siècles qu'un territoire abandonné aux pirates et aux exilés de nos provinces. Une administration sagement organisée, sur le modèle de nos cercles administratifs, y fera naître, en même temps que le travail, la prospérité et la richesse. Mais le régime militaire n'aboutira dans ces contrées qu'à des résultats désastreux; et notre philosophe qui célèbre la vertu n'a pas tout à fait tort. Je crois que les populations du Tonkin et de l'Annam désirent autant que les Français, autant que nous, la paix et la tranquillité, et qu'elles s'imposeront volontiers les sacrifices nécessaires pour obtenir ces deux bienfaits. Le gouvernement français n'a, en Annam, qu'une seule classe qui lui soit hostile; c'est la classe des lettrés et des mandarins. Ces lettrés et ces mandarins sont tous des ignorants et des coquins; ce sont eux qui ont asservi le pays. Jusqu'ici, la France a pensé bien faire en destituant des mandarins pour les remplacer par d'autres supposés moins rapaces et moins intrigants; c'est une erreur. Les mandarins sont tous corrompus et se sont constitués en caste exclusive, exploitant les classes inférieures avec toute la ruse dont ils sont capables. Il ne peut pas, il ne doit pas y avoir d'alliance avec la caste des mandarins; sinon la cause de l'influence française est perdue d'avance. Le protectorat aura toujours contre lui les mandarins; mais il peut s'appuyer sur le peuple, qui a des qualités dont il tirera parti sûrement s'il le soutient dans ses revendications et dans ses espérances. La France a, en vérité, à faire en Annam de la *démocratie*. C'est un rôle qui ne doit pas lui être difficile. Et considérez bien que ces réflexions ne sont pas sans importance; c'est le conseil de Confucius que j'applique : « Voir au loin! » En outre, la méthode que je vous propose sera nouvelle et démonrera que les protectorats sont des bienfaits, et pour les rotecteurs et pour les protégés : une démonstration qui vira nos docteurs. Pour nous, en effet, nous savons co ue c'est que coloniser : coloniser, c'est annexer, c'est-à-lire prendre situation pour en *déduire* une plus imporante, qui est visée. C'est le système anglais : des Indes, jui coûtaient bien cher à la métropole avant l'opium, 'Angleterre a été en Australie. Une bonne colonie est ne conséquence prévue. C'est pourquoi les Anglais nous épètent sans cesse que la France ne s'est installée au onkin que pour s'emparer de Formose; mais nous n'en royons rien, et c'est la première fois qu'un peuple tranger nous inspire quelque confiance; et ce peuple, est le peuple français, ce sont vos compatriotes, avec squels nous nous sommes battus, pour bien nous prour sans doute que nous pouvions sympathiser. C'est un oyen qui a réussi, quelque singulier paraisse-t-il.

Moi. — Est-ce que ces idées sont partagées par un and nombre de lettrés de vos compatriotes? car je suis armé de les entendre.

Le haut fonctionnaire. — Mais beaucoup de mes amis isonnent de même. Nous *savons,* nous *comprenons* e *la France n'a pas de goût à être notre ennemie.* ous pouvons vivre en bons voisins, c'est extrêmement cile, et si les Français, — mais ceci, c'est de la poliue un peu savante, — voulaient intriguer et chercher leur voie en extrême Orient, ils deviendraient bien promptement nos conseillers et nos instructeurs. La Chine, un jour, discutera les puissances dont elle subit le joug. Vous me demandiez quelle était notre politique; elle est tout entière dans ce programme : l'organisation de l'indépendance. Vous savez quels sont nos maîtres; vous pouvez pressentir alors quel pourra être le rôle de vos compatriotes.

Je ne pouvais pas manquer de vous redire cette conversation qui touche à tant de sujets importants, et que j'examinerai de nouveau en détail avec mon savant interlocuteur. Mais je suis certain que vous en tirerez la conséquence que notre gouvernement a une grande tâche patriotique à accomplir, et qu'il dépend de la bonne gestion de nos intérêts en Annam et au Tonkin de relever le prestige du nom français en Chine, et de préparer à notre commerce et à notre industrie une prospérité que toutes les nations de l'Europe, les plus ambitieuses en puissance, comptent obtenir pour elles-mêmes. Ce sera l'œuvre de la fin de ce siècle; elle justifiera sans doute la définition ingénieuse que mon haut fonctionnaire donnait de son pays en le voyant appelé à collaborer à toutes les tentatives des progrès modernes : « La Chine sera la fontaine de Jouvence de la vieille Europe. »

VI

LE TRAITÉ DE TIENTSIN ET LA POLITIQUE.

Shanghaï, le 1er décembre 1886.

Un mandarin occupant un poste élevé dans les administrations de l'État, récemment arrivé de Pékin et de

Tientsin, s'est donné le malin plaisir de me demander si j'avais lu le traité de Tientsin.

« — Lequel? répondis-je.

« — Le second, évidemment. Le premier n'est plus connu que du commandant Fournier et des secrétaires de Li-hung-chang. Je parle du traité du 9 juin 1885. L'avez-vous lu?

« — Mais sans doute.

« — Complétement?

« — Oui, tout au long.

« — Alors vous savez...

« — Quoi?

« — Mais ce que tout le monde sait en Chine; tout le monde, entendons-nous; les politiques et les intrigants, y compris les Anglais et les Allemands.

« — Je sais que le traité de Tientsin accorde à la France des avantages très-précis; qu'il nous a promis un règlement spécial dont les dispositions devront favoriser le développement du commerce franco-chinois par les frontières du Tonkin limitrophes de celles du Yunnan, du Kouang-si et du Kouang-tong; je sais encore que ces dispositions feront partie d'une convention dont M. Cogordan est même chargé de discuter en ce moment les articles avec votre puissant seigneur Li-hung-chang. Voilà tout ce que je sais.

« — Oui, c'est tout pour un Français; mais ce n'est pas tout pour un Chinois ni pour un Anglais. Voulez-vous lire l'article 4? Il débute par ces mots : *Lorsque la frontière aura été reconnue.* Cela prouve que le traité de Tientsin, quelque *ratifié* qu'il soit, est soumis à cette petite formalité : la reconnaissance des frontières, et à l'accord, s'il vous plaît, sur cette question... insignifiante. »

Mon mandarin partit d'un grand éclat de rire qui m'aurait bien égayé si le sujet avait été tout autre; mais la plaisanterie ne m'allait qu'à demi, et je regrettais déjà ma rencontre avec ce trouble-fête. Car nous attendons ici d'un jour à l'autre la conclusion des négociations du traité Cogordan; et, sans aucun doute, lorsque cette correspondance vous parviendra, la trouverez-vous fort démodée. Mais je vous ai promis toutes mes notes et toutes mes impressions.

Le mandarin, cependant, avait retrouvé une gaieté moins encombrante et me dépliait bien tranquillement une copie du traité de Tientsin; il me lut l'article 3, ainsi conçu :

« Des commissaires désignés par les hautes parties contractantes se rendront sur les lieux pour reconnaître la frontière entre la Chine et le Tonkin. Ils poseront, partout où besoin sera, des bornes destinées à rendre apparente la ligne de démarcation. *Dans le cas où ils ne pourraient se mettre d'accord sur l'emplacement de ces bornes ou sur les rectifications de détail* qu'il pourrait y avoir lieu d'apporter à la frontière actuelle du Tonkin, dans l'intérêt commun des deux pays, ils en référeraient à leurs gouvernements respectifs. »

« Aviez-vous lu cet article? Voyez-vous que les signataires du traité ont prévu le cas où les délégués ne pourraient s'entendre...? Eh bien! s'ils ne s'entendaient pas; si, par hasard, nos délégués avaient *bien lu et bien compris* cet article; s'il y avait un intérêt chinois, ou un *autre*, car il n'y a pas que la Chine en Chine, qui fût intéressé à ce que ces bornes en question ne pussent pas trouver d'emplacement, voyez-vous les délégués revenant avec leurs bornes sans avoir pu trouver où les poser?»

Et mon mandarin se reprit à rire, mais follement. Il est vrai que son image était assez comique, et, ma foi, j'ai ri aussi.

« Que faites-vous donc alors, continua-t-il, des avantages spéciaux du traité de Tientsin, si les maudites bornes ne peuvent pas trouver d'emplacement? Sans doute vous direz alors que nous ne sommes pas de bonne foi, ou que nous sommes des farceurs. »

J'avais bien le désir de lui dire que j'étais complétement de cet avis, mais je voulais le laisser profiter quelque peu de son succès, et, quant à moi, bénéficier au moins de mon rôle d'*humilié*.

J'étais tombé sur un fonctionnaire qui n'était pas précisément de nos partisans. Il faut bien connaître toutes les opinions. Je n'ai jamais eu la simplicité de croire que nous ayons plus d'amis en Chine que partout ailleurs; nous en avons cependant, mais qui demandent à être soutenus. Les ennemis, quand ils sont sages, peuvent réaliser quelquefois la préférence du fabuliste, et c'est ce que j'éprouvai.

Mon interlocuteur était trop enthousiaste, fort heureusement pour moi, car autrement il ne m'eût rien dit. Pour lui, la Chine sera paisible et même prospère si elle suit la politique de l'alliance anglaise, parce que l'Angleterre est la rivale de la Russie en Asie, et qu'il faut, tôt ou tard, que la Chine choisisse entre le protectorat dissimulé et courtois des Anglais et le joug despotique du czar blanc. Il disait juste. C'est, en effet, cette doctrine qui nous est toujours opposée parce qu'elle est considérée comme *réelle*. La Chine indépendante, ce rêve d'ambition entrevu par un grand nombre de Chinois, est un but traité de chimérique par les partisans de l'alliance anglaise, parce que, selon eux, la Chine devrait s'imposer de trop grands sacrifices pour se défendre à la fois contre les Russes, les Anglais et les Français. Une politique d'alliance avec la France ne serait possible qu'autant qu'elle serait *effective*, c'est-à-dire qu'autant qu'il y aurait accord entre la Chine et la France, et cet accord ne semble pas immédiat, ni même probable.

« Nous sommes obligés d'appartenir à quelqu'un, soupira mon Chinois, — cette fois il ne riait plus, — et il vaut encore mieux que nous choisissions notre maître plutôt que de le subir. Nous avons essayé des Anglais; ils sont coûteux, c'est vrai, mais ils ménagent notre amour-propre, sans nous contraindre à changer nos mœurs. Du reste, ne leur devons-nous pas une grande reconnaissance? Ce sont eux qui nous ont débarrassés de l'écrasant fardeau de la guerre! C'est par leur influence que la paix Campbell a été signée; c'est grâce aux efforts de sir Robert Hart et de sir Halliday Mac-Carthney que nous avons pu retrouver la paix; ils nous ont prouvé que nous pouvions compter sur eux; ils se sont montrés nos amis. »

Voilà cependant ce qu'on entend en Chine! et ce sont des mandarins à bouton rouge qui racontent ces sornettes et qui y croient! Ces Anglais sont décidément bien forts! Avoir pu démontrer, après les témoignages éclatants du contraire, que c'était l'Angleterre qui avait sauvé la Chine! O politique, ce sont là de tes surprises!

Je voudrais que tout Français patriote considérât attentivement cette série de propositions :

La France, éprise de civilisation et désireuse d'étendre

son influence dans l'extrême Orient, a été au Tonkin pour acquérir un vaste territoire et une colonie *limitrophe de la Chine*. C'était son droit.

L'Angleterre,—qui n'a jamais bombardé personne,—saisit l'occasion et nous présente aux bons Chinois comme des barbares altérés de sang; elle les excite à la résistance, leur fournit des armes; puis,—ici c'est merveilleux,—quand elle apprend que la paix est *offerte*, elle impose ses bons offices, *aux conditions précisément les mêmes que celles qui sont déjà acceptées par les belligérants*. Jusqu'alors sa médiation avait été nulle comme résultat.

Alors elle crie par-dessus toutes les pagodes que c'est elle, elle seule, qui a conclu la paix; qu'elle seule est la nation civilisée par excellence, et que nous sommes les barbares de l'Occident, ces fameux diables rouges qui ne rêvent que plaies et bosses!

Que penser de nos diplomates qui ont laissé les Anglais *usurper* cette occasion unique de faire valoir leur puissance et de consacrer leur prestige? Ils étaient, certes, les seuls qui ne dussent pas être mêlés à l'affaire, et ce sont eux qui se font choisir pour les négociateurs. C'est une des plus stupéfiantes choses que je connaisse.

Et ce n'est pas tout! Les voilà maintenant qui tentent de nous prendre nos lignes commerciales du Tonkin. C'est ce que mon mandarin se donna la peine de m'expliquer de la manière suivante, qui m'a semblé très-originale, mais beaucoup trop *diplomatic*.

« Il est entendu, me dit-il, que les marchandises faisant l'objet du commerce entre le Tonkin et les provinces chinoises seront soumises *à l'entrée* et *à la sortie* entre le Tonkin et les provinces du Yunnan et du Kouang-si à des droits inférieurs à ceux que stipule le tarif actuel du commerce étranger. C'est là ce que le traité du 9 juin appelle le *règlement spécial* qui *précisera* les conditions dans lesquelles s'effectuera le commerce par terre entre le Tonkin et les provinces chinoises. Mais suivez bien ma démonstration : il faut, avant tout, que la *frontière soit reconnue,* conformément à l'article 4; en outre, l'article 5, qui traite du commerce d'importation et d'exportation entre la Chine et le Tonkin, dit qu'il sera tenu compte à cet égard *des règlements en vigueur dans l'intérieur de l'empire chinois.* Or, il est peut-être intéressant que vous sachiez que parmi ces règlements en vigueur dans le Yunnan, il en est un qui justement *interdit aux Chinois de faire... l'exportation.* C'est vraiment jouer de malheur, mais c'est une loi! Avez-vous remarqué aussi que ces dispositions qui constitueront un privilége en faveur du commerce français ne sont pas appliquées à la province de Kouang-tong? Vous ne vous êtes pas demandé pourquoi? Mais tout simplement parce que dans la province de Kouang-tong les règlements ne sont pas les mêmes, relativement à l'exportation, que dans le Yunnan. Ah! le traité est bien rédigé! le bon traité! »

Ce mandarin devenait d'un cynisme révoltant.

« Mais, lui dis-je, est-ce que ces détails que vous venez de me raconter sont absolument exacts? S'ils le sont, le traité n'est qu'une duperie, une ruse déloyale, un mensonge! Qui disait donc que la Chine voulait affirmer sa bonne foi par des témoignages éclatants, irrécusables? Sans doute vous arguerez de la lettre du traité : vous établirez que les frontières ont été mal délimitées; que l'accord n'a pas été fait sur l'emplacement des bornes, et peut-être même verrons-nous vos délégués de la commission de délimitation, agissant en vertu d'ordres secrets, chercher tous les moyens d'empêcher que cet accord se produise et laisser ainsi sans solution le seul point du traité qui, à vos yeux, soit de quelque importance. La frontière n'aura pas été reconnue! Donc le traité de commerce ne pourra pas être signé; donc tous nos sacrifices auront été vains; donc nous aurons été joués. Est-ce bien cela, Excellence? »

Le mandarin que j'appelais de son titre honorifique *ta-jen,* ou Excellence, ne parut pas s'émouvoir de mon indignation. Il me dit que nos diplomates n'étaient pas pratiques, et que les Anglais étaient bien plus forts. Car ce sont les Anglais qui ont rédigé le traité du 6 juin 1885.

« Vous n'avez pas remarqué aussi, ajouta-t-il tout en repliant son traité, que les Anglais ont pris la Birmanie : ils sont maintenant nos voisins et ont des frontières *reconnues*.-Ils ont déjà, assurent-ils, leurs tracés tout faits pour la grande ligne qui doit conduire *de leurs nouvelles frontières à Canton,* sans passer par le Tonkin, et leurs agents, qui sont toujours très-nombreux, auront rapidement organisé le commerce par caravanes et établi leurs douanes intérieures, *dont ils ont déjà obtenu la concession,* avant même que votre traité soit signé. Et puis, enfin, si ce traité est important en quelques-uns de ces articles, il sera toujours aisé aux Anglais de réclamer les mêmes avantages en demandant l'application de la clause de la nation la plus favorisée. C'est de la monnaie courante que ces informations, et je m'étonne que vous ne les connaissiez pas mieux. » . . . .
. . . .

Je vous envoie ces renseignements un peu à la hâte, sans avoir pris garde de ménager les susceptibilités de nos compatriotes. Toute vérité n'est pas toujours bonne à dire ; mais j'ai de très-fortes raisons de croire que ces renseignements sont vrais.

J'ai été voir mon ami, le haut fonctionnaire dont je vous ai exposé le libéralisme dans ma dernière correspondance, et je lui ai raconté ce que je venais d'apprendre. Il m'a dit que ces renseignements étaient exacts ; que les partis antifrançais étaient très-actifs en Chine ; que la France trouverait évidemment de très-nombreuses difficultés à se créer en extrême Orient la place qu'elle doit y avoir, et qu'il ne fallait pas se dissimuler que la tâche nous serait rendue très-ardue. Les rivalités sont, en effet, devenues intolérables.

« La Chine, m'a dit mon interlocuteur, est le pays de l'intrigue. Il ne faut pas toujours se hâter de tirer les conséquences d'un fait, quelque étonnant paraisse-t-il. Le Vice-roi fait ce qu'il veut, mais regardez autour de lui. Voyez quels sont ses conseillers : reçoit-il seulement connaissance des dépêches qui lui sont expédiées ? Lui expose-t-on dans les entretiens le sens des réclamations qui lui sont faites ? Autant de questions qu'il est permis de se poser. En vérité, ce sont les Anglais qui sont les maîtres de tous les défilés de la politique ; ils sont partout, toujours prêts à se faire des alliés actifs par les moyens que le patriotisme inspire et excuse même au besoin. Or, vous savez qu'ils n'aiment personne et qu'ils ne souffrent aucune influence à côté de la leur ? Croyez-moi, si des difficultés ont lieu à propos de la délimitation, ce n'est pas au gouvernement chinois seulement qu'il faut s'en prendre. »

VII

Intrigues au Yunnan. — Correspondance de Mandalay. — La fin d'une dynastie. — Nouvelles de Corée et du Japon.

Shanghaï le 15 décembre 1885.

Il a couru récemment des bruits, qui se sont maintenus, sur les ambitieuses intrigues du vice-roi du Yunnan, Tsien-yu-ying, dont les projets consistent tout simplement à convertir la Chine occidentale du Sud en apanage héréditaire au profit de sa famille. Ce vice-roi est un homme fort dangereux, et ses bandes ont, sous prétexte de faire la guerre aux Français, pillé atrocement toutes les tribus limitrophes du Yunnan et du Kouang-si. En outre, le gouvernement n'a rien trouvé de mieux que de charger l'ancien chef des Pavillons-Noirs, Liu-vinh-phuoc, de porter son quartier général au milieu de ces bandes et de réprimer s'il est possible le brigandage qu'elles ont organisé dans ces provinces. Il tient la campagne avec son petit corps d'armée, formé de détachements de son ancienne armée du Tonkin. S'il veut pacifier ces contrées, il rendra grand service à la Chine et à la France; mais qui peut savoir exactement ce qu'il y a au fond de toutes ces manœuvres, et qui pourrait dire quels sont les brigands? De tous les côtés on s'organise en bandes armées; c'est en Annam, dans la partie qui confine au royaume de Siam; c'est dans la partie occidentale du Tonkin; c'est en Birmanie, tout le long des frontières du Yunnan. Il suffirait de quelques chefs audacieux pour réunir tous ces tronçons épars et organiser une véritable armée d'invasion.

Le *Chen-pao* ou *Courrier de Shanghaï* a reçu une très-curieuse lettre de Mandalay, qui éclaire d'un jour nouveau la conquête des Anglais. Au mois de novembre dernier, dit le correspondant du *Shenpao,* un haut fonctionnaire birman fit publier un décret du roi Thibau, dans lequel le souverain disait qu'il avait fait la veille un rêve : qu'il voyait son bras droit brûler, et qu'à son réveil il avait vu les flammes. Il demandait à tous ses fonctionnaires de se réunir au palais pour expliquer ce rêve. On lui dit que c'était un bon présage; que si les Anglais venaient attaquer la Birmanie, ils seraient repoussés. Le décret faisait connaître au peuple cette intéressante consultation.

Tout le monde était convaincu, naturellement, que les Anglais seraient vaincus, quand ceux-ci firent soudain irruption et surprirent les soldats birmans au milieu de leur sommeil. Ils occupèrent d'abord les forts qui protégeaient la rivière et s'emparèrent de toutes les munitions. La marine birmane essaya de tirer sur les Anglais, mais sans succès; l'affaire fut terminée en quinze minutes.

Avant la guerre le Roi avait reçu du vice-roi des Indes un ultimatum, dans lequel il était dit textuellement : « Si vous voulez changer d'attitude vis-à-vis de l'Angleterre et si vous envoyez une ambassade aux Indes pour négocier un traité nouveau, l'Angleterre consentira à maintenir les bonnes relations avec la Birmanie. Dans le cas contraire, l'Angleterre fera la guerre, ce qui ne sera pas pour le bonheur de votre peuple. Cet ultimatum demande une prompte réponse. »

A la réception de ce document taxé de diplomatique, le roi Thibau, qui, sans doute, rêvait encore et voyait la victoire en songe, fit venir tous les résidents étrangers et leur donna lecture de l'ultimatum adressé par lord Dufferin. « L'Angleterre, dit-il aux résidents, me met au pied du mur ; mais je suis décidé à lui faire la guerre. Vous êtes dans ma capitale depuis longtemps ; vous pouvez y rester : il ne vous sera fait aucun mal ; je vous protégerai tous. Mais si vous quittez ma capitale, je ne répondrai plus de votre vie. »

Le roi congédia ensuite tous les étrangers à son service, à l'exception d'un Italien, qui était instructeur dans la marine. Puis il publia une proclamation dans laquelle il encourageait la résistance de son peuple et lui commandait de « sauver la dynastie de Bouddha ». C'est le mot de la fin.

J'ai pensé que cette lettre vous intéresserait, d'autant que j'ai pu constater qu'elle était réellement de provenance, ce qui est assez rare pour les correspondances de journaux en Chine. Nous savons maintenant que la dynastie de Bouddha a mordu la poussière : une triste fin pour un fétiche qui prétend gouverner les opinions religieuses de quelques centaines de millions de païens. Jusqu'à présent la religion de Bouddha ne semble pas se préoccuper beaucoup du malheur qui vient d'arriver au vénérable dieu qui la protége. Les bonzes continuent à exercer leur lucratif et oisif métier aussi stoïquement que leurs idoles de bois pourri. Ces gens-là n'ont pas la notion de l' « esprit », malgré leurs croyances spiritualistes. Il y aurait trop à dire sous ce rapport. Mais quand les hommes se mêlent de faire les dieux, quels que soient les hommes, ils ressemblent à l'homme de

Pascal. Les religions mettent en relief les bassesses.

De Corée, il nous arrive des nouvelles intéressantes. La Corée est, à vrai dire, un pays à surprises. Le père du Roi utilise sa « liberté » à donner des dîners, — mais pas en bateau, — aux consuls étrangers. Le Roi a défendu à ses sujets d'aller voir son père, en dehors des jours de réception. Comme exemple de piété filiale, c'est très-peu recommandable. Le père du Roi n'est cependant pas le plus malheureux des habitants de cet infortuné pays. M. de Mœllendorf, l'ex-ministre des affaires étrangères, est dans une situation bien plus pénible. D'abord, il a quitté le costume coréen pour revêtir la redingote. Cela est un événement. Ensuite, il a des dettes ; il doit plusieurs milliers de taëls à une maison allemande, et cette maison allemande réclame son argent au gouvernement coréen, parce que M. de Mœllendorf était au service de ce gouvernement. Voyez-vous, ces « plaisanteries » sont du genre le plus comique, mais aussi le plus fort. L'Allemand Mœllendorf devant de l'argent à une maison allemande en Corée ! c'est un comble ! Comme il s'agit d'une grosse somme, M. de Mœllendorf reprendra ses fonctions.

Le Japon continue résolûment ses intrigues en Corée, ainsi que la Russie. La bombe qui se prépare ne tardera pas à éclater. Les Russes ont l'intention de construire prochainement un chemin de fer aux frontières. Le ministre du Japon demande, de son côté, la concession des lignes télégraphiques, et parle même d'imposer un traité, sous menace de guerre. Plusieurs croiseurs japonais se promènent en ce moment le long des côtes et lèvent des plans. Ces comédies finiront par tourner au drame. Cela est trop évident. Je suis fondé à croire que le Japon agit pour son compte personnel. Personne n'a, jusqu'ici, interrogé les intentions de ce petit pays. Mais je crois que ce qui est le fond de la politique japonaise, c'est le « chacun pour soi et la Chine pour tous ». C'est la formule favorite des Japonais, qui aiment beaucoup à rire, surtout des Chinois. Les Russes se sont imaginé un instant qu'ils pouvaient compter sur l'alliance du Japon. Le Japon sait comment on s'y prend pour inviter le voisin à conquérir un plus faible, pour être ensuite le dupé. L'Autriche battue après avoir aidé son vainqueur à battre le Danemark, c'est un de ces exemples qui sont admirés, même au Japon. Aussi s'abstient-on à Tokio, et la gracieuse princesse Lydie Pachkoff, qui vient de faire un séjour à Shanghaï pour se rendre de là à Yokohama, où elle va tenter de lancer l'alliance russe, trouvera-t-elle visage de bois et sourire indécis.

Les délégués des syndicats étrangers sont annoncés. Les hôtels vont faire fortune; peut-être seront-ils les seuls en cette aventure. Les naïfs! On dirait les affolés de la rue Quincampoix. Ils s'en vont avec de gros projets dans les poches; ils sont bourrés de pouvoirs, ils représentent de considérables affaires. Mais personne ne représente son pays, drapeau déployé. Tous ces beaux projets, comme disent les mandarins intelligents et un peu narquois, c'est de l'eau claire.

VIII

Les nouveautés. — Un rapport académique. — La politique
des hésitations. — Procès à sensation.

Shanghaï, le 13 janvier 1886.

Parmi les décrets récemment publiés qui peuvent
avoir quelque intérêt, en dehors de l'intérêt local, je
dois vous mentionner le décret qui ordonne au vice-roi
du Yunnan d'établir une ligne télégraphique depuis les
frontières de Birmanie jusqu'à Canton. Toutes les provinces de la Chine seront bientôt reliées par un réseau
de lignes télégraphiques, et, par suite, les tentatives de
centralisation déjà inaugurées dans plusieurs circonstances très-remarquées pourront recevoir une extension
plus générale.

La Chine accomplit ainsi son évolution politique et
sociale, sans trop se hâter, à la manière des économistes
qui discutent d'abord avant d'appliquer leurs formules.
Les Chinois n'avancent qu'en tâtonnant, avec une défiance qui n'a d'égal que leur peu d'enthousiasme pour
changer un état de choses réputé le meilleur depuis de
nombreux siècles. Il est quelquefois impossible de ne
pas les plaindre quand on voit ces malheureuses autorités, autrefois si endormies, devenues aujourd'hui des
quasi-ministères, encombrés d'employés et d'occupa-
tions naguère plus inconnues les unes que les autres.
Tout est retourné : déjà l'antique honneur du titre de

lettré a perdu de sa valeur ; *cedat toga armis,* et les savants en X et Y deviennent les favoris. Ces sortes de transformations, absolument dénuées d'intérêt pour les Européens, font sensation ici. Imaginez-vous donc que le prince Tchong, père de l'Empereur, et le prince Tchin, président du Tsung-li-yamen, ont fait afficher dans les rues de Pékin une proclamation qui invite tous les sujets de l'empire *versés dans les arts modernes* à se présenter au conseil d'amirauté pour y passer des examens sur l'astronomie, l'arithmétique, la chimie, les constructions, la navigation, etc... O Confucius! Adieu les poëtes et les philosophes, les encyclopédies en 24,000 volumes et les savantes dissertations sur les beaux caractères de Jade. Que d'élégies plantives à composer! Mais il n'y a pas de nymphes en Chine, et, de plus, il serait très-mal vu de ne pas admirer la proclamation des princes Tchong et Tchin. Il y a encore du bon, vous voyez, en Chine.

Il ne faut donc plus s'étonner de rien dans cet heureux pays où, pour vous citer un exemple, on nomme des académiciens présidents de commissions chargées de mettre à l'étude la question des dépôts de charbon. C'est une question qui nous intéresse trop pour que les Chinois n'en aient pas tenu compte. J'ai eu la bonne fortune de lire le rapport de la commission, et il m'a paru qu'il ne manquait pas d'un certain bon sens. Vous en jugerez. L'académicien dit : « Pendant la dernière guerre, les Français ont beaucoup souffert du manque de charbon, beaucoup plus que nous, qui étions sur la défensive. Si la guerre avait dû se prolonger, la situation eût été insoutenable pour les Français. Aussi viennent-ils d'établir des dépôts de charbon à Obock et à

Saïgon. Cela ne prouve pas que les Français ont l'intention de nous refaire la guerre; mais enfin ils préparent l'avenir, et il pourrait arriver que la France, ayant toutes les facilités de faire la guerre, devînt plus exigeante dans ses relations. Si les étrangers songent à l'avenir, à plus forte raison la Chine doit-elle y songer aussi et se créer des dépôts de charbon. Il faut donc que nous exploitions nos mines à Kaéping, où elles sont très-abondantes, et à Kilung, où malheureusement les travaux ont été arrêtés à la suite des derniers événements de Formose. Il faut qu'ils soient repris sans retard. Ainsi nous pourrons établir, de distance en distance, des approvisionnements de charbon; non pas que nous ayons la pensée d'attaquer les autres, *à l'exemple de l'Angleterre*, mais parce qu'en temps de guerre nous aurons une complète confiance en nous-mêmes. »

Tous ces projets, tous ces essais, vaudrait-il mieux dire, dénotent de la part des autorités chinoises des intentions réelles d'arriver à un résultat; mais c'est encore l'enfance de l'art. La Chine a d'instinct le goût des choses sérieuses; elle a peur d'aller trop vite dans la voie des réformes, et s'attarde encore dans les discussions générales au lieu d'attaquer résolûment les articles. Qui lui donnera ce bon conseil? Elle perd un temps précieux à se demander si elle fera des emprunts à l'étranger ou si elle n'en fera pas; d'autre part, elle voudrait faire former des élèves et craint de choisir des professeurs. Elle sait cependant bien qu'elle ne peut pas s'instruire elle-même dans la connaissance des arts de l'Occident. Il y a un dernier progrès à réaliser en Chine; c'est celui de la décision. Une fois ce progrès atteint, tous les autres suivront comme des conséquences.

Les mandarins, même les plus intelligents, auxquels on expose ces réflexions, vous répondent le plus souvent que les Chinois ne veulent pas imiter les Japonais « qui se sont coupé la queue trop tôt ». C'est là, il faut bien l'avouer, une des raisons les plus importantes qui entravent l'œuvre des réformes en Chine. Les Japonais ont gâté la civilisation occidentale par l'abus qu'ils ont fait des réformes; et certainement les Chinois, qui sont observateurs, ont dû peu apprécier tous nos progrès et notre civilisation, déguisée en japonaise, dans les applications enfantines qu'on en a faites. Les Chinois ne croient pas qu'il suffise de changer de costume pour devenir Européen; ils ont parfaitement raison. Mais ils s'obstinent à ne pas même vouloir mettre à l'essai les premières réformes utiles, et il est à craindre que tout ce beau feu qu'on a vu éclater si ardent après les derniers événements ne perde de sa chaleur. Si la Chine n'a pas compris la leçon, elle la comprendra une autre fois, mais dans des conditions moins avantageuses.

La Birmanie commence à devenir un souci. Tôt ou tard il se produira quelque événement qui rendra les Anglais plus exigeants. C'est toujours le qualificatif « exigeants » qui est employé par les Chinois quand ils parlent des Anglais. Il est vrai de dire que les Anglais ne connaissent pas d'autre politique : ils exigent. En ce moment leurs exigences les ont amenés aux confins de la Chine. « Ce sont nos *chers* voisins », disent les Chinois, qui savent l'histoire contemporaine. Il n'est déjà presque plus question du Tonkin. Le danger de l'Ouest a remplacé le danger du Sud. Nous reverrons avant peu les Pavillons-Noirs et les Irréguliers se joindre aux Birmans, et les soutenir dans leur résistance. Car il est impossible que la Chine laisse occuper ses frontières par les avant-postes anglais. Elle sait trop bien que c'est sa ruine. Toutes les conversations roulent ici sur les surprises que réserve l'avenir, et elles n'inspirent pas beaucoup de gaieté. Nous nous préparons cependant à fêter les solennités et les réjouissances du jour de l'an. Voilà la 12e lune qui tire à sa fin. Dans quelques jours tous les travaux vont être suspendus, et la vieille Chine va reprendre ses antiques coutumes : adorer ses dieux de bois et conjurer les mauvais sorts.

Nos amis de Pékin ont plus de bonheur que nous. Ils nous envoient par le dernier courrier deux petites nouvelles qui, au moins, sont assez piquantes, et qui pourraient paraître ici avec quelques succès sous la rubrique « Tribunaux ». Deux procès à scandale, c'est d'un bon pronostic en faveur des réformes. Il s'agit d'abord d'un personnage prussien, major dans l'armée prussienne, que le vice-roi Li-hung-chang avait eu l'imprudence d'engager pour trois années en qualité de professeur à l'école militaire de Tientsin. Il paraît que ce professeur ne se contentait pas seulement de donner son cours. Il tranchait du Prussien de savante manière, à un tel point que le Vice-roi lui régla ses trois années de traitement, et le renvoya. Le major prussien a introduit une instance au Tsung-li-yamen pour réclamer contre ce renvoi qui porte un préjudice grave à son honorabilité (*sic*). Mon correspondant ne me dit pas qu'il ait refusé l'argent. L'incident ne manque pas d'originalité. Les Anglais ont conclu naturellement qu'ils étaient les seuls étrangers s'imposant par la « respectabilité ».

Un autre procès non moins attrayant est celui que le prince Tchung vient de faire instruire, à la grande joie des Allemands cette fois, qui se vantent audacieusement d'avoir le monopole de la bonne fabrication. Un ancien préfet du nom de Toung-mun-lin s'était lié d'amitié avec un certain négociant russe qui, entre deux tasses de thé, lui avait raconté qu'il était propriétaire de 3,000 excellents fusils, système russe perfectionné, et que, si ces armes pouvaient trouver amateur, il les céderait au prix coûtant, ainsi que 3 millions de cartouches. L'ancien préfet en écrivit au prince Tchung, qui accepta la proposition et prescrivit à un de ses secrétaires d'examiner les modèles types. Ils étaient naturellement parfaits. Le secrétaire rédigea un rapport très-concluant, et le prince souscrivit au marché. L'ordre fut donc donné au négociant russe de livrer les fusils. A quelque temps de là le ministre de Chine à Tokio informa le Tsung-li-yamen qu'un agent russe avait acheté 3,000 vieux fusils japonais et se disposait à les faire expédier à Pékin à l'adresse d'un négociant russe de ses amis, et prévenait son gouvernement que ces armes ne valaient même pas le prix de leur réparation. Le négociant russe en question était justement l'ami de l'ancien préfet. Vous jugez d'ici de la colère du prince Tchung, qui ordonna une enquête, et fit procéder à quelques arrestations. L'affaire a fait scandale.

Avouez que c'est bien humiliant d'être exposé, quand on est le Céleste Empire, à armer des troupes de *braves* de fusils de réforme..... japonais! C'est un comble! Voilà cependant les surprises auxquelles doivent s'attendre les Chinois, avec la manie qu'ils ont d'aimer les occasions. Les journaux japonais racontent cette escroquerie avec une gaieté communicative. Comme ils auraient été contents de voir les gardes qui veillent aux

barrières du palais impérial armés de leurs vieux fusils !
C'est sans doute partie remise.

Nous avons de très-bonnes nouvelles des négociations
qui ont eu lieu ces temps derniers entre M. Cogordan et
le vice-roi Li. Notre représentant à Tientsin est assisté de
M. Vissière, l'interprète de la légation de Pékin, un des
meilleurs élèves de l'école de la rue de Lille, et, si j'en
crois mes correspondants, les négociations auraient
abouti à la complète satisfaction des deux gouvernements. J'apprends, au moment de fermer ce courrier,
que la minute du traité a été expédiée à Pékin pour le
contrôle des textes et des traductions. Les fantaisies du
premier traité de Tientsin ne sont pas à rééditer ; nous
savons ce qu'elles ont coûté. Toute l'affaire du Tonkin
est, en effet, la conséquence d'une erreur de traduction.
Quel a été le mobile de cette erreur ? On le saura plus
tard ; mais, enfin, le fait brutal est celui-ci, et je vous le
donne comme l'exactitude même. Il s'agit du paragraphe
relatif à la reddition de la place de Lang-son. Le texte
chinois disait textuellement : « La place sera rendue
aussitôt que possible » ; le texte français, qui devait
faire foi, disait : « *Immédiatement* ». L'incident de Baclé
est tout entier dans cette querelle de mots. Le commandant français qui s'est présenté devant la place a dit :
« Immédiatement » ; le commandant chinois a répondu :
« Aussitôt que possible. »

Du côté de Kouang-si, aux frontières du Tonkin, la
situation ne paraît pas s'améliorer. Les irréguliers et les
Tonkinois tiennent toujours la campagne. Les dernières
lettres, reçues à Canton, des commissaires impériaux
chargés de la délimitation mentionnent les difficultés du
séjour au milieu de toutes ces bandes. La commission

était arrivée, après un mois de navigation; à Taïping-fou et avait rencontré en route l'ancien chef des Pavillons-Noirs, Liu-vinh-phuoc, qui se rend à Canton avec sa brigade de 5,000 *braves*. Liu a télégraphié au vice-roi de Canton qu'il ait à maintenir l'état de défense de toute la province jusqu'à son arrivée à Houang-pou, où il tiendra garnison. Je crains fort qu'en présence de cet état de choses les commissaires chargés de délimiter ne puissent arriver rapidement au but de leurs travaux. Le chef de la mission chinoise, Teng, a même fait savoir qu'il n'osait plus s'avancer.

Nous avons eu dans la concession française un immense incendie qui a détruit environ 300 maisons, maisons de peu de valeur, il est vrai, mais parmi lesquelles se trouvaient des magasins renfermant de grands approvisionnements. Les pertes ne sont pas encore estimées, mais elles seront considérables. Plusieurs personnes ont péri dans les flammes.

IX

Le nouvel an. — Les étrennes du marquis Tseng.

Shanghaï, le 5 février 1886.

Tout est à la joie dans l'Empire du Milieu. C'est le nouvel an. La ville chinoise a pris son air de fête des grands jours officiels; toutes les boutiques ont exposé leurs plus riches marchandises, et partout dans les rues c'est un tumulte indescriptible de gens affairés portant des paquets énormes que les uns viennent d'acheter et que les autres, moins heureux, vont vendre chez l'usurier du quartier. Le jour de l'an est, en effet, le jour redouté où il faut payer ses dettes; c'est la liquidation de toute l'année, et malheur à celui qui n'a pas conservé assez de taëls et de sapèques pour faire honneur à ses gagements; il est le plus infortuné des hommes.

Tous les offices publics sont fermés; c'est un *holyday* complet qui dure depuis huit jours et qui va continuer encore pendant quinze jours au moins. Pendant tout ce temps, on ne fait rien, on flâne. Les gens de haute classe se favorisent mutuellement de l' « illuminat on de leur présence »; on s'adresse des compliments et des devises; partout, sur tous les murs, sur les vitrines des magasins, sont affichées, comme les proclamations de nos députés, de grandes pancartes rouges ornées de caractères gigantesques où la cigogne et le jade jouent leurs rôles symboliques. L'eau coule à flots dans les rues, c'est une inondation; on se croirait en Flandre le samedi. La Chine n'est propre qu'une fois par an.

C'est aussi l'époque à laquelle les bouddhistes se mettent en règle avec les grands dieux dispensateurs des biens à venir. Les bonzes font une terrible concurrence aux prêteurs sur gages; les uns et les autres escomptent les dettes, celles du présent et celles de l'avenir. Celles-ci ne sont pas les moins coûteuses. Aux abords des temples se pressent des foules de pauvres diables que la terreur des peines de l'autre monde a complétement ensorcelés. Ils se prosternent devant un informe bouddha de bois pourri qu'ils croient rendre favorable à leurs vœux en le comblant de présents et de dons de toute sorte. Les prêtres ne peuvent suffire aux sacrifices. Ces gens-là font pitié, les bonzes surtout qu'il faudrait fouetter sur place, car ils savent, pour la plupart, qu'ils exploitent la bêtise humaine. On parle beaucoup de réformes en Chine; la meilleure de toutes sera celle qui chassera tous les vendeurs du temple et émancipera les intelligences étiolées et asservies par la plus dégradée des religions. 400 millions d'hommes adorent encore, dans le plus vaste empire de l'univers, d'affreux mannequins de bois, hideux, ventrus, dont la vue seule est odieuse. Tant que la Chine sera l'esclave de ces fantoches, elle n'aura droit qu'au titre de barbare.

Il va sans dire que lorsque les idoles ont été *servies* et rendues propices, chacun rentre chez soi la conscience tranquille et l'appétit dispos. Ce qui se dévore en ces jours de saturnales dépasse l'imagination la plus pantagruélique. Je n'ai jamais vu de ma vie pareil spectacle, et il est vraiment heureux que ces sortes de réjouissances n'arrivent qu'une fois l'an. Ce serait à fuir dans les déserts de l'Obi.

Parlons de choses plus sérieuses. Les Anglais ont eu pour leur « christmas » un vilain cadeau, auquel ils étaient loin de s'attendre. Il leur a été offert sous forme de décret de l'Impératrice. Ils ne seront pas très-empressés à le publier, mais il n'est pas possible d'imiter leur silence prudent, et, malgré l'ennui qu'ils en auront, je vous envoie le décret, qui est bel et bien officiel. C'est la réponse à toutes les intrigues qui se sont exercées à Pékin et à Londres, depuis bientôt six mois, et qui n'avaient d'autre but que de renverser le tout-puissant vice-roi Li-hung-chang pour mettre à sa place le marquis Tseng, le favori des Anglais. Le complot a échoué, c'est l'Impératrice qui le déclare. Messieurs les Anglais, *respectez ceci.* Mauvaises étrennes ! Cependant le chef de file était un grand personnage; c'était le secrétaire d'État Hoang-ti-fang. Il avait cru que le moment était venu de rédiger son petit rapport et de le présenter au Trône. Mais le Trône a mal pris le rapport, et il résulte de toutes ces manœuvres un rappel à l'ordre en bonne forme. Le parti du marquis Tseng est réduit au silence et est mis aux arrêts. Voici le décret :

« Le secrétaire d'État Hoang-ti-fang nous dit dans son rapport : « Li-hung-chang n'est pas digne de faire « partie du Conseil d'amirauté; il faut télégraphier au « marquis Tseng de rentrer tout de suite en Chine pour « prendre la direction du Conseil. »

« Vu l'importance de la création nouvelle, nous avons nommé le prince Tchong président du Conseil, et nous avons désigné Li-hung-chang, qui a acquis une profonde expérience, pour assister le prince Tchong.

« *Ce n'est que par la crainte que* Li-hung-chang ne puisse pas avoir le temps de s'occuper des inspections et des manœuvres, que nous avons désigné, comme assistant, le marquis Tseng. Ces décisions ont été prises par nous et ne peuvent être modifiées par qui que ce soit.

« Or, voici qu'un secrétaire d'État nous propose de destituer Li-hung-chang et de le remplacer par Tseng.

« Cette proposition est une critique de notre décision qu'il a eu l'intention de modifier. Nous ordonnons, en conséquence, qu'une punition soit infligée à Hoang-ti-fang. »

Ce décret a paru il y a quelques jours, le 23 janvier, et vient seulement d'arriver ici.

X

La puissance anglaise en Chine. — Shanghaï. — La concession française. — La situation d'un mandarin. — La Banque impériale.

Shanghaï, le 12 février 1886.

Le rapport concernant la création d'une banque d'État dont le siége social serait à Pékin, est ici notre *great attraction*, car l'avenir de notre influence en extrême Orient est peut-être attaché à ce projet de banque. D'autre part, si les Anglais obtenaient cette concession, nul ne pourrait désormais leur disputer en Chine le monopole de l'influence; elle serait décrétée par le même document officiel qui établirait les priviléges de la Banque impériale de Chine.

Il suffit d'avoir habité Shanghaï pendant quinze jours pour avoir une idée de la puissance anglaise en Chine. Ce résultat, nos voisins l'ont obtenu non-seulement par l'autorité qu'ils ont eu l'habileté de donner à leur politique, — avec le bienveillant concours de la France, — mais aussi par la parfaite connaissance du but qu'ils poursuivaient et par la supériorité incontestable de leur organisation. Il y a quarante ans, Shanghaï était une petite sous-préfecture sans importance, de même que Hong-kong était une ile déserte. C'est le cas ou jamais de vanter l'éloquence des chiffres; le mouvement annuel des échanges à Shanghaï atteint presque un milliard de francs, et Hong-kong est devenu comme importance un des premiers ports de commerce du monde. Les statistiques officielles établissent que le tonnage des navires qui entrent annuellement dans le port de Hong-kong a dépassé 5 millions, nombre égal à celui qu'ont donné les statistiques pour Londres en 1843, l'année même de l'annexion de l'île chinoise à l'Angleterre. Ces résultats tiennent du prodige.

Les Anglais ont le droit de dire qu'ils ont tout fait pour obtenir ce résultat. Ils le doivent à l'organisation de leur concession, qu'on appelle aujourd'hui la « colonie modèle » et qui, gérée par ses habitants, sous le régime de la municipalité, à eu le mérite de s'annexer le territoire concédé aux Américains. La concession anglo-américaine compte plus de 120,000 habitants; ses recettes, comme taxes et droits divers, atteignent par an la somme de 200 millions de francs; elle renferme des monuments splendides; c'est une ville dans toute l'acception du terme.

La France a aussi sa concession; mais si je vous dis que les rares Français qui habitent à Shanghaï évitent d'y fixer leur domicile, il me semble que j'aurai été bien loin dans mes confidences. C'est que dans la concession anglo-américaine la vie y est autrement agréable, autrement *libre*. Que voulez-vous? le pouvoir de nos consuls est discrétionnaire; ce sont de véritables dictateurs, et franchement nos nationaux qui vont chez les Anglais sont excusables. Ainsi la seule grande maison qui représente la France à Shanghaï, le Comptoir d'escompte de Paris, a son siège dans la concession anglo-américaine, et tous les Français qui viendront se fixer à Shanghaï suivront cet exemple : c'est malheureusement nécessaire. J'éprouve une sorte de honte à vous donner ces renseignements; mais s'ils pouvaient avoir le don d'éclairer nos législateurs sur les désavantages nombreux du pouvoir consulaire tel qu'il est exercé en extrême Orient, je ne regretterais pas mon indiscrétion : j'aurais fait faire un grand progrès à l'organisation de notre influence qui ne rencontre en Chine que des entraves de la part de nos représentants officiels, tandis que nos rivaux, Anglais, Allemands et Américains, sont réellement protégés. Il est très-joli d'instituer des protectorats ; mais ne pensez-vous pas que nos nationaux devraient au moins bénéficier des avantages du système et être un peu protégés ? Ce sont de bien naïves vérités ; hélas ! nous en sommes là.

On peut dire de Shanghaï que sa prospérité s'est développée, malgré l'opposition systématique des autorités chinoises, qui ont fait tout ce qu'il a été possible de tenter pour entraver le commerce, et qui, même actuellement, se refusent à accorder les autorisations nécessaires pour exécuter certains travaux reconnus de première utilité. Vous savez que Shanghaï est situé à une quarantaine de kilomètres de la mer, sur la rive gauche du Hoang-pou, un des affluents du fameux fleuve Bleu, le Yang-tse-kiang, ou littéralement le fils de l'Océan. Ce Hoang-pou, une rivière d'une largeur importante, est la plupart du temps ensablé et aurait besoin d'être dragué. Les Chinois s'y opposent. A son embouchure sur la rive gauche, à l'entrée du fleuve Bleu, se trouve le petit port de Woosung, qu'une compagnie anglaise eut, il y a quelques années, la folle idée de vouloir relier à Shanghaï par un chemin de fer. Vous vous rappelez ce qu'il advint. Les trains ne désemplissaient pas. Tous les Chinois montaient en chemin de fer. Cela dura bien quinze mois, jusqu'au jour où le gouvernement en ordonna la destruction. On transporta le matériel à Formose, et il fut jeté dans la mer. La ligne, la première qui ait été construite en Chine, avait une longueur de quinze kilomètres. Voilà quel était, il n'y a pas dix ans, le goût des autorités chinoises pour nos progrès. Il faut reconnaître, s'ils se décident à se convertir, qu'ils seront revenus de loin. On continue à prétendre qu'ils ont de très-louables intentions, mais cependant ils ne veulent pas permettre que le Hoang-pou soit dragué ni canalisé.

Il y a à Shanghaï des Chinois très-intelligents qui sont les premiers à regretter cet état de choses. Mais, voyez-vous, il n'y a pas au monde de situation plus indescriptible que celle d'un mandarin. Il est impossible de s'imaginer à quels imprévus ils sont journellement exposés, par suite des stupides lois qui sont encore en vigueur. Vous vous refuseriez à croire, sans doute, que si un vol est commis dans un district, c'est le malheureux sous-préfet qui est déclaré responsable, si le voleur n'est pas découvert et jugé. C'est cependant le cas. C'est le sous-préfet qui est condamné si le voleur échappe. Quand il s'agit d'une mesure à prendre, pour peu qu'elle heurte la coutume, il n'y a personne pour se mettre en avant; et si par hasard cet homme intrépide se rencontre et qu'il adresse un mémoire au trône, il peut être assuré qu'un censeur en fera un autre de son côté et recommandera l'audacieux à toutes les sévérités de l'Empereur; et c'est le censeur qui aura raison.

En Chine, les seules personnes responsables ne se doutent pas le moins du monde des besoins de la nation; il faut ajouter qu'elles ne s'en préoccupent pas. C'est le moindre de leurs soucis. Vous devez comprendre quelle habileté il est nécessaire d'acquérir pour rester en place, et que de ruses il faut employer, rien que pour remplacer le voleur qui s'est obstiné à ne pas se laisser prendre. Il se passe dans ce genre des histoires très-ingénieuses, qui feraient bien rire les habitués du Palais-Royal.

Je vous ai quelquefois adressé des copies de décrets. Il finissent tous par le mot sacramentel : « Respectez ceci! » De fait, on le respecte, mais le décret n'indique pas la manière, et c'est le point qui nous intéresserait. Qu'un général reçoive l'ordre par décret de réprimer une révolte, il obéit. Il se met à la tête de ses braves. Mais s'il lui faut des armes et de l'argent, et qu'il demande au gouvernement central les armes et l'argent, il court le risque d'être destitué. Les malins ne demandent rien. Ils laissent leurs hommes déserter et font des économies sur la solde. S'ils répriment la révolte, c'est autant de gagné pour eux; s'ils ne réussissent pas à réprimer, ils acquittent les dépenses avec les économies réalisées. Ils n'ont pas fait de réclamations au gouvernement. C'est le principal.

La marine est absolument organisée d'après le même système. S'il arrive une avarie à bord, c'est le capitaine du navire qui est responsable; il doit s'imposer la réparation à titre d'amende. Tout est de la même force dans les règlements administratifs du Céleste Empire; depuis le plus petit fonctionnaire jusqu'au plus haut, tout le monde gémit, mais personne ne se plaint. Heureux gouvernement! On comprend qu'il ne soit pas empressé à adopter des mesures nouvelles; mais un jour viendra où on l'y contraindra. Il faudra bien qu'il se décide ou qu'il tombe. La période qu'il traverse est critique et décisive. Ou le gouvernement résistera à toutes les avances des Anglais pour devenir libre; ou il acceptera d'être en tutelle sous leur domination, pour continuer à être exploité ou affaibli. Les meilleurs esprits en Chine ne s'abusent pas sur ces conséquences, mais ils sont impuissants à donner un conseil. Les censeurs font bonne garde autour du vieil édifice, et il n'y a pas d'homme assez influent pour faire taire les intrigants ni pour dire la vérité.

L'Angleterre puissante à Hong-kong et à Bhamo ne l'est pas moins à Pékin, où elle s'efforce par tous les moyens en son pouvoir d'obtenir la concession de la banque impériale qui mettra dans ses mains toutes les richesses de l'empire, en même temps qu'elle lui donnera tous les droits de disposer de son avenir. Déjà le syndicat affirme qu'il aura la concession, que le gouvernement ne saurait la refuser. Ce sera la main mise définitivement sur la Chine : le Céleste Empire ne sera plus qu'une dépendance des Indes anglaises. Cette banque, me disait mon traducteur pendant que j'écrivais sous sa dictée, me fait l'effet du cheval de Troie.

LES LÉGATIONS DE CHINE[1].

P. S. — Je lis dans le *Chen-pao* de ce jour une critique très-curieuse sur les devoirs des ministres et diplomates chinois résidant à l'étranger.

Tout le monde connaît la question, au moins dans ses grandes lignes. Une légation a pour devoir de soutenir à l'étranger les intérêts de ses nationaux. Le chef de la légation, ou le ministre, représente le gouvernement de

[1] Ce « post-scriptum » n'a pas été publié.

son pays, et, dans toutes les circonstances où il intervient, il représente la souveraineté de son pays. Il a auprès de lui un certain nombre de secrétaires et d'attachés
qui forment son état-major, et dont les fonctions doivent
consister à mettre à l'étude les questions intéressant le développement des relations pacifiques entre les deux pays.

« Lorsque nous examinons, dit le *Chen-pao*, de
quelle manière sont conduites les affaires de la Chine
et que nous venons à comparer les moyens employés
par les nations étrangères à ceux dont nous nous servons,
nous ne pouvons nous garder d'un sentiment de tris-
tesse. Il manque partout chez nous de l'unité et de l'intelligence, et, nous devons le proclamer hautement, nous
sommes évidemment un peuple en retard.

« Combien avons-nous de représentants à l'étranger
pour soutenir les intérêts et l'honneur de la Chine ? Nous
en avons quinze fois moins que les étrangers ; nous
sommes, à ce point de vue, au dernier rang. Et cependant c'est la Chine qui envoie le plus grand nombre
d'émigrants à l'étranger ! Nous avons avec les puissances
étrangères, même en Europe, des relations diplomatiques sans aucune espèce de valeur.

« Avant l'arrivée des Français en Annam, avant que les
Anglais se soient fixés dans nos provinces tributaires
et les Allemands dans tous nos ports, nous avions encore
la possibilité d'être chez nous ; mais, aujourd'hui, nous
sommes envahis par tous les peuples, tous les peuples
vont partout, il est devenu indispensable que nous ayons
partout des représentants pour défendre nos droits.

« Nous excusons volontiers le gouvernement de n'avoir
pas, jusqu'ici, suivi l'exemple que lui donne l'étranger
et de n'avoir pas nommé un plus grand nombre de re-

présentants. Il a été, en effet, très-mal servi par ceux qu'il a envoyés, et il n'est résulté aucun bienfait des quelques légations qui existent actuellement. Mais voyez donc comment procèdent les ministres et les consuls des autres nations? Ils se font aux mœurs des peuples auprès desquels ils sont accrédités; ils acquièrent de l'influence et du crédit; ils voient les autorités du pays; ils sont honorés dans le rang qu'ils occupent; ils obtiennent des distinctions; ils peuvent défendre leurs nationaux. Les voit-on faire des économies sur les traitements que leurs gouvernements leur allouent? Se conduisent-ils en avares? Non; ils emploient tous les moyens pour rendre leur situation brillante.

« Que voyons-nous chez nos représentants? Tout le contraire de ce que font les autres. Ils ne s'occupent de rien; ils se font suivre d'un nombreux personnel; ils augmentent, en pure perte, les charges de l'État. Il est triste de le dire, mais leur intérêt particulier est plus précieux à leurs yeux que l'honneur de leur pays; ils ne se créent aucune relation; ils vivent à l'écart; ils ne donnent aucune fête; ils cherchent à dépenser le moins possible afin de revenir avec les poches pleines d'or. Est-il possible d'envoyer dans ces conditions des représentants à l'étranger? Pouvons-nous réellement obtenir l'estime et l'amitié des gouvernements et des peuples? »

Voilà en quels termes le *Chen-pao* sait dire la vérité à son pays. Nous n'avons aucune difficulté à reconnaître que c'est exactement la vérité, car il n'y a rien de plus remarquable qu'une légation de Chine.

Le Céleste Empire est accrédité aujourd'hui officiellement en Europe auprès de tous les gouvernements, mais le même représentant « sert » pour un certain nombre de capitales : Paris, Berlin, Vienne, Rome, la Haye et Bruxelles ont le même ministre de Chine. Londres et Saint-Pétersbourg ne font aussi qu'une seule légation. Ce système de représentation est peut-être économique, en ce sens que le premier hôtel venu devient à très-bon compte une légation de Chine; mais il n'est pas très-pratique pour entretenir, comme il convient, des relations diplomatiques « suivies ». Ainsi le ministre accrédité en France et en Allemagne réside tantôt à Paris, tantôt à Berlin. Quant aux autres capitales, le ministre n'y réside que lorsqu'il va présenter ses lettres de créance ou ses lettres de rappel. On se demande à quoi peuvent servir ces légations qui se tiennent la plupart du temps en *sleeping-car;* elles devraient bien au moins, par reconnaissance, inspirer aux Célestes le goût des chemins de fer, qui facilitent si heureusement les relations diplomatiques. En somme, il serait curieux de lire les notes que les représentants de la Chine envoient à leur gouvernement; elles formeraient sans doute un excellent guide à l'usage des touristes qui visitent les pays de l'Europe.

Mais il y a quelque chose de bien plus surprenant. Le ministre de Chine qui est envoyé à Paris et à Berlin ne sait ni le français ni l'allemand; il a donc un secrétaire-interprète. Vous croyez peut-être que le gouvernement chinois choisit pour ces délicates fonctions un Chinois, — car il y a des Chinois qui savent assez bien le français, la seule langue qui suffise en diplomatie; — pas du tout! Le secrétaire-interprète de la légation de Chine à Paris est un *Allemand,* et le secrétaire-interprète de la légation de Chine à Berlin est le même *Allemand,* naturellement. De sorte que c'est la politique allemande qui dirige exclusivement les affaires de Chine en France, et lorsqu'on voit S. Exc. le ministre de Chine en belle robe bleue prendre possession de la légation de Paris, on doit se dire qu'il n'y est que pour la forme. C'est le secrétaire allemand qui voit tout, qui lit tout, qui inspire tout. Il est ambassadeur secret du Céleste Empire et de l'Allemagne.

— En France, où il est spirituel d'être généreux, on accepte ces bizarreries. Allez donc voir si les Allemands supporteraient à Berlin un secrétaire français! Allez donc voir si les Anglais supporteraient à Londres un secrétaire français! Les Anglais, eux, sont bien plus forts. Il y a effectivement à la légation de Londres un secrétaire-interprète, mais il est Anglais. A la bonne heure! Ce qui est très-remarquable, c'est que les Chinois qui sont envoyés à Londres savent l'anglais : alors on se demande ce que peut bien faire cet interprète.

Il ne faut pas chercher bien loin les motifs qui excusent la présence de ces singuliers secrétaires : c'est, en réalité, que la Chine n'a pas le droit d'être indépendante; elle est menée en Europe, comme chez elle, par les Anglais et par les Allemands.

La France supporte qu'elle n'ait pas son secrétaire français à la légation de Paris; elle supporte que ce secrétaire soit un Allemand.

Voilà la Chine telle qu'il faut la voir : elle prend facilement de grands airs, et, à l'occasion, nous traite avec hauteur; on pourrait croire qu'elle a adopté une politique... Allons donc! La politique qu'elle a adoptée est celle qu'on lui dicte, et puisque ses maîtres sont les Anglais et les Allemands, il est inutile de se demander s'ils ont le droit de nous être sympathiques. Ils le vou-

draient qu'ils ne le pourraient pas. Mais rassurez-vous!
Les Chinois n'ont aucun regret de « jouer » la France;
ils font retomber sur elle toutes les haines qu'ils entre-
tiennent contre les étrangers, et ils s'imaginent se tirer
des griffes de leurs malins compères en servant les projets de leur politique.

<h1 style="text-align:center">XI</h1>

Les nouvelles perceptions. — Une liquidation financière. — Le taotaï
Ma-kié-tchong.

Shanghaï, le 12 février 1886.

En ce temps de nouvel an, il est bien difficile de faire
travailler un lettré; mais j'ai fini pas persuader à mon
secrétaire que la lune était dans son tort, et que nous
étions réellement dans le deuxième mois de l'année.
Grâce à l'astronomie, une science très-estimée des Chinois, j'ai donc pu me faire traduire quelques décrets et
quelques correspondances qui m'arrivent des provinces.
La perception des impôts pour cette année a été réglée
par décret. Le Trésor a besoin d'argent; il demande des
avances et s'adresse aux percepteurs, qui avaient toujours bénéficié jusqu'ici des retards apportés par les réjouissances du nouvel an. La première perception représentant le premier sixième, puisque les impôts se
perçoivent par sixièmes, était ordinairement retardée jusqu'à la deuxième perception, toujours à cause de ce
nouvel an dont les fêtes n'en finissent pas. Le décret
« décrète » qu'un pareil abus sera *puni sévèrement*.

« En l'année Ping-meou, dit ce méchant décret, la première perception devra être commencée au plus tard à la 4e lune, et la deuxième perception se terminera à la fin de la 6e lune. »

Je ne saurais vous dépeindre les indignations de mon scribe, qui traite ce décret de révolutionnaire. Et, de fait, il a raison. Du temps de Confucius on percevait le premier sixième à l'époque du second sixième; pourquoi changer la coutume? Le gouvernement me paraît hardi. Le même décret a des audaces remarquables; il dit : « Il faut que les fonds rentrent! En l'année Ping-meou de la 1re lune jusqu'à la fin de la 6e lune, chaque percepteur devra verser intégralement entre les mains du trésorier général 200 taëls. » Ce décret est à lui seul un événement; il reste à savoir si les percepteurs payeront. L'année Ping-meou, puisqu'il faut l'appeler par son nom, s'annonce mal.

Un autre décret, également assez curieux, ordonne la livraison des canons récemment achetés à l'Angleterre. Ces canons, — le décret nous renseigne très-aimablement, — sont du poids de 40 tonnes, ont 8 pouces de diamètre, et sont destinés aux places de Wou-sang, de Kiang-sou et autres ports qu'ils auront à défendre contre de nouvelles invasions de l'étranger. Je les ai vus, ces canons, l'autre jour, tandis qu'on les débarquait à grand'peine. Cent coolies attelés à un canon anglais, c'est une de ces caricatures qu'il faut avoir vues une fois dans sa vie. Je ne suis pas très-connaisseur en canons, mais il m'a semblé que ces grosses pièces avaient dû déjà se couvrir de gloire, — c'était peut-être l'effet de la traversée.

Maintenant, comme il faut payer ces canons, vous

vous expliquez la mauvaise humeur du précédent décret.

Mon correspondant de Tientsin m'écrit que le représentant de Krupp a fait savoir au Vice-roi que son cher baron fabriquait des canons Armstrong anglais bien supérieurs comme qualité aux canons Armstrong anglais. Que dites-vous de cette nouvelle? Elle est jolie! Krupp réduit à faire de la contrefaçon pour placer son acier, et en Chine! Je vous donne ce renseignement comme certain, quelque déplaisir qu'il puisse causer aux Allemands et aux Anglais, qui s'en arrangeront comme ils voudront.

Nous avons eu, il y a quelque temps, un petit scandale financier dont tout le monde a parlé, et dont je puis bien vous reparler à mon tour, non pas pour être désagréable aux personnes qui sont en cause, mais bien pour vous indiquer la manière dont on s'y prend en Chine pour régulariser ces sortes d'affaires. Il s'agit de la *China Merchant's Steam Navigation Company,* cette Compagnie maritime dont il a été si souvent question durant les hostilités de la dernière guerre, et qui s'est rendue quasi célèbre par cette fameuse vente simulée qui se fit alors avec le gracieux concours de la maison Russel et Cⁱᵉ. La flotte chinoise avait changé de pavillon; mais, redevenue chinoise après la paix, elle eut à lutter contre des difficultés financières telles qu'un moment tout le monde pensa qu'elle allait sombrer. Heureusement, elle avait à sa tête un directeur habile, un des plus fins diplomates de la Chine, le taotaï Ma-kié-tchong, dont tout Paris a conservé le souvenir. Ma-ta-jen, comme on l'appellera sans doute bientôt (ta-jen signifie Excellence), a été, en effet, avec le général Tchong-ki-tong, un des plus brillants élèves de M. Prosper Giquel. Ma-kié-tchong possède la confiance entière du vice-roi Li, dont il est le secrétaire, et c'est à ce titre qu'il avait accepté de diriger la *China Merchant's Company.*

Le nouveau directeur découvrit des déficits nombreux et de véritables fraudes à la charge de personnages très-haut placés, jouissant de la considération publique. Parmi ceux-ci se trouvait M. Tong-king-sing, un des fondateurs de la Compagnie, et dont le nom est bien connu en France, en Angleterre et en Belgique, où il a successivement séjourné, il y a environ trois ans. Les autres *coupables* avaient tous un rang élevé dans l'administration.

Le vice-roi Li, sur le rapport de son secrétaire, présenta un mémoire à l'Impératrice et demanda un décret qui l'autorisât à ouvrir une enquête et à sévir. L'Impératrice accorda le décret, qui était très-sévère.

Armé de cette pièce, le taotaï Ma avait carte blanche; il était à la fois directeur, juge d'instruction, liquidateur et syndic. Il fit bonne justice. Parmi les *coupables,* il y en avait qui pouvaient payer ce qui représentait leur partie du déficit; pour ceux-là, le taotaï fut tendre. « Payez, leur dit-il, et il vous sera beaucoup pardonné. » De ce nombre fut le très-aimable Tong-king-sing, bien connu des Belges et des ingénieurs de Cockerill. Ce malheureux avait un grand nombre d'actions dans la Compagnie *China Merchant's.* Vous ne savez pas ce qu'on a imaginé? Eh bien! on lui a confisqué ses actions, ainsi que celles de son frère, et on lui a dit : « Vous êtes dépossédés, mais vous ne serez pas punis par l'Impératrice; vous aurez une note aimable à votre endroit. » Quant aux autres, ils ont dû donner tout ce qu'ils possédaient, et, comme ils ne parvenaient pas, en se cotisant, à parfaire le déficit, ils ont été mis sous les verrous et recommandés à toutes les sévérités de l'Impératrice mère. Le vice-roi Li a donc expédié un nouveau mémoire, et a obtenu toutes les dégradations qu'il a demandées. La Compagnie *China Merchant's* est maintenant resplendissante; elle a épuré son haut personnel. L'occasion était bonne; elle a emprunté 8 millions de francs à la banque de Hong-kong, en donnant comme garantie ses steamers et tous les biens de la Compagnie. Les *coupables* peuvent maintenant réclamer, les Anglais ont mis le grapin sur la flotte du Vice-roi.

Et voilà comme en Chine on liquide les affaires les plus embrouillées, avec le concours de S. M. l'Impératrice et de son puissant chancelier, le vice-roi Li-hung-chang. Les affaires sont les affaires; il s'agit d'être le plus fort.

Cette aventure a eu beaucoup de succès à Shanghaï. Elle a été diversement jugée. Tout ce que j'en puis dire, c'est que le taotaï Ma rit beaucoup en la racontant, ce qui ne la rend pas plus comique ni plus gaie. Quant à Tong-king-sing, il trouve la liquidation mauvaise. Il est ruiné et déconsidéré. C'est dommage; car c'était un homme très-intelligent, et qui eût pu rendre de grands services à son pays. Quel foyer d'intrigues, ce Shanghaï!

— Les pouvoirs de M. von Mœllendorff, l'agent général de l'influence allemande en extrême Orient, ont été renouvelés par le vice-roi Li-hung-chang pour une nouvelle période de trois années.

La prétendue disgrâce de ce fonctionnaire aura eu pour résultat, non-seulement sa réintégration dans les emplois qu'il occupait de secrétaire et de conseiller du

Vice-roi, mais encore sa nomination comme *directeur de l'école militaire de Tientsin.*

Cette nomination est due à l'influence de M. Dêtring, et est considérée comme un échec de la politique anglaise.

Le nouveau conseil municipal de la concession française de Shanghaï a élu pour son président M. Vouillemont, directeur de la succursale du Comptoir d'escompte de Paris.

XII

Intrigues antianglaises. — L'enquête sur les chemins de fer. — Le Yang et le Yin. — La question de Birmanie. — Un article du *Chen-pao.*

Shanghaï, le 8 mai.

Le mécontentement est général contre les Anglais, non-seulement à Tientsin, à la cour du vice-roi Li-hung-chang, où les Allemands sont plus en faveur que les Anglais, mais aussi dans toutes les provinces du littoral que la nouvelle convention relative à la centralisation des taxes sur l'opium par les douanes a privées d'un revenu considérable. Le marquis Tseng et les Anglais se sont mis à dos tous les mandarins qui percevaient auparavant les taxes; ces mécontentements sont habilement exploités par la cour de Tientsin, qui tient à se venger de toutes les manœuvres que le parti anglais a employées ces derniers temps pour combattre l'influence du Vice-roi.

Pour vous donner une idée de l'activité de l'intrigue dans ce pays, qu'il me suffise de vous dire que le parti anglais en est arrivé à conspirer contre les lignes de chemins de fer. Tant que les Anglais ont cru qu'ils pouvaient prétendre au monopole de toutes les influences en Chine, ils ont conseillé les chemins de fer. Leurs tracés étaient faits d'avance. Mais depuis que les syndicats étrangers sont venus déranger l'équilibre de leurs combinaisons, ils ont moins apprécié l'utilité des lignes ferrées en Chine, et ils n'ont pas eu de peine à trouver à Pékin de très-puissants fonctionnaires qui se sont rangés à leur avis. Ils ont fait nommer une commission, composée du gouverneur du Chantoung, du commissaire impérial chargé de la direction du transport des grains, et du directeur du fleuve Jaune. Ces trois mandarins furent chargés officiellement par le gouvernement d'inspecter la région située entre Tientsin et Tchinkiang, que doit traverser la première ligne projetée. Le rapport des commissaires impériaux a paru à l'*Officiel;* inutile de vous dire que les conclusions ont été absolument défavorables au projet. Ce rapport est, du reste, un chef-d'œuvre. Il fallait qu'il fût défavorable dans ses conclusions; mais les commissaires ne voulaient pas être personnellement désagréables à l'Impératrice, qui, elle, est favorable à l'établissement des chemins de fer. De sorte que le rapport est plutôt un traité des superstitions chinoises qu'une enquête sérieuse sur le sujet. Les commissaires ont longuement discouru sur le Fungshoui et sur les tombeaux, et ils ont conclu que le Yang et le Yin, communément appelés le Dragon d'azur et le Tigre blanc, avaient interdit, sur tout le parcours de la voie ferrée, la vente des terrains par expropriation. Vous comprenez que, du moment que le Yang et le Yin ont manifesté un avis contraire, il est impossible d'admettre les chemins de fer. Voilà les arguments dont se servent les Anglais pour contrecarrer les projets du Vice-roi.

Le directeur général des douanes a pris pour un succès de son influence le rejet officiel de la ligne de Tientsin à Tchinkiang, ligne importante s'il en est une, car elle relie le Yang-tse-kiang à Tientsin, et par suite Shanghaï et Nankin à Pékin. C'est la première ligne obligatoire. Mais le Dragon d'azur et le Tigre blanc n'en veulent pas.

Le Vice-roi et l'Impératrice trouveront sans doute un moyen de faire revenir les esprits sur leur décision : car, en Chine, il y a des accommodements avec le Yang et le Yin. Le son de l'or et le froissement des banknotes ont toujours une heureuse influence sur les superstitions. Le succès de M. Hart, — il se hâtera sans doute de le faire connaître au monde entier, — n'est donc que passager; et il s'en rend si bien compte qu'il part pour Londres, où ses préoccupations trouveront de l'écho.

La Birmanie est en effet une grosse question, et, — n'en soyez pas par trop satisfait, — c'est l'Allemagne qui la dirige et en fait son affaire. Naguère c'était l'Angleterre qui dirigeait la Chine dans son absurde campagne du Tonkin, contre nous... C'est maintenant la Chine qu'une autre amie dévouée, l'Allemagne, excite et dirige contre l'Angleterre. L'aventure est désagréable pour nos chers voisins, mais n'est-ce pas pain bénit ?

L'opinion est lancée en Chine contre l'Angleterre.

Le *Chen-pao* de Shanghaï est parti en guerre, et traite la question de haut. Il y a eu violation du droit des gens; le journal adjure le gouvernement chinois d'imposer ses conditions à l'Angleterre, et de mettre ainsi un terme aux ambitions démesurées de cette dangereuse amie. Il montre l'importance stratégique de Bahmo et de tout le territoire qui l'entoure dans le bassin de l'Irraouady; il démontre que si la Chine consent à la cession de ce territoire, c'est réellement la suzeraineté de deux de ses plus importantes provinces, le Yunnan et le Setchouen, qu'elle cédera à sa rivale. Maîtresse de l'Irraouady et des sources du Yang-tse-kiang, l'Angleterre possédera à l'occident de la Chine tout son commerce d'exportations et d'importations. Les douanes anglaises de Birmanie feront concurrence aux douanes chinoises.

Voici, du reste, un passage assez piquant d'un des articles parus dans le *Chen-pao*, le 14 février dernier :

« Nos frontières sont menacées. La Chine comprenait autrefois dans ses limites la Corée, les îles de Liéou-kiéou, Siam, la Birmanie, l'Annam... Ces États étaient des dépendances de l'empire. Les étrangers ont prétendu que ces États n'appartenaient pas à la Chine : appartenaient-ils donc mieux aux étrangers? Liéou-kiéou a été pris par le Japon; l'Annam est aux Français; et voilà que l'Angleterre, toujours avide de possessions nouvelles, vient réclamer aussi sa part de notre territoire. Mais l'Angleterre n'a même pas à s'autoriser de l'exemple de la France. La France *a conquis* le Tonkin; ses soldats se sont conduits avec vaillance; mais qu'a fait l'Angleterre pour s'emparer de la Birmanie? Quel courage ont montré ses *lâches* soldats? Elle a violé le droit des gens. Elle prétend, elle ose prétendre qu'elle a pris la Birmanie pour tenir tête à la France! Mais ce n'est pas une raison. Oui, il est vrai, *la Birmanie devait revenir à la France, et c'est ce que l'Angleterre n'a pas voulu.* La Chine doit conclure de toutes ces leçons qu'elle doit s'armer et exercer ses forces. Est-ce donc là la civilisation tant vantée qui nous était promise? »

Je ne puis vous traduire tous ces articles, qui sont cependant extrêmement curieux et qui font ici un effet incroyable. Notez que le *Chen-pao* tire à plus de cent vingt mille exemplaires, et qu'il va partout.

Depuis le mois dernier, l'affaire de Birmanie a fait des progrès. Elle est entrée dans cette première phase dite des négociations;. on sait quelle est son importance dans la diplomatie chinoise; elle précède toujours une prise d'armes plus ou moins officielle, qui ne manque jamais de susciter les plus grandes difficultés. J'apprends que toutes les mesures ont été prises au Yunnan, sur les frontières de Birmanie, pour maintenir la situation dans son état de révolte. Voici, à peu de détails près, le programme *officiel* de la campagne préparatoire destinée à « donner à réfléchir » aux Anglais. Les Chinois et les Anglais ne se brouilleront pas, il y a fort à parier, quoique les intrigues allemandes soient bien énergiques; mais les Anglais auront le dessous et arriveront à composition. Le commerce des armes va de nouveau devenir très-lucratif, surtout à Canton, où s'organisent les corps des rebelles. Ce ne sont, en effet, jusqu'à ce jour que des « rebelles », en attendant qu'ils deviennent « réguliers ». C'est donc une seconde édition du Tonkin, revue et peut-être considérablement augmentée, que prépare la diplomatie chinoise.

En attendant les surprises, je puis déjà vous annoncer que le vice-roi Tsen, qui gouverne les provinces de Yunkuei, a envoyé un rapport au trône. Il déclare à Sa Majesté qu'il a ordonné à Ting-huai, l'un de ses meilleurs généraux, de se porter avec ses braves vers les frontières de Birmanie et d'y organiser la levée contre les Anglais. Le général Tchou a reçu également l'ordre de coopérer à l'action. En réalité, il va se passer en Birmanie ce qui s'est passé au Tonkin; les généraux chinois suivront l'exemple du chef des Pavillons-Noirs qui, sous prétexte de défendre les populations, les mettait au pillage. Avant peu, les provinces du sud-ouest de la Chine seront dans la plus complète anarchie.

Ma prochaine lettre vous parlera des projets réels de l'Angleterre, de ses espérances ou plutôt de ses rêves. Il y a aussi des châteaux en Birmanie.

XIII

Le voyage du septième prince. — La politique coloniale de la Chine. — Les douanes en Corée. — L'effectif des forces russes. — Une lettre de M. Thévenet.

Shanghaï, 4 juin.

Le voyage du septième prince est le grand événement du jour pour les Chinois. Tientsin et Tchéfou ont été pendant quelques jours le rendez-vous de tous les étrangers, Anglais et Allemands, qui habitent en Chine. Le prince Tchun a passé très-vite au milieu de la foule des fonctionnaires de toutes nuances qui formaient son escorte; de sa chaise jaune il est monté à bord du

Haé-an, un des steamers de la *China Merchant's Steam Navigation Company;* puis il est arrivé à Tientsin, où il a reçu les consuls et les officiers; de Tientsin il est descendu à Takou; de là à Port-li, où il a vu beaucoup de gros canons, et enfin il est venu à Tchéfou, où les flottes réunies lui ont offert le spectacle d'une revue navale très-réussie.

Tel avait été le programme arrêté par le Vice-roi; il a été exécuté à la lettre; et sans doute, lorsque vous recevrez ce courrier, les correspondances anglaises vous auront renseigné sur tous les incidents de ce voyage fameux.

Ce voyage du septième prince n'a, du reste, d'intérêt que si l'on se place au point de vue chinois; il sera facile de dire que maintenant les progrès vont aller vite, parce que ce septième prince s'est rendu compte des résultats obtenus. De loin ces sortes de commentaires sont très-faciles; mais il serait tout au moins nécessaire de connaitre les impressions du prince Tchun.

Ce personnage a une cinquantaine d'années. Il est le fils, le « septième » fils de l'empereur Tao-kouang (selon la coutume chinoise, les enfants d'une même famille reçoivent le numéro d'ordre correspondant à leur naissance). Il est le père de l'empereur actuel Kouang-su, sans avoir régné lui-même, car, en Chine, le droit héréditaire dynastique saute une génération. Voilà donc un prince de premier rang, fils d'empereur, père d'empereur, et de plus autorisé à s'occuper des affaires de l'État, en qualité de président du conseil des ministres. On a toujours dit de ce prince qu'il était le chef du parti des « vieux Chinois », ou réactionnaires ennemis irréconciliables des étrangers. Il n'a dû son élévation qu'à cette réputation, et l'on sait, d'autre part, que son frère, le prince Kong, n'a dû, lui, sa disgrâce qu'à la réputation qu'il avait acquise d'encourager les idées politiques du vice-roi Li-hung-chang et de favoriser les étrangers. Il y a fort à supposer que le prince Tchun n'a pas changé d'avis, et qu'il est toujours le président du conseil des réactionnaires tartares. Cependant il est venu à Tientsin; il a daigné recevoir des étrangers; il est monté sur un steamer; il a vu des cuirassés et des torpilleurs; il a inspecté l'armée de Li-hung-chang; il a vu des soldats chinois, habillés à l'européenne, instruits et armés par des Allemands, défiler en bon ordre, et faire des manœuvres savantes; il a vu une flotte chinoise commandée par des officiers étrangers; il a pu constater tous ces prodiges. Je vous dis « ces prodiges », car cet illustre septième prince, fils d'empereur père d'empereur, n'était jamais sorti de Pékin; il n'avait jamais vu un steamer, encore moins un cuirassé; lui, le grand maître de la marine, *il n'avait jamais vu la mer !*

Évidemment, ce sont là des coups de foudre dans la vie d'un prince, et quand on vient dire que ce voyage est un étonnant voyage, il l'est à coup sûr, mais seulement pour le voyageur. A Tientsin, dans l'entourage du Vice-roi, les ébahissements du prince Tchun, et aussi ses tressaillements quand les canons tiraient leur salut, faisaient rire les plus sérieux. Les jeunes officiers « chinois » qui composent l'escorte de Li-hung-chang prouvaient à qui voulait le voir, et surtout aux officiers « tartares » de la suite du prince Tchun, qu'ils étaient les plus instruits et les plus forts. Pour se faire une idée de ces appréciations, il faut connaître les détails et se les faire raconter par les Chinois.

Ainsi, le grand maréchal tartare, le plus haut personnage militaire de la Chine officielle, n'avait jamais vu tirer un canon; on a fait l'expérience sous ses yeux, à bord du *Turenne*, un des cuirassés de l'escadre de l'amiral Rieunier. Qu'est-ce que la cour de Pékin quand on constate de pareilles énormités? Qu'est-ce que le septième prince, en présence de Li-hung-chang, ce roi de la Chine qui pousse l'audace jusqu'à faire inspecter son armée, ses forts, ses arsenaux et ses cuirassés par le père de son empereur? Relisez les lettres de Gordon; elles vous révéleront les ambitions précises du Vice-roi, et elles vous amuseront bien lorsque vous apprendrez que le prince Tchun a déclaré, dans son discours à l'amiral Rieunier, — je veux dire dans le discours de son interprète, — que la Chine n'organisait pas ses forces dans un but offensif. Qui trompe-t-on dans cette comédie? Le septième prince, en sa qualité de père du Fils du Ciel, a trop de confiance en son inamovibilité pour supposer que le Vice-roi ne sera pas le plus fidèle et le plus dévoué de ses sujets. Il n'est jamais sorti de Pékin; c'est son excuse. Il sera certes le dernier à voir clair. Mais peut-être toute cette mise en scène lui aura-t-elle donné à réfléchir, et, à l'heure qu'il est, le palais de Pékin serait transformé en château de Blois que personne ne s'en étonnerait. Les incidents de 1880 ne sont pas oubliés; sir Thomas Wade, l'ancien ministre de Sa Majesté Britannique, a eu beau les démentir, ils n'en sont pas moins restés dans toutes les mémoires; et à cette époque où Li-hung-chang armait ses troupes, il y avait dans l'air des bruits de conspiration assez significatifs pour avoir frappé un homme de la trempe de Gordon. Aujourd'hui, tout le monde en reparle; partout on célèbre les louanges du Vice-roi; c'est lui le grand chef, le seul maître intelligent du Céleste Empire. Tout le reste ne vaut pas la peine d'être nommé : mandarins corrompus et incapables, asservis par la plus détestable des dominations, la domination mystérieuse et invisible d'un souverain qui se croit dieu; fonctionnaires se dénonçant les uns les autres, en vue d'une confiscation; intrigants de tous rangs; voilà la cour de Pékin. Il ne faudrait pas beaucoup de soldats pour chasser tous ces hauts mandarins.

Le populaire et le mandarin de seconde classe ne jugent pas de la même manière cet étonnant voyage. Je vous donne en mille ce qui a le plus frappé, parmi tous ces prodiges, l'imagination de ces naïfs; vous ne le devinerez pas : c'est la *chaise jaune*. La chaise jaune constitue, aux yeux des vrais Chinois, le seul fait important de ce voyage. Pour le prince Tchun lui-même, cette chaise jaune, c'est, pour parler comme M. Prud-homme, le plus beau jour de sa vie. Je vous dis là des choses très-sérieuses qui ont été décidées en grand conseil, et dont le sens profond n'a pas échappé aux Chinois. Il s'agissait d'en imposer à Li-hung-chang dans la personne du père de l'Empereur. Le Vice-roi, lui, n'est, après tout, pour la cour qu'un vice-roi; il fallait l'éblouir par le faste du jaune impérial; et l'on a inventé cette fameuse chaise jaune, d'un jaune un peu plus sombre que le jaune officiel, il est vrai, — car il y avait une nuance, — mais enfin c'était jaune; et, de plus, cette chaise était portée par seize coolies. Il n'y a pas de force au monde capable de lutter contre une chaise jaune à seize porteurs; c'est irrésistible : à plusieurs kilomètres à la ronde tout le monde se jette à plat ventre;

et Li-hung-chang s'est mis dans cette intéressante posture, lui et tout son état-major. Voilà l'influence du jaune.

Je répète encore ma question : Qu'est-ce que la Chine officielle quand on voit ces énormités?

Ce voyage a dû être cependant très-instructif pour le prince. Il a vu surtout beaucoup d'étrangers, des Anglais, des Allemands et aussi des Français, ces redoutables Fa-kouojen, comme on nous appelle en chinois. A Port-Arthur, ou mieux à Li-cheun-k'ao, le prince s'est fait présenter les instructeurs de l'armée de Li-hung-chang : MM. Schnell et Werner; ce sont des Allemands. Le colonel von Hanneken, commandant la place, est un Allemand. La place elle-même a été fortifiée par des Allemands; les canons qui dépassent au-dessus des murs sont des canons Krupp; Port-Arthur est un petit Spandau.

A Tchéfou, le prince a vu les Français et les Anglais sur leurs vaisseaux; on dit qu'il a vanté la bonne mine de nos marins et leur air crâne. Le compliment avait son prix. Du reste, sa visite a été extrêmement courtoise. Notre escadre se composait de cinq vaisseaux. Les Anglais, qui avaient voulu « manifester », avaient dix navires de guerre. Il est vrai de dire qu'ils avaient battu le rappel de Hong-kong à Port-Hamilton, et que l'escadre était au grand complet. Quant à la flotte chinoise, elle comprenait cinq corvettes, dont deux cuirassées; deux croiseurs Armstrong; un croiseur-torpilleur; deux transports; cinq canonnières Armstrong, et trois bâtiments de guerre construits à Foutchéou. Il y avait donc trente-trois navires de guerre dans la rade de Tchéfou, sans compter les nombreux steamers venus de Shanghaï, ainsi que les jonques et les barques appartenant aux ports voisins. Le septième prince est rentré à Tientsin par Takou, et de là à Pékin. Sa première sortie comptera certainement parmi ses souvenirs, et s'il est capable de faire des réflexions, il a dû en faire de sérieuses, tandis qu'il reprenait la route de Pékin, porté par ses seize coolies, dans son imposante chaise jaune.

La flotte anglaise est repartie de Tchéfou se dirigeant vers Port-Hamilton, où sont entrepris, avec une certaine hâte, d'importants travaux de fortification. La nouvelle colonie des Anglais, achetée au gouvernement coréen du consentement de la Chine, n'est destinée pour le moment qu'à servir de dépôt de charbon ; mais elle a vis-à-vis de la Russie et de ses projets une importance stratégique de premier ordre. Je reviendrai plus tard sur ce sujet. Retenez seulement le nom de Hamilton ; il sera, à beaucoup de chances près, la cause d'un conflit sérieux. Les Anglais n'aiment pas trop qu'on parle de ce groupe d'îles ; ils affectent de ne les considérer que comme des îlots abandonnés, sans valeur ; mais entre eux ils prononcent tout bas le nom de Gibraltar, et se rendent un compte exact de l'avenir réservé à Port-Hamilton. A ce propos, je vous dois une rectification. On confond généralement Hamilton et Quelpaert ; ce sont deux îles absolument distinctes ; l'île de Quelpaert fait toujours partie de la Corée. Les Anglais l'avaient demandée ; mais le morceau était un peu gros ; il a été refusé, et les îles Hamilton ont servi de compensation. Veuillez considérer que les Anglais ont reçu cette concession à titre de *satisfecit,* quelque temps après la conclusion de la paix Campbell. Nous avons été obligés, nous, d'abandonner les îles Courbet, — je veux dire les

Pescadores, — et dans ce même moment les Anglais obtenaient Hamilton.

Je me suis rencontré à Tientsin avec un des principaux fonctionnaires des douanes coréennes, M. Denny, qui vient de quitter définitivement la Corée, rappelé par le vice-roi Li. En même temps que lui, ont été rappelés les commissaires des douanes établis à Yuen-san et à Fou-san. Toute l'ancienne administration est disloquée. Aux uns, le Vice-roi a offert une indemnité; aux autres, une position équivalente dans les douanes chinoises. La mesure a été prise sans bruit et en toute hâte. Elle faisait l'objet de commentaires très-sérieux à Tientsin. Il s'est passé là un fait très-simple en apparence, mais très-gros de conséquences; en deux mots, la Chine fait de la politique coloniale. Par un coup hardi de décision, le Vice-roi a détruit toute l'administration des douanes coréennes, et l'a remplacée par une délégation de l'administration des douanes chinoises. Actuellement, ce sont les agents de sir Robert Hart qui dirigent les douanes en Corée et perçoivent les droits.

Il y a dix-huit mois, au moment des affaires de Corée, quand il s'agissait de régler un différend entre Chinois et Japonais, les représentants des puissances ont tous été d'accord sur la déclaration de l'indépendance de la Corée. Aujourd'hui, la Chine renverse tout ce beau château de cartes, et affirme ouvertement que le territoire coréen est territoire chinois; elle fait vraiment de la politique coloniale. Le Japon proteste, il paraît; mais la Chine déclare avoir des droits, et elle s'est fait faire une consultation en règle. J'ai appris, en effet, que toutes ces fantaisies s'étaient passées légalement; la cour de Pékin, toujours scrupuleuse, a été instruite sur toute l'affaire, et a dû laisser agir le Vice-roi, convaincue comme lui du bon droit de la Chine.

Ce qu'il n'y a pas de moins curieux à faire constater, c'est que cette consultation légale a été fournie... par un Anglais. Le Tsung-li-yamen possède un fonctionnaire dont le titre est très-imposant : « Avocat-conseil du Tsung-li-yamen et commentateur de la loi internationale. » Le titulaire de cette charge est le Révérend W. A. Martin. Ce bon conseiller est parvenu à démontrer aux plus hauts dignitaires de l'empire que la Corée était une « partie officielle » de la Chine; qu'il ne fallait plus douter de ce fait, depuis que les traités avaient reconnu à M. Hart un droit d'inspection sur les douanes coréennes; que, à ce point de vue, la Corée était une dépendance « réelle » de la Chine. Et voilà comment il se fait que la Corée a perdu son indépendance « réelle »; avant trois mois la légation de Chine à Séoul aura remplacé le ministère des affaires étrangères de S. M. le roi de Corée, absolument comme dans un pays de protectorat. Et l'on ose dire que la Chine ne se civilise pas !

La politique de l'Angleterre a prêté son concours le plus actif à toute cette organisation avec autant d'habileté que de bonheur. Elle fait marcher la Chine dans le sens de ses intérêts. Le moyen est simple; elle séduit son ambition et excite son amour-propre en lui proposant d'occuper la Corée *avant le Japon,* tentation trop forte pour la jeune Chine; mais, une fois le résultat atteint, c'est l'Angleterre qui en recueillera tous les bénéfices; c'est l'habitude. L'occupation de la Corée par la Chine est, en effet, un coup décisif contre les projets d'extension de la Russie en extrême Orient; ils sont réduits à néant. La consultation du Révérend Martin était, vous le voyez, très-importante. Elle a pour effet d'intéresser la Chine d'une manière plus directe aux tentatives de la Russie, et d'opposer aux progrès de cette puissance, non plus la Corée, mais la Chine. L'Angleterre a fait là un coup de maître.

On se fait généralement une idée très-exagérée de la situation menaçante de l'organisation des forces russes sur les frontières septentrionales de la Chine. Les desseins de la Russie, considérés au point de vue anglais, étaient fort menaçants sans doute, mais ses moyens d'action très-limités. L'idée de faire de la mer du Japon une Méditerranée russe, et de Wladivostock un port militaire, un arsenal dominant tout le Pacifique, était une idée superbe, mais irréalisable. C'était un rêve. Il fallait supposer que l'Angleterre laisserait faire son ambitieuse rivale et permettrait que ses intérêts commerciaux en extrême Orient fussent à sa merci. Le commerce annuel de l'Angleterre dans les mers de Chine dépasse une valeur de 2 milliards de francs, et a acquis une importance d'avenir telle qu'il ne doit pas supporter une rivalité menaçante. Le développement du commerce britannique rendu plus facile par la création de la nouvelle route du Pacifique exige que la Russie n'occupe pas les bords du Pacifique; c'est là une résolution anglaise, une sorte de vœu que s'est imposé la nation, et qu'il lui sera aisé de mettre à exécution avec l'aide de la Chine. Que pourrait faire, en effet, la Russie? Tous ses efforts, en cas de guerre, ne réuniraient pas à Wladivostock plus de 15,000 hommes de troupes; la population de toute cette contrée, y compris le Kamtchatka, ne dépasse pas 60,000 hommes, répandus sur un territoire aussi grand que l'Europe centrale et appartenant à des tribus différentes. A Wladivostock, les 4,000 habitants qui constituent sa population sont, pour la plupart, des Chinois qui ne sont rien moins que sympathiques aux Russes. Les seules provinces où la population est relativement plus nombreuse, la province de Yakoutsk avec 250,000 habitants, et la province de Transbaïkal avec 450,000 habitants, couvrent un territoire très-vaste, et très-éloigné des bords du Pacifique. Tout ce calcul ne donne donc pas 1 million d'habitants du côté de la Sibérie russe, sur la rive gauche de l'Amour, tandis que, sur l'autre rive, 12 millions de Chinois habitent la Mandchourie, 8 millions de Coréens habitent la Corée. Quel espoir sérieux peut fonder la Russie sur l'avenir de ses entreprises, si l'Angleterre et la Chine ne veulent pas qu'elles se réalisent?

Ces considérations ont de l'intérêt dans le moment précis où la Chine fait sa première démonstration en Corée; il est possible que le premier coup de canon qui mettra le feu en Europe soit tiré à Port-Hamilton ou à Wladivostock.

P. S. — A mon retour de Tientsin, j'ai trouvé ici dans le *North China Daily News* une lettre de M. l'ingénieur en chef Thévenet, qui proteste en très-bons termes contre cette manie qu'ont adoptée décidément les Allemands de prétendre à la supériorité en tout. Pouvaient-ils supposer que les petites misères de la fabrication Krupp seraient jamais révélées? que le nom de son rival de Bange serait prononcé en Chine, et signalé comme le premier en renom parmi les fondeurs de canons?

Cela a été fait cependant, et vous ne sauriez croire, à

4,000 lieues de distance, combien ces surprises-là vous causent de joie. Pensez donc : la lettre d'un ingénieur français dans un journal anglais, à Shanghaï ! C'est un événement ! Et une lettre datée de Tientsin, s'il vous plait ! La voici, du reste : vos lecteurs sauront l'apprécier comme elle mérite de l'être.

Tientsin, le 19 mai 1886.

Monsieur l'éditeur du North China Daily News,
à Shanghaï.

MONSIEUR,

Je lis dans votre numéro du 12 courant un article intitulé : *The Franco-German syndicate war,* qui dénature les conclusions de la commission des essais de Bucharest en attribuant la victoire aux tourelles allemandes.

Je suis autorisé à déclarer que la supériorité des tourelles françaises de l'usine de Saint-Chamond a été unanimement reconnue par la commission roumaine.

Je défie qu'on apporte aucun document officiel à l'appui de l'opinion contraire.

Je pense, comme vous, que l'impartialité et la loyauté peuvent seules ennoblir la lutte industrielle entre les peuples, et je laisse à ceux qui ont cru devoir se départir de cette règle toute la responsabilité de leurs procédés.

Et puisqu'il est question de comparaison entre les produits allemands et les produits français, je vous serais obligé de donner la publicité de votre honorable journal au défi porté à M. Fried Krupp par les représentants de la Société française des anciens établissements Cail, dont je vous adresse ci-dessous la traduction littérale.

Veuillez agréer, Monsieur, l'assurance de ma considération distinguée.

J. THÉVENET,

Ingénieur en chef des ponts et chaussées.

XIV

Évolutions politiques de l'Angleterre et de la Chine. — Le droit de suzeraineté. — La théorie de la dignité. — Les vrais préliminaires de la paix franco-chinoise. — Le rôle des Anglais. — Les concessions de la Chine. — Un nouveau parti politique.

Shanghaï, le 12 juin.

Ma dernière correspondance a devancé quelque peu les événements, en ce sens que je vous ai signalé les manœuvres habiles de la politique anglaise et les résultats déjà obtenus, comme devant aboutir à un rapprochement plus étroit entre les deux pays. Je vous ai dit textuellement : « L'Angleterre fait marcher la Chine dans le sens de ses intérêts » ; et, au train dont vont les choses, il est à croire que la Chine marchera vite.

La situation réciproque de l'Angleterre et de la Chine est arrivée au point précis où l'action se dénoue. Est-ce habileté de la part des Anglais? est-ce simplement un concours heureux de circonstances? Il est un fait indéniable, c'est celui de la nécessité pour la Chine de faire alliance avec une nation occidentale, d'unir sa politique à la sienne, et, se plaçant sous sa protection officielle, de faire cesser toutes les équivoques.

« Nous ne voulons pas, me disait un taotaï de mes amis, qui suit très-attentivement les événements, être exposés à de continuelles aventures du genre de celles

6

qui se sont produites à l'occasion du Tonkin. Quels avantages en retirons-nous ? Des défaites, qui, nous dit-on pour nous consoler, nous aguerrissent, et des traités de commerce qui nous imposent des relations amicales. En somme, nous payons très-cher l'honneur d'être les battus. C'est la moralité de ces expéditions sanglantes. La pire des choses serait pour nous d'y prendre goût. Car nous aurions à recommencer avec les Anglais en Birmanie; avec les mahométans en Kachgarie; avec les Russes en Mandchourie; avec les Japonais en Corée; enfin, même dans nos provinces où l'autorité de notre empereur n'est pas respectée suffisamment. Le programme est un peu trop chargé pour nos débuts dans la glorieuse carrière des armes.

« Nous devons donc, que cette politique nous plaise ou non, prendre un protecteur puissant, et lui demander, en échanges d'avantages qu'il ne sera pas difficile de définir, de nous garantir contre les bombardements, contre les blocus, contre les torpilles, en général contre les invasions; et ce protecteur sera l'Angleterre, si l'Angleterre veut bien nous donner satisfaction en reconnaissant officiellement notre droit de suzeraineté sur la Birmanie, et renoncer à ses tentatives sur le Thibet. Moyennant ces conditions, nous pourrons nous entendre sur tout le reste, car le reste est peu de chose, parce qu'il ne touche pas à la « face », parce qu'il n'a aucun rapport avec la question de nos « droits », parce qu'il est en dehors des éléments essentiels constitutifs de la dignité de notre empire. »

Comme je ne me rendais pas absolument à ce raisonnement, mon interlocuteur poursuivit :

« Je vais vous définir ce que nous appelons en politique notre « dignité », car vous n'en avez aucune idée en Occident. Notre dignité est une raison d'État; elle est inviolable, elle est sacrée. L'empire, dans son intégralité, est inviolable; les droits de l'empire, c'est-à-dire, tels qu'ils ont été fondés par nos empereurs, et constituant leur héritage sacré, sont inviolables. Notre empereur en est le gardien, désigné pour cet office par le ciel. Je veux bien admettre, en me plaçant au point de vue des idées qui ont cours en Occident, que ces principes appartiennent à une théorie; mais il faut bien constater cependant que cette théorie existe, qu'elle est la règle de nos actions, et que nous ne pouvons pas faire en sorte de ne pas nous y conformer. Nos droits sont assimilables aux dogmes de la religion catholique, et notre souverain a comme votre pape le privilége de l'inviolabilité, le privilége de la sainteté, et il est armé du même *non possumus* qui défie toutes les entreprises de la force et de la ruse. L'univers se liguerait contre nous, nos provinces seraient occupées militairement; elles cesseraient d'être administrées comme le veut notre tradition, elles n'en seraient pas moins des provinces chinoises, *in partibus infidelium*, c'est-à-dire empruntées par les diables de l'Occident; et personne, à supposer qu'il ne restât plus qu'une seule province, qu'un seul district, au pouvoir de la dynastie, n'oserait douter que l'empire n'est pas intact. Voilà comment nous comprenons la fidélité aux principes, ou du moins comment on nous apprend à la comprendre.

« Admettez-vous maintenant qu'il soit difficile à nos gouvernants d'entreprendre ces tâches délicates qui s'appellent les négociations diplomatiques? Voyez-vous quelles responsabilités incombent à nos diplomates qui sont chargés, la plupart du temps sans instructions précises, de résoudre des questions dont la solution exigerait presque toujours l'abandon de ces droits sacrés dont je vous parlais tout à l'heure? Je vais vous citer un exemple. L'année dernière, au mois de février, nous étions encore en pleine guerre, au Tonkin; nous étions résolus, avec cette tranquille passion de gens qui obéissent à la théorie, de la continuer... tant qu'elle durerait, et elle durerait encore, aurions-nous été battus dans toutes les rencontres, aurions-nous été réduits aux dernières extrémités. La raison, la voici : c'est que le gouvernement français exigeait pour prix de la paix le payement d'une indemnité, et que le Trône avait décrété que quiconque dans l'empire, si haut fût-il en grade, parlerait de la paix, à cette condition inacceptable, serait puni de mort. Le gouvernement français avait proposé déjà, officieusement, plusieurs solutions, mais aucune n'était présentable au Trône, parce que le mot « indemnité » était maintenu. La guerre continuait donc, et je vous affirme qu'elle continuerait encore, si, le 27 février, le Tsung-li-yamen n'avait reçu de son ambassadeur à Berlin la dépêche suivante : « J'apprends que le gouver- « nement français accepte de renoncer à l'indemnité, si « un traité de commerce avec dispositions particulières « remplace cette indemnité. » Cette nouvelle arriva à Pékin comme un coup de foudre ; l'Impératrice ordonna la réunion immédiate du Grand Conseil de tous les hauts dignitaires de l'empire, réunion qui eut lieu le 28 février. A l'issue de ce Conseil, la dépêche suivante fut expédiée à l'ambassadeur de Chine à Berlin : « Maintenez « les pourparlers entamés. »

Mon interlocuteur s'interrompit, et parut réfléchir un

moment. « Continuez, lui dis-je, votre récit; il m'intéresse vivement. — Ne connaissiez-vous pas ces circonstances? reprit-il. Vous ne saviez pas que c'est aux négociations entreprises à Berlin que les préliminaires de la paix sont dus? — Non; je pensais qu'ils étaient l'œuvre personnelle de sir Robert Hart; tous les journaux l'ont affirmé. » Sir Robert Hart, par l'intermédiaire de son représentant, M. Campbell, s'était, en effet, occupé de la délicate question de la paix; mais ses efforts avaient été inutiles; ils s'étaient heurtés à l'obstacle insurmontable de l'indemnité, et, malgré le désir très-réel qu'il avait de faire conclure la paix, il échoua dans ses tentatives. Il fut un des premiers à connaître la précieuse dépêche chiffrée du 27 février; elle lui dictait sa conduite : faire traîner les négociations à Berlin, entreprendre M. Ferry à Paris, et, finalement, conclure la paix. Les événements lui furent favorables. Le retour offensif de nos troupes au Tonkin et les conséquences inespérées qui en résultèrent amenèrent un changement de gouvernement; les négociations définitives se terminèrent le 4 avril à Paris, avec le concours officiel des Anglais, au lieu d'avoir été conclues à Berlin, un mois auparavant, par l'intermédiaire de négociateurs français et chinois. Cela est de l'histoire[1].

« Vous voyez par cet exemple combien notre organisation politique est compliquée, et combien peu nous sommes responsables, en tant que fonctionnaires, des difficultés qui se produisent à chaque instant dans les discussions diplomatiques. Nous avons la tâche ingrate d'avoir à contenter tout le monde et d'y réussir, sous

[1] Lire la lettre sur cette importante question.

menace d'encourir le blâme des censeurs impériaux, toujours prêts à dénoncer les plus légères infractions à l'esprit de nos institutions. Je vous assure que nous ne recherchons pas le poste redoutable de négociateurs; au contraire, c'est à qui le refusera, et lorsque, enfin, nous sommes obligés de l'occuper, nous n'avons qu'un seul souci, celui de l'esquiver le plus habilement que nous pouvons. Voilà pourquoi nous avons la réputation d'être des difficiles; comment ne le serions-nous pas dans la situation où nous sommes placés?

« Les Anglais ont, depuis leur affaire de Birmanie, vainement réclamé la reconnaissance du fait accompli. Personne, ni le Vice-roi, ni le prince Tchun, ni même l'Impératrice, n'avait le pouvoir de leur délivrer le « laissez passer » qu'ils demandaient. Il fallait, d'abord, s'entendre au sujet de la suzeraineté de la Chine, c'est-à-dire au sujet d'un droit inhérent à la dignité de la Chine. Je crois que les Anglais ont compris qu'ils auraient beau insister, menacer même, qu'ils n'obtiendraient pas ce qu'ils demandaient. Ils céderont; ils deviendront officiellement, par convention, nos vassaux en Birmanie, et, à ce prix, ils jouiront tranquillement de leur nouvelle conquête, si toutefois les dacoïts et les sujets restés fidèles à l'ancienne dynastie consentent à user de la même complaisance que nous; ce qui est une question.

— Vous ne croyez donc pas que le sacrifice que s'imposera l'Angleterre, en cédant à votre loi, lui assurera la soumission des révoltés de la Haute-Birmanie?

— Mais ce n'est nullement certain. Nous sommes sans autorité dans cette contrée. A Bahmo même, nos armes ont souvent éprouvé des échecs; le pays est très-difficile à tenir; les moyens de communication font défaut, et les ressources locales sont absolument nulles. C'est un vrai désert, inaccessible, montagneux, et de toutes parts environné de districts occupés par des dacoïts ou des pirates. Notre province du Yunnan est en continuelle révolte; son vice-roi est une sorte de prince féodal qui n'admet pas d'autre autorité que la sienne. Il est roi, au milieu de ses bandits; et il le sait bien. Quelle armée voudrait s'engager dans ces parages? Ses ravitaillements ne seraient rien moins qu'assurés. L'Angleterre n'a donc en réalité qu'un faible appui à espérer du concours moral que lui prêtera la Chine, par la reconnaissance du fait accompli. L'avenir prouvera si je vois juste.

— Mais s'il en est ainsi, il est possible que vous n'êtes pas le seul à avoir cette opinion; alors il faut bien admettre que l'Angleterre a un motif particulier, très-puissant, pour faire sa cour à la Chine. Il doit y avoir une raison majeure pour elle; sans doute une question d'alliance contre la Russie.

— L'Angleterre peut parvenir à démontrer à la Chine que leurs intérêts sont connexes, et que, en s'aidant mutuellement, les deux empires peuvent prétendre à une grande prospérité. Au nord, les Russes menacent plus sûrement les Chinois que les Anglais, et dans tous les cas ils ne sont dangereux pour nous que parce qu'ils visent la suprématie des Anglais en Asie. Notre intérêt bien entendu est donc de nous unir aux Anglais contre l'ennemi commun.

— Et au Tonkin? Ne pensez-vous pas que les Anglais ne vont pas essayer de neutraliser les effets avantageux de notre traité de commerce?

— C'est leur désir le plus cher, et je puis vous dire, à cet égard, que si l'Angleterre se résigne à sacrifier à notre paganisme politique, elle ne le fera qu'en vue d'un résultat qu'elle estime à un très-haut prix, *la liberté pour son commerce de naviguer sur le fleuve de l'Ouest,* dans les deux provinces du Kouang-tong et du Kouang-si, et *le droit d'avoir un consulat à Pé-sé,* la ville la plus importante de ces régions, car elle est située à l'endroit où le fleuve de l'Ouest (Si-kiang) devient navigable, et elle est le centre où rayonnent toutes les routes qui se dirigent d'un côté vers les États shans, Siam, le Yunnan et la Birmanie, et de l'autre vers le fleuve Bleu. C'est le marché de tout le commerce d'exportation et d'importation de la Chine méridionale.

— Est-ce que le traité de commerce négocié par M. Cogordan nous reconnait le droit d'avoir un agent consulaire français dans cette ville?

— Non. La Chine a refusé d'accorder ce droit : il était réservé aux Anglais, à titre de compensation.

— Encore une question. Croyez-vous que la reconnaissance officielle de la suzeraineté de la Birmanie par l'Angleterre ait de grandes conséquences en Chine?

— Oui; c'est un acte très-important qui ne cessera pas d'être commenté par nos mandarins, et qui pourra donner lieu à la formation d'un parti politique composé de tous ceux qui regrettent que la Chine ait perdu la suzeraineté de l'Annam. Savez-vous bien que si votre gouvernement avait accepté de reconnaitre ce droit, — car c'était un droit, le nôtre, — il n'y aurait jamais eu de guerre entre les deux nations, et la situation de la France au Tonkin et en Annam serait exactement la même? La Chine n'a fait la guerre que dans l'espoir de « maintenir » son droit. Il eût été si simple de faire ce que l'Angleterre acceptera sans nul doute; car les avantages qu'elle retirera de son intelligente soumission sont incalculables. »

Ce taotaï, qui est « de nos amis », m'avait donc exactement renseigné lorsqu'il me disait, depuis que la question birmane était pendante, que jamais la Chine ne céderait officiellement sur son droit de suzeraineté. Toutes mes correspondances vous ont donné cette note précise; mais nous ne pouvions pas, ni les uns ni les autres, supposer que l'Angleterre ouvrirait aussi complétement les yeux à l'évidence. Ses intérêts, il faut le reconnaître, ont été supérieurement servis par son représentant intérimaire à Pékin, M. O'Conor; il n'y a pas de meilleurs diplomates que les secrétaires ambitieux d'avancement : ils font audacieusement leur devoir.

XV

L'école française. — Opinion du *Chen-pao* sur la langue française. — Les journaux en Chine. — La politique anglaise. — Le traité Cogordan jugé par les Français, à Shanghaï. — Nomination de M. Constans.

Notre municipalité s'est mise en frais à l'occasion de la distribution des prix aux élèves de l'école française et nous a offert une séance très-intéressante présidée par le consul général, M. Kraetzer, ayant à ses côtés les membres les plus distingués de la colonie française. Cette école est de création récente, et son but est d'apprendre le français aux Chinois. C'est la première école de ce genre qui ait été fondée à Shanghaï. Nos compatriotes, qui administrent la municipalité, ont eu, en la créant, l'intention très-louable d'aider au développement progressif des bons rapports entre la France et la Chine, par la méthode très-efficace de la connaissance des langues; mais il ne parait pas, jusqu'ici du moins, que cette intention ait été appréciée par les Chinois. Le *Chen-pao* a même fait une campagne contre l'école française; et ceux de vos lecteurs qui voudront lire le numéro du 10 mars dernier y trouveront un article très-détaillé sur l'école franco-chinoise. Voici, du reste, un des passages de cet article : « Cette école, que la colonie française se félicite d'avoir fondée, ne nous semble pas très-utile. Le français est, il est vrai, la langue diplomatique, mais c'est l'anglais que l'on parle dans nos ports. Au point de vue commercial, la langue française ne peut rendre aucun service; car non-seulement il n'y a qu'un nombre très-restreint de maisons françaises, mais même dans ces maisons on ne parle que l'anglais, et même les articles français nous viennent par l'intermédiaire des commissionnaires anglais. Si l'école se propose seulement de former des interprètes pour le gouvernement français, libre à elle; mais nous ne croyons pas que nos jeunes gens aient des espérances bien sérieuses à fonder sur ces situations; il y en a de plus actives ailleurs, et puis la politique de la France est si capricieuse! Les programmes de cette école sont, en outre, tellement chargés que les enfants ne peuvent pas les suivre, et que, pour la vaine satisfaction d'apprendre le français, ils négligeront l'étude du chinois. »

Cet extrait n'est pas très-sympathique, comme vous le voyez, et encore j'ai choisi le passage le plus présentable. L'auteur de l'article est cependant loin d'être hostile à l'établissement d'écoles étrangères en Chine; au contraire, il demande qu'elles soient aussi nombreuses que possible, et que l'étude des sciences modernes soit entreprise sérieusement; mais il faut que ces sciences soient étudiées en chinois et non en français.

Le *Chen-pao* reprend le même sujet de la création d'écoles européennes en Chine dans son numéro du 13 mars, et le traite au point de vue exclusivement pratique. Il démontre que le meilleur système est celui qui consiste à établir en Chine des écoles européennes, système bien préférable à celui qui a été adopté jusqu'à présent des *missions d'instruction en Europe*. « Ce moyen n'est pas sérieux, dit le *Chen-pao;* les élèves sont trop distraits par les curiosités du voyage et du séjour en pays étranger; ils travaillent peu, et ils négligent, s'ils ne les perdent, les coutumes nationales. Il est nécessaire que les élèves, tout en se formant aux sciences modernes, étudient les lettres chinoises, passent leurs examens, et conservent l'esprit de nos mœurs. Or, ce résultat ne peut être atteint qu'en établissant chez nous des écoles spéciales européennes. Il existe déjà une école de ce genre à Shanghaï; il est question d'en établir une semblable à Canton. La durée des études sera de cinq années, après lesquelles nos jeunes gens pourront aller en Europe passer quelque temps, non plus pour s'y instruire, mais pour s'y perfectionner. »

Il n'y a rien à redire à cette argumentation, et, pour ma part, je la trouve juste. Les missions d'instruction en Europe coûtent très-cher au gouvernement chinois, et, pour ne parler que de la France, ne lui ont rapporté aucun bénéfice. Je défie qu'on cite aucun ancien élève des missions d'instruction en France, instruit dans nos écoles, qui, rentré en Chine, soit resté attaché à la

France. Nous avons formé des élèves ingénieurs dans nos arsenaux maritimes, à Cherbourg et à Toulon; ont ils recommandé nos chantiers? Avons-nous livré un seul bateau à la Chine? Nous avons admis des élèves officiers chinois à suivre les cours de notre École de Fontainebleau; ont-ils obtenu la commande d'un seul fusil de fabrication française? Nous avons instruit à notre École nationale des mines des élèves très-capables; ont-ils recommandé un seul de nos ingénieurs? Ce sont les résultats qu'il faut juger, en pareille matière. Les Allemands et les Anglais instruisent, eux aussi, des élèves chinois; mais ils prennent en même temps des « ordres »; s'ils forment un ingénieur naval, ils fournissent, — ne serait-ce que pour joindre l'exemple au précepte, — des bateaux; s'ils forment un officier torpilleur, ils fournissent aussi les torpilles; s'ils forment enfin un officier, dans n'importe quelle arme, ils fournissent les armes. C'est une affaire réglée d'avance. Nous, nous fournissons la science et les diplômes, sans compter les éloges et les applaudissements que nous accordons aux lauréats chinois de nos facultés et de nos écoles. C'est généreux, mais c'est tout.

Il est regrettable à un certain point de vue que nous n'ayons pas en Chine, à Shanghaï par exemple, un organe périodique chinois qui ramène et fixe l'opinion publique sur les divers sujets qui intéressent directement notre influence. Le *Chen-pao* a une action énorme sur la direction des idées, et vous en conviendrez facilement en réfléchissant que les Chinois ont une sorte de vénération pour la langue écrite, et que, par conséquent, il est aisé de maintenir leur conviction. J'ai suivi jour par jour depuis plusieurs mois l'enseignement donné par ce journal, et je vous assure que, à l'étudier dans toutes les précautions qu'il prend à ne pas heurter le sens national, il y a plus à apprendre pour se former une expérience qu'à parcourir les provinces. Le caractère chinois s'entrevoit clairement, et il résulte de ces études que l'on modifie bien des opinions. Un journal chinois peut tout avancer, pourvu qu'il respecte la coutume; et s'il place toutes ses « nouveautés » sous la protection des sentences tirées des livres classiques, il est certain qu'il sera lu et petit à petit approuvé. La réforme sociale n'a pas de représentant plus convaincu, plus agissant que le *Chen-pao*; je puis ajouter plus courageux, car il attaque souvent de front les abus les plus humiliants pour l'orgueil national, et les combat avec une franchise très-énergique. Il peut le faire du reste dans certains cas assez aisément, lorsqu'il s'en prend aux actes arbitraires et vexatoires des mandarins de second ordre. Autant il serait dangereux de toucher à la réputation d'un haut mandarin, autant il est facile de dénoncer publiquement les fonctionnaires subalternes qui exagèrent leurs attributions. Évidemment le journal ne suffirait pas, même avec le supplément, s'il devait dans ses « échos », ou dans sa « boîte aux lettres », relater toutes les licences de l'administration chinoise; mais la crainte d'être « publié » dans le *Chen-pao* a arrêté plus d'une fois quelque trop audacieux mandarin. La presse « chinoise » peut rendre de grands services.

Au point de vue politique, le *Chen-pao* suit ou flatte l'opinion. Je ne suis pas en mesure de distinguer entre les deux courants. Toutes les fois que la France et les Français tombent sous son pinceau, il ne les ménage pas; nous sommes houspillés de la belle façon; ni les

Anglais, ni les Allemands, ni même les Italiens ne nous ont jamais disséqués avec autant de perfidie. C'est à regretter d'avoir appris le chinois. Il y aurait à croire vraiment que nous sommes détestés des fils de Han, si nous admettions un instant que le *Chen-pao* suivît sur cette importante question l'influence de l'opinion ; et ce doute est permis, car tout se raisonne en Chine, tout se fait par méthode, même les plus énormes bévues. Mais il est devenu de mode de mettre les Français en cause, toutes les fois qu'il s'agit de médire des étrangers. Il n'y a pas qu'en Chine que cela se voit ; il se peut donc que ce soit une simple contrefaçon. N'importe : il est regrettable que nous ne puissions pas nous défendre en chinois ou en anglais, comme les Anglais le font, eux, dans leurs journaux, qui sont très-répandus à Hong-kong, à Canton, à Shanghaï et à Tien-tsin. Shanghaï possède trois journaux écrits en anglais qui ont une certaine influence. Les Anglais ont ainsi les moyens de soutenir la politique *qui est la leur*, c'est-à-dire celle qui a adopté cette définition de la Chine : « Une alliée faisant du commerce avec l'Angleterre pendant la paix, et se battant avec l'Angleterre pendant la guerre. » C'est net, c'est précis, et ce n'est pas humiliant pour la Chine.

La France a l'honneur d'avoir un organe à Shanghaï ; l'*Écho de Shanghaï*, qui paraît depuis quatre mois environ, est écrit en langue française.

Voici, d'ailleurs, à titre de documents, quelques extraits d'une lettre curieuse, datée de Shanghaï, le 25 mai dernier, que ce journal publie et qui apprécie le traité de commerce négocié par M. Cogordan :

« On s'expliquerait difficilement les raisons qui ont

fait tenir ce traité si longtemps secret, si ce n'était pour mieux cacher la déception qui nous attendait...

« En effet, l'une des clauses principales, celle relative à l'ouverture des marchés, a été renvoyée à la fin de l'année courante; et qui sait si d'ici là il ne surgira pas d'autres difficultés qui en retarderont la réalisation jusqu'aux calendes grecques?

« Nous aimons à croire que la partie qui nous est inconnue est plus favorable à nos intérêts. Néanmoins, on se demande pourquoi le gouvernement a mis tant d'insistance à obtenir un traité de commerce qui, jusqu'ici, donne tous les avantages aux marchands chinois et ne change absolument rien à notre position sur le fleuve Rouge ni au Kouang-si ; c'est-à-dire que nous ne pouvons pas aller au delà de Laokaï, tandis que les Chinois continueront, comme par le passé, à commercer dans tout le Tonkin.

« Il nous semble qu'il eût été plus politique, — et nos intérêts nous y invitaient, — en présence de l'opposition du gouvernement impérial, de laisser les affaires suivre leur cours. Que nous importait un traité de commerce? Nous occupons les frontières nord et est du Tonkin; les places fortes sont entre nos mains, et notre police bien faite dans tout le pays suffisait pour sauvegarder nos intérêts. La Chine devait désirer un traité qui lui assure un trafic régulier sur son territoire. Nous devions attendre patiemment que le gouvernement chinois, se trouvant aux prises avec la contrebande qui n'aurait pas manqué de se développer à ses portes sur une grande échelle, vînt nous demander cette convention qu'il a fallu presque lui arracher. Il eût été temps, alors, sinon de dicter nos conditions, du moins d'obtenir des avantages et des facilités quo notre empressement de conclure nous a fait refuser.

. . . .

« Nous ne pouvons nous empêcher de féliciter le *gouvernement impérial* du succès de sa politique. Encore une fois, par le calme systématique et l'adresse de ses fonctionnaires, il a eu raison de notre diplomatie. C'est, nous regrettons de le dire, une bonne leçon à ajouter aux autres. »

Heureusement M. Constans est nommé ambassadeur de France à Pékin. Les télégrammes de l'agence Reuter nous ont donné, en effet, cette nouvelle comme certaine, quoique non officielle. Une pareille nouvelle ne peut que se confirmer. Sans nul doute, il y a encore de beaux jours pour la gaieté française, et aussi pour la diplomatie. M. Constans à Pékin ! On reste confondu !... Cependant, c'est original; c'est peut-être un trait de génie. Ah! si nous n'avions pas de temps en temps de ces nouvelles-là, voyez-vous, on mourrait, on dessécherait d'ennui. Mais nous en avons, et souvent : le télégraphe est si complaisant !

LA MISSION COGORDAN[1].

M. de Freycinet a dit : « *Il m'a paru nécessaire d'envoyer en Chine, pour les négociations commerciales, un agent qui ait pu conférer directement avec moi et avec les divers départements ministériels intéressés.* »

En ce temps où l'on parle beaucoup d'économies à

[1] Cet article est inédit.

réaliser [1], peut-être eût-il été raisonnable de charger M. Patenôtre, notre ministre en Chine, du soin de négocier avec le vice-roi Li. M. Patenôtre était en effet à Shanghaï. Il eût été non moins raisonnable de réfléchir que la Chine avait une légation à Paris et un ministre plénipotentiaire accrédité auprès de notre gouvernement, et que par suite il pouvait négocier personnellement avec le ministre des affaires étrangères. De ces deux combinaisons il y en avait au moins une de trèsbonne. Mais ni l'une ni l'autre n'ont été adoptées; c'est M. Cogordan, sous-directeur au ministère des affaires étrangères, qui a été envoyé en Chine pour conclure le traité de commerce déjà ébauché par M. Patenôtre. M. Cogordan est gendre de M. Duclerc, sénateur et ancien président du conseil; il n'était pas encore ministre plénipotentiaire de première classe. Dès lors sa mission s'explique. Si cette raison n'était la seule qu'il fût nécessaire d'invoquer, il faudrait supposer que les autorités chinoises auraient refusé, et de négocier avec M. Patenôtre, et de négocier directement à Paris; ils auraient donc désiré la mission Cogordan... Les Chinois sont-ils si habiles? Peut-être.

Quoi qu'il en soit, M. Cogordan se mit en route le 15 août.

« M. Cogordan arrivera à Tien-tsin dans la première quinzaine d'octobre, télégraphie M. de Freycinet à M. Patenôtre. Il serait à désirer que le plénipotentiaire chinois fût en mesure d'engager *immédiatement* les négociations, afin qu'elles puissent aboutir, dans un bref délai, à une entente qui ne peut manquer

---

[1] Les dépenses occasionnées par cette mission s'élèvent à 500.000 francs.

d'être également profitable aux deux gouvernements. »

Les prévisions de notre ministre des affaires étrangères n'ont pas été remplies. C'est le 12 décembre, à 2 h. 30 du soir, que notre chargé d'affaires, M. Cogordan, télégraphie à M. de Freycinet : « J'ai vu hier Li-hong-chang. Les négociations du traité de commerce sont engagées. Le Vice-roi m'a annoncé que je recevrais prochainement une note détaillée contenant *les observations et les contre-propositions* du gouvernement impérial. Je vous en enverrai un résumé par le télégraphe. »

Et c'est le 25 avril 1886 que fut seulement signé le traité de commerce !   .   .   .   .

Ce traité a été, dit-on, très-difficile, non pas à négocier, mais à signer. De fait, il n'y a pas eu de négociations ; la « note détaillée » annoncée par le Vice-roi se fit d'abord attendre, trop longtemps pour la dignité d'un chargé d'affaires de France, et quand elle parvint, accompagnée d'*observations* et de *contre-propositions*, elle formulait très-exactement le traité tel que le comprenait la Chine. Nous devons bien supposer, nous qui connaissons le traité, que le gouvernement français ne l'avait pas compris de la même manière. Mais l'intérêt principal du traité était de le signer. Le 25 avril, M. Cogordan reçut, par dépêche, sa nomination de ministre plénipotentiaire. Le traité était excellent.

Les prétentions de la Chine étaient pour le moins exagérées et ont dû causer au négociateur français de pénibles surprises. La Chine demandait toutes les faveurs et n'en accordait aucune. Elle innovait de toutes manières.

Ce traité de commerce était d'une importance capitale pour les destinées de la colonie que nous venions de fonder. S'il était bien fait, il pouvait réparer tous les désastres; mais s'il était mal fait, il avait pour conséquence de les accentuer et de les rendre définitifs.

Nous avons le regret de dire que le traité a été mal fait, extraordinairement mal fait; et nous devons ajouter qu'il ne pouvait pas en être autrement, parce que le négociateur connaissait peu les questions qu'il allait traiter. Même un diplomate n'a pas le droit d'improviser son habileté : il doit lui donner comme compagnon d'armes une connaissance parfaite du sujet; il doit être pour le moins aussi fort que son adversaire. Or, Li-hong-chang et son entourage sont des maîtres consommés dans l'art de *n'accorder que ce qu'ils sont obligés d'accorder*. De plus, ils sont Chinois.

Il y avait mille détails, sur lesquels il fallait absolument être très-convaincu. Le premier, le plus important de tous, concernait l'état de défiance permanent dans lequel il ne fallait pas cesser de se tenir, en présence des Chinois. Le Chinois trompe par instinct. A cet égard, M. Cogordan aurait dû être mieux renseigné; il avait sans doute lu les dépêches du « Livre jaune », et entre autres celle-ci, qu'envoyait au quai d'Orsay M. Lemaire, le 24 novembre 1884, alors qu'il était résident à Hué. M. Lemaire a été toute sa vie dans les consulats de Chine, son opinion a de la valeur. Or, il donne ce conseil très-pratique : « Se souvenir qu'en 1859, et quoique les troupes alliées occupassent solidement la ville et les forts de la rivière de Canton, le gouvernement chinois avait accueilli par *des coups de canon* les ambassadeurs alliés allant échanger à Tien-tsin la ratification du traité de 1858. »

M. Cogordan n'a pas été « bombardé », mais il a « remporté » un traité qui vaut bien un coup de canon. Nous allons le montrer.

Parmi ces *contre-propositions* présentées par le Vice-roi, et auxquelles notre diplomatie eut longtemps le loisir de songer, il en est qui sont « audacieuses »; d'autres sont « perfides »; d'autres enfin sont « insultantes ». Elles ont été toutes acceptées! Mais en retour, direz-vous, nous avons...? Nous avons fait toutes les volontés de la Chine, c'est tout. Ne fallait-il pas être courtois et conciliant?

Parmi les contre-propositions « audacieuses », citons en première ligne la prétention qu'avait la Chine d'avoir ses consuls à Hanoï, à Haïphong et en d'autres villes encore. Voici cette contre-proposition :

« Le gouvernement impérial pourra nommer des consuls à Hanoï et à Haïphong. Des consuls chinois pourront aussi être envoyés plus tard dans d'autres grandes villes du Tonkin, après entente avec le gouvernement français.

« Ces agents seront traités de la même manière et auront les mêmes droits et priviléges que les consuls de la nation la plus favorisée établis en France. »

Ce n'était pas la première fois que la Chine officielle soulevait une pareille question; mais les gouvernements auxquels elle s'était adressée lui avaient répondu par une fin de non-recevoir très-catégorique, parce que ces gouvernements étaient assez bien renseignés pour connaître le *rôle certain* que joueraient ces personnages consulaires. La Chine a-t-elle des consuls à Hong-kong, à Singapore, aux Philippines, à Java, à Sumatra, dans le royaume de Siam, en Amérique, c'est-à-dire partout où se portent ses émigrants par centaines de mille? Avait-elle des consuls en Annam avant l'établissement de notre protectorat? En a-t-elle en Birmanie? Notre chargé d'affaires savait-il exactement comment se règlent, à l'égard de la Chine, toutes les questions qui concernent l'émigration des Chinois?

Un de nos ministres à Pékin, M. de Rochechouart, que j'ai déjà eu l'occasion de citer, a étudié cette question dans un livre fort intéressant : *les Indes*, et nous met au courant de détails que M. Cogordan aurait pu lire avec fruit. Il s'agit précisément de la colonie chinoise de Singapore. « Les Chinois qui habitent cette ville, dit M. de Rochechouart, se divisent en deux clans : les Fokinois et les Cantonais. Ils sont appelés à Singapore par des amis qui leur servent de répondants vis-à-vis de l'autorité anglaise, qui, sans ce système de responsabilité, système d'ailleurs en vigueur en Chine, *se trouverait débordée.* En échange de la responsabilité qu'ils acceptent, ces Chinois reçoivent de l'autorité anglaise certains priviléges administratifs sur leurs nationaux; c'est en quelque sorte une colonie dans la colonie. » Voilà de quelle manière les Anglais en agissent avec les Chinois; rien d'officiel. Les Chinois s'organisent entre eux, ne sont assimilés en quoi que ce soit à une nation; ils ne correspondent pas avec les autorités du pays dans lequel ils vivent par l'intermédiaire de consuls ayant des droits; ils n'ont pas la qualité d'étrangers appartenant à une nation amie. S'il en était ainsi, la colonie serait bientôt envahie, et aucun système de gouvernement ne pourrait être appliqué. Quand un État consent à recevoir des Chinois, il est de nécessité que cet État puisse traiter ces Chinois comme il l'entend, sans que le gouvernement de la Chine ait le droit d'intervenir officiellement. L'Amérique, l'Australie et la Hollande ont fait, sur ce sujet, des expériences décisives qui peuvent servir de leçons pratiques. Même le royaume de Siam, où sont venus s'installer plus d'un million de Chinois, n'a pas voulu accepter de consuls chinois. Les autorités siamoises savaient bien à quel danger elles exposaient les intérêts du pays. Les Chinois sont des manœuvres d'exportation, des outils extrêmement avantageux; mais gardons-nous bien de leur accorder des droits et des priviléges : ils deviendraient les pires hôtes de l'humanité.

Je n'ai pas le dessein de vouloir approfondir ce sujet; je ne peux que donner des indications; le lecteur trouvera un exposé plus complet de la question dans l'ouvrage que j'ai déjà cité, et dans celui de M. de Thiersant, qui traite plus spécialement encore de l'émigration chinoise. Élisée Reclus, qui a la spécialité de résumer les connaissances acquises en les appréciant avec une grande justesse, peut être aussi consulté, et il cite des chiffres qui intéressent. Voici, par exemple, un état de l'émigration chinoise dans les divers pays dont nous avons parlé :

États-Unis	105,000
Amérique du Sud	195,000
Australie	44,000
Philippines	250,000
Java et Bornéo	325,000
Singapore	110,000
Annam	105,000
Cochinchine	47,000
Cambodge	100,000
Siam	1,500,000

Ces émigrations ont eu dans le début tous les caractères de la « traite ». Depuis un certain nombre d'années elles sont devenues plus régulières, à mesure que les transactions commerciales ont gagné d'importance, et, au lieu d'être interdites par les autorités chinoises, non-seulement elles sont aujourd'hui tolérées, mais le gouvernement central s'occupe de les placer sous sa protection directe. C'est pourquoi la Chine a demandé et obtenu qu'elle eût des consuls au Tonkin, exigeant pour ses nationaux le traitement de la nation la plus favorisée.

Les Chinois sont au Tonkin et en Annam ce qu'ils sont partout; ils accaparent tous les métiers, même ceux que font d'ordinaire les femmes; ils s'emparent de tout le commerce, achètent les récoltes, les revendent en gros, en détail; ils sont dans toutes les affaires. Si ces « étrangers » émigraient pour concourir à la prospérité du pays dans lequel ils viennent se fixer, se pliant aux lois et aux coutumes de ce pays, et finissant par perdre leur nationalité, comme les Allemands qui émigrent en Amérique, leur émigration serait un bienfait. Mais c'est le contraire qui a lieu. Le Chinois veut avant tout rester Chinois; rien ne le décidera, par exemple, à lui faire couper sa queue; il ne changera aucune de ses habitudes; il conservera tous ses préjugés, ne parlera que sa langue, et ne songera qu'à revenir en Chine après fortune faite. Les hommes seuls émigrent; or, ils se marient dans les pays où ils vont, élèvent des familles nombreuses qu'ils prétendent être des familles chinoises, et sur lesquelles ils veulent exercer leurs droits discrétionnaires. Si le Céleste Empire ordonnait à tous ses « sujets » issus de mariages entre émigrés chinois et femmes indigènes des colonies de rentrer en Chine, ces colonies seraient subitement ruinées. Ce sont des faits qui ne peuvent pas être contredits.

Donner, par conséquent, une sorte d'existence légale à ces émigrants, leur permettre de présenter des réclamations à leur consul, mandarin chinois investi de droits et priviléges dont ils ne comprendront l'utilité que pour en abuser, c'était la plus impolitique des erreurs et le plus déplorable précédent qui pût être établi. Les émigrants allemands ont-ils donc des consuls allemands pour les protéger en Amérique?

Voilà, à grands traits, les objections sérieuses qui pouvaient arrêter à temps nos diplomates dans la voie où ils s'engageaient. Mais ils n'ont pas pris garde qu'ils se trompaient, et la contre-proposition audacieusement présentée par le vice-roi Li-hung-chang a été non moins audacieusement acceptée. Elle fait l'objet de l'article 2 du traité.

Nous ne sommes pas les seuls à critiquer, du reste, cet article; il n'est pas bon de s'aventurer sans alliés dans le chemin de l'opposition. *Les négociants français établis au Tonkin* ont déjà fait entendre leurs protestations dans une lettre qui a été publiée et d'où nous détachons, à propos de l'article 2, le passage suivant : « Il appartient peut-être à l'administration du protectorat plutôt qu'à nous de faire ressortir les inconvénients de cette mesure. Toutefois, devant l'accaparement progressif du trafic par les Chinois, nous avons le droit, nous commerçants, de déplorer cette concession *bénévole*, en échange de laquelle nous n'avons rien obtenu. »

Il me semble que la question est jugée. Est-il nécessaire d'insister sur ce fait que, si la France a obtenu d'installer deux consulats en Chine, par réciprocité, la

Chine n'a pas désigné le lieu de leur résidence? Le fait est tellement extravagant qu'il peut se passer de tous commentaires. Comment se fait-il que nos diplomates aient accepté de pareilles conditions? Les faveurs que nous faisons aux Chinois ont une application immédiate; celles que nous recevons sont remises aux calendes grecques ou chinoises. Ce n'est pas sérieux.

La protestation des négociants français établis au Tonkin ne vise pas que ce seul article. Quel est donc l'article du traité qui soit réellement favorable? S'ils ne sont pas désastreux pour nos intérêts, ils sont douteux, ils ne précisent pas. Or, on sait ce qu'il peut advenir en Chine d'une équivoque! L'article 6, qui détermine les conditions dans lesquelles se fera le trafic des marchandises à l'intérieur de la Chine, d'une localité à une autre, n'est pas suffisamment précis, et il est impossible de savoir avec certitude si un lot de marchandises, expédié de la ville frontière sur un marché désigné d'avance, pourra être ensuite transporté sur un deuxième marché sans acquitter de nouveaux droits d'octroi. « Ces détails, disent les négociants français, ont une grande importance si l'on songe à la loi arbitraire suivie à l'égard du négoce par les autorités célestes. Un récent exemple vient appuyer cette remarque : les mandarins de Mang-hao, ayant été prévenus que des maisons françaises du Tonkin allaient importer au Yunnan une certaine quantité de cotonnades et de filés de coton, ont élevé outre mesure les droits d'octroi. Or, nous restons désarmés devant des agissements de cette nature tendant à annihiler les rares effets favorables que peut avoir pour nous le traité de commerce. »

Voilà évidemment des observations très-sensées. Pour

quoi M. Cogordan, qui n'était pas suffisamment au courant de ces détails, ne s'est-il pas adjoint un de ces négociants? Au moins toutes ces réclamations n'auraient pas eu lieu, et les intérêts de la colonie eussent été défendus. C'était si simple !

Ce n'est pas tout. Il y a encore les fameux articles 14 et 15, relatifs à l'interdiction du commerce de l'*opium* et de l'exportation du *sel*. Nos compatriotes tonkinois tombent de leur haut cette fois, et leur protestation est vive. « Il est de notoriété publique, disent-ils, que les deux grands articles d'échange entre la Chine méridionale et le Tonkin sont l'opium et le sel. L'opium représente à lui seul le tiers des importations de la Chine. Et voilà un des produits qui se trouvent interdits à nos transactions ! » Cela ne se comprend pas; il a fallu certainement que nos diplomates « l'aient fait exprès ». *Il est de notoriété publique,* disent les signataires de la protestation. M. Cogordan était-il donc le seul qui ignorât l'importance de la question? C'est inadmissible!

Tous les livres nous renseignent sur ce sujet avec une remarquable exactitude. Élisée Reclus, dans un chapitre consacré au Yunnan, dit textuellement : «Malgré les prétendues défenses du gouvernement, le Yunnan est devenu la principale province pour la culture de l'opium ; *au moins le tiers des champs est couvert de pavots.* » Les Chinois du Yunnan vendent cet opium; c'est un de leurs produits qu'ils exportent le plus. Comment? Il n'aura pas le droit de franchir la frontière du Tonkin? Il ne pourra pas descendre notre fleuve Rouge, cette route du Song-koi que tous les explorateurs s'accordent à reconnaître la plus praticable et la plus courte de toutes les voies de communication qui pénètrent en Chine?

Nous ne pourrons pas en faire le trafic, l'importer à notre tour en Chine, dans les ports, et prendre nótre part de cet immense revenu de deux cent cinquante millions de francs que l'opium produit à l'Angleterre? Nous ne pourrons pas cultiver en Annam ce précieux poison qu'échange la Chine contre ses soies et son thé? Le commerce de l'opium sera interdit entre la Chine et le Tonkin? Mais c'est la ruine de toutes les espérances du protectorat !

M. de Lanessan, qui passe pour connaitre la question coloniale, dit des choses très-intéressantes sur cet opium dans son livre de l'*Expansion coloniale de la France*. Peut-être cet ouvrage n'était-il pas encore publié au moment du départ de M. Cogordan. C'est dommage, car ce livre renseigne excellemment. « Parmi les cultures qui pourraient rapporter à l'Indo-Chine française des revenus importants, y lisons-nous, nous voulons citer *celle du pavot*. En ce moment, toute l'Indo-Chine, la majeure partie de la Chine, les îles Philippines, en un mot, toutes les parties de l'Asie où se trouvent des Chinois et des Annamites sont tributaires de l'Inde anglaise pour l'opium. Or, rien ne serait plus aisé que d'introduire dans notre province indo-chinoise la culture du pavot et la fabrication de l'opium. Nous détournerions ainsi *à notre profit* une partie des sommes immenses que le gouvernement de l'Inde encaisse à l'aide de la régie de l'opium. »

Ne trouvez-vous pas que M. de Lanessan n'a jamais mieux parlé? Il plaide admirablement la cause de notre colonie; il comprend quels sont ses réels intérêts; il voit clair dans la question. Plus loin, il dit encore avec beaucoup de bon sens : « Le monopole du tabac fournit à la France d'énormes ressources : cette considération suffit amplement pour justifier les Anglais dans les Indes, et pour encourager les Français de la Cochinchine et du Tonkin à imiter leur exemple et à provoquer dans ces deux colonies la culture d'une plante si productive en recettes fiscales. » Quand M. de Lanessan écrivait ces lignes, il était loin de penser qu'un diplomate français allait d'un trait de plume anéantir toutes ces espérances, et décréter l'interdiction du commerce de l'opium entre le Tonkin et la Chine. Car l'article 14 est ainsi conçu :

« Les hautes parties contractantes conviennent d'interdire le *commerce* et le *transport* de l'opium *de toute provenance* par la frontière de terre entre le Tonkin, d'une part, et le Yunnan, le Kouang-si et le Kouang-tong, d'autre part. »

Cet article-là n'était pas équivoque ; il est précis.

A défaut de l'ouvrage de M. de Lanessan, qui n'était pas publié, et que, par suite, M. Cogordan s'est trouvé, pour son excuse, dans l'impossibilité de consulter, il y avait la relation de voyage de M. Colqhoum. M. Colqhoum a été au Yunnan ; son ouvrage a paru à la librairie Oudin en 1884. Or, il parle de l'opium du Yunnan, et dans des termes suffisamment clairs pour un diplomate. Voici, en effet, ce que nous y lisons : « Plus d'un tiers des terres arables est planté de pavots. L'opium est en partie consommé par les Chinois qui habitent les vallées et résident dans les villes, et en grande partie exporté dans les provinces voisines. Les tribus indigènes fabriquent l'opium et le vendent, mais n'en usent pas. On a parfois deux récoltes d'opium par an. L'opium du Yunnan se vend aisément dans les provinces voisines.

« Tout en déplorant l'abus de l'opium et la consommation sans cesse croissante de ce produit, je ne vois aucun remède à ce mal chronique de la Chine. Il y a des édits et des décrets qui en prohibent la culture et l'importation ; mais le gouvernement est impuissant dès qu'il s'agit d'assurer l'exécution de la loi.

« En présence de ces faits, on doit reconnaître que l'interdiction absolue de l'importation de l'opium indien n'aurait d'autre effet que de donner plus d'extension à la culture du pavot en Chine. »

Ces renseignements sont très-précieux ; ils nous viennent d'un homme qui n'est pas précisément de nos amis ; c'est même un des adversaires les plus fougueux de l'influence française en extrême Orient ; c'est un Anglais. Cependant nous savons par lui un fait qui a une réelle valeur : c'est que les Chinois fumeront toujours de l'opium, quoi qu'on fasse, et que si jamais l'opium indien venait à être interdit, c'est l'opium chinois qui bénéficierait de cette interdiction. Donc, nous avions un intérêt immédiat à préparer pour l'avenir les routes que devaient suivre les exportateurs de l'opium du Yunnan. La conséquence est logique.

Cette question est actuelle en Chine. Les autorités du Céleste Empire sont ambitieuses d'indépendance ; il existe un parti puissant contre le monopole de l'opium indien, et quelque jour viendra, qui n'est pas éloigné, où les Anglais ne percevront plus d'aussi gros revenus. La France, installée au Tonkin, produisant l'opium en Cochinchine et en Annam, important l'opium du Yunnan, avait une situation privilégiée qui assurait à son commerce une source inépuisable de bénéfices. Toutes ces prévisions de notre politique ont été déçues. Le but que nous nous proposions d'atteindre en fondant la colonie du Tonkin aux frontières de la Chine, ce but est manqué. C'est l'œuvre du traité de commerce signé à Tien-tsin le 25 avril 1886; la Chine a pris sa revanche.

Les observations que nous venons de présenter relativement à l'opium s'appliquent également à l'interdiction de l'exportation du sel. Cette mesure est, en effet, éminemment préjudiciable aux intérêts de la France au Tonkin; c'est pour cette raison, du reste, qu'elle a été imposée par la Chine : car nous aimons à croire qu'elle a été combattue par nos diplomates.

Sur cette question encore, M. Cogordan ne pouvait pas arguer de son ignorance : l'exportation du sel dans les provinces méridionales de la Chine est connue comme une des branches les plus florissantes du commerce [1].

M. Rocher, un de nos résidents au Tonkin, mentionne dans son ouvrage sur le Yunnan que le sel se vend très-cher dans cette province, et est un des principaux produits de l'importation. M. de Rochechouart dit, dans son étude sur la Birmanie, que le roi Thibo se fait un revenu immense par l'exportation du sel au Yunnan; enfin, M. Colqhoum confirme ce même renseignement : « Par les villes frontières de Birmanie, dit-il, par Bahmo et par Ssu-mao, on importe des étoffes anglaises, du *sel,* etc. » Ne devons-nous pas conclure que, puisque la Birmanie fait le commerce d'exportation du sel en Chine, ce

---

[1] Le picul (environ 66 kilogrammes), qui coûte 3 francs à Haïphong, se rend à Laokaï 60 francs, laissant un bénéfice net de 30 francs. Le bas Tonkin n'en fournit pas moins de 600,000 piculs aux régions du nord, voisines de la Chine, et à la Chine elle-même. Ce trafic donne annuellement 10 millions de bénéfices.

commerce devait être interdit au Tonkin? Je L'. pas lu le *Livre bleu*, qui contient les dépêches échangées entre Londres et Pékin pendant que M. Cogordan négociait à Tien-tsin, — peut-être ces dépêches ne seront-elles jamais publiées; — mais il est permis de supposer qu'elles ont dû être d'un grand secours aux Chinois pour soutenir leur audace, et qu'elles ne manquaient pas de sel.

Je trouve aussi dans ce curieux livre de M. Colqhoum, à la suite de la citation que je viens d'en faire, ce renseignement : « La plus grande partie des marchandises importées au Yunnan viennent de Canton par le Si-kiang, ou fleuve de l'Ouest. » Ainsi l'importation se ferait dans les provinces méridionales de Chine, soit par la Birmanie, soit par le fleuve de Canton, dont le cours est navigable jusqu'au centre du Kouang-si. Ce sont ces deux voies que le commerce anglais se propose d'envahir et d'accaparer, de manière à rendre nulle notre exportation. Le traité du 25 avril a été préparé effectivement en vue de projets ultérieurs qui interviendront entre l'Angleterre et la Chine.

L'Angleterre, jalouse des avantages certains que les voies de communication du Tonkin ne pourraient manquer de donner à notre commerce, ne cessera pas d'intriguer auprès de la cour de Pékin et de réclamer des priviléges qui annihilent les nôtres, et la cour de Pékin les accordera, parce que notre politique l'a rendue l' « ennemie de la France ». Tous ces projets sont exposés dans les rapports officiels publiés dans le *Livre bleu*.

Ce qu'il importe que nous sachions bien, c'est que ce traité de commerce, qui semble favoriser en certains points nos intérêts, n'a été fait que dans le but de stéri-

liser les efforts et les sacrifices de notre protectorat;
c'est l'arrêt de mort de la colonie. Nos compatriotes du
Tonkin n'ont pas hésité à le dire, eux que les exigences
ou les faiblesses de la politique ne poussent pas à trouver bon ce qui est mauvais, et utile ce qui est funeste;
ils ont affirmé, dans leur protestation, que « les clauses
principales de ce traité équivalent *à la ruine des colons
et de la colonie* ». Puisqu'il en est réellement ainsi, et
nous l'avons démontré, nous devons conclure que l'instrument diplomatique qui a été signé par notre représentant en Chine n'a pas été compris exactement dans
ses conséquences, et que c'est un traité « perfide ».

N'est-ce pas en vérité, à un certain point de vue, une
perfidie que de déclarer interdite au Tonkin l'exportation du sel, alors que les autorités chinoises savent que
cette exportation fait l'objet du « grand commerce », ou
la contrebande? Les provinces méridionales ne se passeront pas de sel; le sel s'exportera toujours par les
mêmes routes, et les complications diplomatiques sur-
giront, des conflits de contrebande éclateront, qui constitueront une menace perpétuelle contre la sécurité du
pays. Et n'est-ce pas là le but poursuivi? Mais nous nous
refuserions à admettre définitivement les dispositions
hostiles de la Chine, que ce traité devrait nous convaincre! C'est une preuve irréfutable que la France a
contre elle, au Tonkin, l'influence de la Chine. Il serait
d'une mauvaise politique, contraire aux intérêts de la
France, de vouloir, par crainte de complications ministérielles, fermer les yeux sur cet état de choses. L'opinion commence à s'intéresser aux questions qui se posent
en ce moment en extrême Orient; nous n'avons été
jusqu'à ce jour que des dupes, au prix de sacrifices

énormes : ces duperies auront-elles jamais une fin? Quand donc la France se fera-t-elle respecter *dans ses intérêts?*

J'éprouve une sorte de honte à dire que je n'ai pas encore terminé la liste des articles « mauvais » du traité. Il en est un cependant, l'article 9, qui détruit à lui seul tous les calculs de Perrette de nos colonisants. Nous nous étions dit, n'est-ce pas? et tous les explorateurs l'ont déclaré, que la voie du fleuve Rouge économise aux marchands chinois du Yunnan et du Kouang-si une distance de mille kilomètres sur le parcours qu'ils étaient obligés de suivre en descendant le fleuve de Canton ou le fleuve Bleu; nous nous étions dit avec grande confiance : Ces mille kilomètres vont convaincre aisément les exportateurs chinois, et tous les produits du Yunnan, le thé si célèbre de Puerh, les métaux précieux qui y abondent, vont transiter par le Tonkin au grand profit de nos douanes, s'embarquer à Haïphong, qui deviendra un second Shanghaï, pour de là être dirigés sur tous les ports voisins de l'extrême Orient. Nous avions fait ce raisonnement très-simple, et beaucoup de gens le font encore. Mais laissez cette chimère; les négociants chinois ne passeront pas par le fleuve Rouge, Haïphong ne deviendra pas un port d'embarquement; rêveries que tout cela! espoirs déçus! L'article 9 ne veut pas que le transit de l'exportation chinoise passe par le Tonkin. C'est dur, mais c'est la vérité. Voici cet article : « Si les marchandises chinoises, ayant transité par le Tonkin, sont transportées dans un des ports ouverts de la Chine, elles seront assimilées à des marchandises *étrangères* et devront acquitter *un nouveau droit entier d'importation,* conformément au tarif général de la douane maritime. » Vous voyez que le tour est joué. Les marchandises *chinoises* assimilées aux produits *venant d'Angleterre*, par le seul fait de leur passage à travers le Tonkin, c'est une idée presque comique. Ne trouvez-vous pas? Comment les Chinois ont-ils osé présenter cet article? Et cependant M. Cogordan l'a accepté, il l'a reconnu bon. Vous sentez bien que les négociants chinois vont éviter comme la peste cette voie du fleuve Rouge qui est hérissée de droits : droits aux frontières, droits à .'entrée dans les ports de Chine. Ils continueront à descendre le fleuve de Canton et le fleuve Bleu, et notre pauvre fleuve Rouge ne verra passer sur ses rives que les bandes des pirates, les seuls commerçants que ce bon traité nous octroie. Quelle misère!

Et ce n'est pas encore tout! Il y a quelque part une petite clause qui n'a l'air de rien, mais que les négociants de Hanoï ont découverte, et à laquelle ils reconnaissent son caractère « perfide ». C'est la clause autorisant à modifier le traité le jour où une convention sera intervenue avec une autre puissance. — Lisez : l'Angleterre. Notre négociateur a également signé ça. « On reconnaît là, disent nos amis de Hanoï, la main d'un agent anglais, directeur des douanes chinoises. Cette clause est pleine de dangers. En effet, on nous permettra de demander la liberté du négoce sur le sel et l'opium, le jour où une pareille faculté aura été accordée à l'Angleterre *par la Birmanie*. Or, pendant *les années* employées à cette nouvelle négociation, le commerce britannique aura su créer pour ses produits une voie et des relations *à tout jamais perdues pour nous*. »

J'avais dit que ce traité était « audacieux », « perfide »

et « insultant » : la démonstration est-elle suffisante?
Je crois que oui.

XVI

Les missions catholiques. — Opinion d'un missionnaire. La suzeraineté de
la Chine. — Le Pape et la Chine.

C'est la France qui fait le sujet de toutes les conversations, et je ne vous surprendrai pas en vous disant que
nos compatriotes sont très-préoccupés des résolutions
qui vont être prises, relativement aux intérêts des missions catholiques. Je ne sais pas, à la distance où je
suis, quelle importance nos journaux attachent à cette
grave question, et si l'opinion, en France, est capable de
distinguer les conséquences directes, sérieuses, qu'elle
produira en Chine, au détriment de notre influence. Je
souhaite qu'elle ne soit pas considérée comme une
question religieuse, mais comme une question politique. Mais je crains que généralement on ne voie pas
exactement la situation, et, pour la faire connaître, j'ai
interviewé, ici sur place, « les bons Pères », ceux qui
savent ces questions délicates et qui ont appris à les
juger par une longue pratique des affaires chinoises.
Voici l'opinion que j'ai rapportée de ma visite à Saint-
Joseph, la paroisse de la concession européenne, autrement dit de Yang-hin-pang, à Shanghaï.

Je n'éprouve aucun embarras à reconnaître que les
missionnaires catholiques français, et même ceux qui
ne sont pas Français, les Belges, les Portugais et les
Hollandais, sont d'ardents apôtres de notre influence,

qu'ils soutiennent et font respecter non-seulement par la dignité de leur vie, mais aussi par l'activité de leur propagande. Je vous disais dans ma dernière correspondance que c'était un fait regrettable de ne pouvoir pas lutter contre les mensonges débités par la presse chinoise, toutes les fois que la France était en cause, et que, faute de nous défendre, nous passions aux yeux du peuple chinois pour les pires barbares de l'Occident. (Je vous enverrai prochainement quelques échantillons tirés de la presse locale.) J'oubliais, je l'avoue, l'œuvre de propagande incessante entreprise par les missionnaires, et dont le but n'est rien moins que politique. Ils publient de petites feuilles en chinois dans lesquelles ils démentent très-énergiquement toutes les infamies auxquelles nous sommes en butte. Les missionnaires savent très-bien que, en défendant la France, ils défendent leurs intérêts, et que plus la France sera respectée, plus les œuvres de l'Évangile seront prospères. Je ne serais venu à Shanghaï que pour être convaincu de ce fait que je n'aurais pas à regretter mon voyage.

Quel est donc l'avenir des missions, et à quelle destinée pourrait prétendre le christianisme en Chine si la France cessait d'être la mère patrie de tous ces braves gens qui, au péril de leur vie en somme, ont été les pionniers de la civilisation et les grand'gardes de notre influence? Qui les soutiendra, si la France ne maintient pas son titre officiel? Est-ce le Pape? Mais le Pape n'a ni armées ni flottes. Est-ce l'Angleterre? Mais l'Angleterre ne sacrifiera pas ses intérêts à ceux du catholicisme. Peu lui importe que les Chinois soient bouddhistes ou chrétiens, s'ils fument son opium. La Chine est un « débouché », rien de plus, un immense empire à exploiter et non à évangéliser. Les Anglais et les Chinois accepteraient encore, au pis aller, que les missions fissent leur propagande, si elle se contentait d'être uniquement « bienfaisante »; *mais ils ne veulent pas qu'elle soit française.* Là est le nœud de la question, et c'est, je crois, le seul argument sérieux qui ne sera pas pris en considération par tous ceux qui, en France, verraient le côté religieux avant de considérer le point de vue patriotique, qui doit seulement nous intéresser.

« — Depuis la guerre du Tonkin, me disait mon interlocuteur, notre action a perdu beaucoup de sa valeur; nous sommes amoindris. Les populations qui nous accueillaient il y a quelques années avec une vive sympathie dans ces régions qui ont tant souffert de la rébellion des Taïpings, et qui nous saluaient du nom de Ta-fa-koùo ou grands Français, n'ont plus pour nous le même respect, et, dans les faubourgs de cette ville, c'est maintenant le nom de Siao-fa-kouô ou petits Français qu'on nous donne. Nous réagissons autant que nous le pouvons, par nos prédications et par nos publications, contre cet esprit de dénigrement qui gagne les meilleurs de nos catéchistes; mais qui peut prévoir ce qu'il adviendra de nos missions, de nos œuvres elles-mêmes, lorsque la presse locale antifrançaise aura répandu partout, avec le ton de haine qu'elle sait y mettre, la nouvelle que la France a perdu le droit de protéger les chrétiens?

— Vous croyez donc, lui objectai-je, que l'autorité du légat du Pape ne sera pas suffisante pour obtenir du gouvernement de l'Empereur des édits qui vous placeront, vous et vos fidèles, sous sa protection?

— L'autorité des édits ! Mais que peuvent les édits de la cour de Pékin dans les provinces ? Ils sont sans puissance. La cour de Pékin n'a dans cette question qu'un seul intérêt, celui de voir disparaître la France « en nom ». Les édits de la cour n'ont de force que s'ils répandent, en même temps que le respect dû aux lois, la terreur qu'inspirent des représailles immédiates. Nous ne sommes tolérés dans bien des provinces, — et encore au prix de quelles souffrances ! — que parce que nous avons les passe-ports de nos consuls ; notre titre de Français est notre seul sauf-conduit. Qui ne le sait en Chine ? Comment les Chinois appellent-ils les Français ? Les missionnaires. Comment appellent-ils les Anglais ? Les marchands d'opium. Le peuple ne se trompe pas dans ses jugements. Qui dit Français dit missionnaire, et *vice versa*. C'est le but que poursuit la Chine officielle ; nous ne le savons que trop par toutes les entraves qu'elle apporte à notre apostolat.

— Alors vous pensez que si les Chinois apprennent que ce n'est plus la France qui protége officiellement les missions catholiques, ils n'auront plus à l'égard de ces missions le respect qu'ils avaient auparavant ?

— C'est la conséquence inévitable, conséquence qui peut être indifférente au gouvernement français, considérée seulement au point de vue religieux ; mais c'est le meilleur instrument de son influence qu'il laissera briser, parce que la cour de Pékin et tous les mandarins derrière elle sont les ennemis de notre foi. Les autorités locales seront impuissantes à protéger nos chrétiens ; les persécutions ne tarderont pas à éclater.

— Puis-je vous demander comment vous jugez la conduite du Pape dans cette circonstance ? Est-ce la

Chine ou le Pape qui a pris l'initiative de ces malheureuses négociations?

— Je puis bien vous donner mon avis; vous allez le comprendre; car ce n'est un mystère pour personne au courant de la diplomatie chinoise, que la Chine poursuit un but politique. C'est la guerre des Pavillons-Noirs qui continue, d'une autre manière. Voyez-vous, je ne sais pas où nos diplomates et nos ministres vont chercher leurs conseils pour traiter les affaires chinoises. Ils s'imaginent une Chine de fantaisie, sans esprit de suite, sans volonté... C'est la plus grossière des erreurs. La Chine n'abdique jamais ses idées : elle dissimule par nécessité, accepte les faits accomplis quand ils sont souvent confirmés par des coups de force; mais si elle se reprend à penser qu'elle peut être plus forte que son vainqueur, elle regagne aussitôt ses positions perdues. La Chine veut, en principe, ne céder qu'à la force; elle n'admet pas plus les missions que les chancelleries; les étrangers, quels qu'ils soient, sont des intrus ; jamais la Chine ne les considérera autrement. Il n'y a que deux nations qui la gênent particulièrement : ce sont la France et l'Angleterre. En ce moment, elle se débarrasse de la France. Suivez bien mon raisonnement : La Chine a résolu d'elle-même, *proprio motu*, d'enlever à la France son droit de protection sur les missions catholiques. Je vous indiquerai tout à l'heure le motif réel. En arrivant à ce résultat, elle place les missionnaires sous la protection directe, ou du légat, si le Saint-Père est assez aveugle pour tomber dans le piége en le nommant, ou de leurs consuls respectifs. Or, la Chine se moque autant de ce légat que de ces consuls. On pourra donc assassiner, quand on voudra, dans les dix-huit provinces, un missionnaire belge, un missionnaire hollandais, voire même un espagnol, un portugais, un italien. Est-ce que la Chine a peur d'une invasion belge? Est-ce que l'Italie enverra ses flottes répéter les expériences de l'amiral Courbet pour venger ses nationaux? La Chine ne craint aucune complication de ce côté. Il n'y a que la France qui était gênante, parce que tous les missionnaires étaient, par le fait même de la protection française, naturalisés Français, et que la France n'était pa une quantité négligeable. Comprenez-vous maintenant quel intérêt il y a pour la France à ne pas céder une parcelle de ses droits vis-à-vis de la cour de Pékin, et à les affirmer, pendant qu'il en est temps encore, avec toute l'énergie nécessaire? La France battue sur ce terrain le sera demain sur un autre, car les Chinois ne se lasseront jamais; ils n'abandonnent jamais leur ennemi qui recule, de même qu'ils tuent les blessés. Et ils poursuivront la France partout où ils la rencontreront.

Voilà vingt ans que j'habite ce pays; j'en connais les mœurs et la langue. Je sais trop bien ce que les mandarins pensent « au fond »: ils ne dévient jamais de la même opinion; tous, ils haïssent le christianisme. Le peuple chinois serait facile à entraîner; mais, dans les provinces, les mandarins sont les maîtres; les coups de bambou et les soufflets inspirent une salutaire subordination qui ne s'accorde pas avec l'esprit de justice et de respect des droits d'autrui dont l'Évangile renferme la doctrine sublime. Pour que la Chine respecte ses maîtres, qui sont les hommes les plus corrompus de la terre, il faut qu'elle soit maintenue dans l'esclavage de l'idolâtrie; il faut qu'elle sacrifie aux bouddhas et aux poussahs; il faut qu'elle continue à croire à toutes les histoires qu'on lui raconte. Comment voulez-vous que nous soyons sympathiques aux autorités? Nous sommes leurs « bêtes noires ».

— Ces renseignements sont très-intéressants à connaître; mais je m'attache plus au côté politique. Voulez-vous me permettre de vous rappeler à la question? Vous m'avez dit que la Chine avait un motif qui l'engageait à traiter la France en ennemie.

— Oui. La Chine a résolu d'enlever à la France son protectorat religieux, ou, pour dire comme les Chinois, *sa suzeraineté morale*, parce que la France a enlevé à la Chine *sa suzeraineté sur l'Annam*. Voilà le motif réel de la dispute. Les Chinois ont identifié les deux droits : le leur et celui de la France. Ont-ils trouvé seuls cette habileté? On peut se poser la question. Toujours est-il qu'ils l'ont connue et appliquée. A mon humble avis, je crois que la Chine n'a pas accepté *pour longtemps d'être déchue en Annam;* elle tient à sa suzeraineté religieuse, et, puisque la France ne me paraît pas disposée à envoyer 50,000 hommes en Chine et toute sa flotte, je pense que la Chine espère très-sérieusement rentrer en possession de son droit. Beaucoup de choses se disent chez les mandarins. Mais ce n'est pas mon affaire. La destinée de nos missions, et par suite l'avenir du christianisme, est attachée à la fortune de la France. Puisse-t-elle comprendre que son intérêt seul est en jeu !

— Il me reste encore une dernière question à vous adresser : Quelle conduite pensez-vous que va tenir le Pape? Il doit savoir tout ce que vous venez de me dire.

— Sans doute. Ah! la question est délicate : le Pape a une situation très-difficile.

— Mais, cependant, vous m'avez clairement indiqué son devoir.

— Vous croyez? Voilà bien comment on traite les questions, par à peu près!

— Comment! vous admettez que le Pape puisse hésiter?

— Certainement; et vous allez me comprendre d'un mot. Supposez que la France dénonce le Concordat dans six mois. Que deviennent les missions de Chine? C'est la seule difficulté qui empêche le Pape de prendre un parti. La Chine lui fait des offres très-séduisantes; je puis même ajouter que tous les missionnaires auront à l'avenir, si le Pape y consent, le voyage gratuit sur les paquebots anglais pour se rendre en Chine, d'où qu'ils viennent. La Chine tente le Pape et lui fait mille promesses, ce sont promesses de Chinois; mais le Pape n'y prend pas garde, parce qu'il considère que le Concordat n'a pas six mois à vivre. Mettez-vous à sa place, que feriez-vous?

— Je serais très-embarrassé; mais j'attendrais.

— Attendre quoi? Que la France relève son prestige! Mais la guerre du Tonkin a ruiné ce prestige qui était si élevé avant ces événements maudits! La Chine était notre amie, notre alliée; elle tenait à sa suzeraineté *morale* sur l'Annam. Qu'avait-on besoin de lui enlever cette petite chose? Qu'avait-on besoin de l'humilier en l'appelant « une quantité négligeable », elle qui ne demandait précisément qu'à être flattée, — à moins d'être bombardée jusqu'à *amen?* Car il n'y a pas de milieu. La Chine, mon cher monsieur, a offert à votre gouvernement des millions, 80 millions, et les avantages les plus considérables pour le commerce français, à la condition d'obtenir le maintien d'une *simple formalité*. Vos diplomates n'ont pas voulu ! L'autorité du Fils du Ciel était en Annam une autorité invisible et respectée ; la France pouvait s'allier avec cette ombre toute-puissante. Avoir un premier ministre qui s'appelle le « Fils du Ciel », le « Pivot du monde », le « Nombril de l'univers » ; avoir son dragon et son pavillon jaune, et faire fi de toutes ces ressources, afin d'humilier la Chine, quelle maladresse ! Concevez-vous cela ? Il n'y a donc plus d'esprit à Paris ? »

Je quittai l'église Saint-Joseph fort inquiet ; j'écrivis en rentrant chez moi cette longue lettre que je voudrais voir lire par tous mes compatriotes, par tous ceux qui ont l'amour ardent de la patrie, car il est plus que temps que les Français se préoccupent de la France.

<h1 style="text-align:center">XVII</h1>

L'opinion de la Chine. — La politique chinoise. — Le petit cadeau. — La majorité de l'Empereur. — La solution de la question religieuse. — Le caractère chinois.

Shanghaï, le 15 juillet.

. . . .

— Avez-vous lu le *Livre jaune ?* me répondit mon interlocuteur, le diplomate chinois qui sait le mieux les intrigues, comme je venais l'interroger sur le mystère du Vatican.

— Quel rapport y a-t-il entre le *Livre jaune* et les

circonstances actuelles produites par l'ingérence maladroite du Pape dans l'administration de notre protectorat religieux en Chine ? Les documents diplomatiques contenus dans ce livre n'ont trait qu'aux affaires du Tonkin.

— Il est vrai. Mais ce livre donne la clef qui permet d'expliquer, et aussi de prévoir les difficultés auxquelles peut se heurter la politique française en extrême Orient. Si je ne me crois pas autorisé à vous dire ce qui est, ce qui se passe, et, à peu de détails près, ce qui se passera, je puis du moins vous donner des indications, celles que tout le monde connaît, et, à l'aide de ces renseignements qui n'ont rien de confidentiel, vous éclairer complétement sur la question.

— Vous m'intriguez. J'écoute donc.

— Le *Livre jaune* possède l'avantage appréciable de faire connaître aussi nettement que possible l'opinion de la Chine officielle. Vous savez que les deux caractères qui distinguent la diplomatie chinoise sont un absolutisme rigoureux qui confine à l'entêtement et la *rancune*. Les lettrés chinois ont, par éducation et par esprit de tradition, un respect religieux pour tout ce qui est écrit ; la proposition bien connue *scripta manent* est en Chine d'une application constante. Or, ce sont les lettrés qui gouvernent ; ils n'oublient jamais ; c'est une règle invariable. Voulez-vous lire maintenant le *Livre jaune ?*

Page 7. Dépêche de M. Patenôtre, du 3 août 1884 :

« La Chine s'engage à payer à la France 80 millions, à titre de contributions ; mais elle demande que la France consente, en échange, à laisser subsister le *tribut annamite.* »

Page 21. Lettre de M. Patenôtre :

« Sir Robert Hart me demande que la France consente au maintien du tribut, que, antérieurement aux nouveaux traités conclus avec l'Annam, la cour de Hué envoyait tous les deux ans à la cour de Pékin et qui ne pouvait, au dire de sir Robert, être considéré que comme *une simple formalité.* »

Page 25. Dépêche de M. Patenôtre, du 9 août 1884 :

« Le Tsung-li-yamen a envoyé à M. de Semallé une longue dépêche dont voici le résumé : « La Chine s'en « tient à *ses précédentes déclarations.* L'emploi de la « force pourrait la contraindre à payer une rançon ; « *mais, dans l'avenir, nous ne rencontrerions chez « elle que mauvaise volonté.* »

Page 43. Dépêche de M. Patenôtre, du 17 août 1884 :

« Le Tsung-li-yamen fait savoir aux représentants étrangers que c'est la France qui a déchiré le traité de Tien-tsin, en obligeant le roi d'Annam à *rendre le sceau d'investiture* conféré par la Chine. »

Page 113 : M. de Courcel a une entrevue le 18 septembre avec Li-fong-pao à Berlin. Le ministre de Chine prémunit l'ambassadeur de France contre le danger d'inspirer à la nation chinoise, *pour bien des années à venir,* des sentiments d'animosité.

Page 129. Dépêche de M. Ristelhueber, du 9 octobre :

« Li-hung-chang déclare qu'une guerre, quelque heureuse qu'en fût l'issue pour la France, aura pour effet *de faire prendre en haine le nom français, haine qui pourrait devenir funeste à la colonie que la France veut fonder aux portes de la Chine.* »

Eh bien! veuillez réunir ces diverses impressions, en vous persuadant qu'elles indiquent une opinion fortement établie, que rien ne pourra affaiblir. La guerre a eu lieu, implacable. La Chine, quoique insuffisamment préparée, l'a soutenue avec énergie; la paix a pu se faire, parce que la Chine était à bout d'hommes et de ressources. Mais l'opinion de la Chine est restée inébranlable, et les quelques citations que vous avez lues, tirées des documents diplomatiques, demeurent invariablement la lettre écrite « vivante ». La Chine ne veut pas abandonner le principe de sa suzeraineté religieuse sur l'Annam; elle veut affirmer sa « mauvaise volonté », comme l'a déclaré le Tsung-li-yamen, le 9 août; elle en arrivera à la « haine », comme l'a fait supposer Li-hung-chang, le 9 octobre.

Le protectorat auquel prétend la France sur les intérêts religieux en Chine n'est pas différent de celui auquel prétend la Chine sur les intérêts religieux en Annam. Ce sont deux suzerainetés d'un caractère identique. La France veut abolir pour toujours la suzeraineté de la Chine en Annam; la Chine abolira la suzeraineté de la France en Chine, et c'est le premier acte de cette politique de mauvaise volonté à laquelle il est fait allusion dans les documents officiels de la diplomatie chinoise.

— On a dit que l'Angleterre et l'Allemagne avaient excité la Chine à entrer dans cette voie.

— Évidemment ces deux puissances ont intérêt à susciter des embarras à la politique française, et à faire naître des complications qui créeraient un nouveau conflit en Annam et au Tonkin. Puisque la politique adoptée par la Chine est contraire aux intérêts de la

France, il est logique de déduire que l'Angleterre et l'Allemagne ont dû entrer dans la combinaison. Mais, dans ce cas particulier, la Chine n'a pas eu besoin d'être inspirée par les rivaux de la France. Rappelez-vous les deux mots : « mauvaise volonté », le 9 août, et : « haine », le 9 octobre. La Chine officielle prend sa revanche.

Je me suis contenté de cette déclaration qui me suffisait amplement; et j'ai coupé court à la conversation.

Lorsque des Chinois de haut rang, princes du sang et membres du Tsung-li-yamen, prennent le pinceau de l'État et tracent en son nom des caractères de cette taille, me disais-je, il y a fort à parier qu'ils ne passeront pas aussi vite que des promesses chinoises. Ce sont des caractères sacrés; ils portent l'empreinte de la majesté impériale, et sont pour les Chinois ce qu'une bulle du Pape est pour les évêques, le clergé et les catholiques. Les documents qui émanent du palais sont infaillibles : ils expriment pour tous les « politiques » chinois la voix du Fils du Ciel, c'est-à-dire la voix du ciel, et par conséquent celle du peuple (c'est dans ce sens qu'il faut comprendre la « démocratie » en Chine). Les Chinois discuteront avec qui l'on voudra, avec M. Constans, si c'est M. Constans qui représente la souveraineté de la France; ils accepteront tous les atermoiements que la diplomatie imaginera; ils assisteront à toutes les conférences; ils laisseront dire, ils laisseront faire, mais ils n'abandonneront pas leur point de vue chinois. C'est là une conviction qu'il faut avoir et qu'il faut bien se garder de modifier : c'est qu'il n'y a pas à raisonner avec la Chine officielle; on lui impose ses conditions ou l'on subit toutes ses ruses. Les Chinois disent très-nettement que rien ne les presse en politique, et que l'arme la meilleure contre les cabinets instables est la force d'inertie, la remise au lendemain. Évidemment, c'est une arme dangereuse.

Que faire, qu'entreprendre contre un programme politique chinois? La réponse est bien difficile, si c'est un diplomate qui doit la donner. Je crois bien que la Chine n'a de respect que pour les torpilles, et que toutes les négociations les plus habiles du monde la laisseront indifférente. Les négociateurs seront raillés et amusés ; ils se verront bafoués publiquement ; leur position deviendra ridicule. C'est la conclusion forcée de toute négociation avec la Chine.

Aujourd'hui, la Chine se sent forte, non pas seulement parce qu'elle organise la défense de ses côtes, mais aussi parce qu'elle connait toutes les entraves de notre politique ; elle sait par tous ses agents que la France ne désire qu'une seule chose, la paix. La Chine n'interprète ce sentiment, qui est, en réalité, sincère et qui est bien l'opinion de toute la France, que comme un aveu de son impuissance ; et vous pouvez vous imaginer tous les projets qui ont dû sortir de cette interprétation. La diplomatie n'aboutira qu'à des déceptions ; il faut se résigner à cette conviction, parce que la France et la Chine ont deux manières différentes de s'exprimer.

Le seul point en litige est, comme mon collaborateur masqué vous l'a indiqué, l'affaire du protectorat de l'Annam. Voilà un pays qui, depuis des siècles, envoyait tous les deux ans un petit cadeau au Fils du Ciel. Ce petit cadeau est à lui seul la cause unique de la guerre du Tonkin ; nous avons perdu de braves gens, nous avons dépensé des centaines de millions arrachés au trésor de la patrie, pour empêcher que l'Annam envoyât un petit cadeau au souverain invisible de la Chine. Je défie que l'on me prouve, documents en main, que ce n'est pas là la réelle cause de cette misérable guerre. Il faut reconnaître l'erreur commise, pour n'en plus commettre d'autres semblables; elles coûtent trop cher! Et s'il y a un moyen de s'entendre avec la Chine en lui offrant le petit cadeau de l'Annam, qu'on le lui offre donc, et bien vite, et qu'on obtienne en échange : 1° le maintien de notre protectorat sur les intérêts religieux, et 2° des entreprises commerciales sérieuses. C'est chose aisée, et vous le comprendrez sans peine. Tous les grands dignitaires de l'État ont à rendre compte de leur administration des domaines de l'empire, au jour de la majorité de l'Empereur. Le vice-roi Li-hung-chang, qui est responsable de tous les traités de Tien-tsin conclus depuis ces dernières années, n'est pas très-désireux de s'exposer aux reproches de la censure impériale; car elle a pour sanction le châtiment de la mort lente. On sait déjà qu'il a ses moyens de justification; les traités ne disent pas, en effet, que le protectorat de la Chine sur l'Annam est supprimé. Alors vous voyez la conséquence : c'est le roi d'Annam qui sera coupable du crime de lèse-suzeraineté. Il sera accusé devant le trône d'avoir manqué à son devoir de vassalité; il s'ensuivra une chinoiserie quelconque, la déchéance, que sais-je? mais, dans tous les cas, un bon tour. Voilà les petits mystères qu'on se chuchote à l'oreille. Je pense qu'il n'est pas inutile qu'on les connaisse, car ils peuvent inspirer notre diplomatie et lui donner l'envie d'avoir, non pas de l'habileté, ce qui lui serait trop facile, mais de l'esprit. C'est de l'esprit, de l'esprit seulement qu'il faut.

Laissons de côté les vieilles formules, tout cet arsenal de conventions qui ne font rire que les augures, et, pour l'amour du bon sens, ne faisons pas de diplomatie avec les Chinois. La diplomatie est pour eux l'art de duper ; nous ne serons jamais aussi forts qu'eux : c'est impossible.

La question religieuse est toujours pendante. Je vous ai dit dans ma dernière correspondance quel était le seul point de vue auquel il convenait de se placer dans cette circonstance. Je reviens encore sur cette question qu'on appelle ici spirituellement l'article 7. Car, enfin il s'agit bien réellement de l'expulsion des Ordres religieux. La Chine, en passe de se civiliser, d'après les derniers modèles, s'offre une expulsion de Jésuites, comme les Allemands et comme nous-mêmes. C'est peut-être du raffinement, mais les Chinois ont l'ambition de Rodrigue,

> Et, pour leur coup d'essai, veulent des coups de maître.

Donc, ils expulseront, et comme ils désirent que le Pape soit bien convaincu à ce sujet, ils l'invitent à envoyer un légat qu'ils expulseront en même temps, aussitôt que la France aura accepté l'intervention du légat. Qui pourrait soutenir le légat ? Personne. Le comble dans cette affaire, c'est que, aussitôt le légat nommé, les Chinois n'auront rien à décider ; ils n'auront qu'à constater.

Les missionnaires dépendront immédiatement du légat, pour des raisons purement religieuses ; ils ont donc eu cette habileté de faire procéder à notre déchéance par le Pape lui-même. C'est une conséquence mathématique. Les missionnaires sont soumis à l'autorité du chef spirituel de l'Église, et ne peuvent que reconnaître leur soumission, jusqu'au martyre inclusivement.

Il n'y avait qu'une solution à cette dangereuse question : nommer un vicaire apostolique à Pékin en qualité d'attaché à l'ambassade de France pour la gestion des affaires religieuses ; placer, par conséquent, cet attaché sous la protection de la France. C'était et c'est la seule solution à imposer aussi bien au Pape qu'aux Chinois ; car le Pape et les Chinois suivent en toute cette affaire une politique ouvertement antifrançaise. Cela ne fait pas de doute.

Je ne cesserai pas de vous le redire : toutes ces difficultés proviennent de l'ignorance qu'on veut absolument avoir du caractère chinois. Les Chinois ne cèdent qu'à la menace. Il ne faut pas attendre qu'ils soient trop forts ; ils deviendront l'insolence même. Il est encore temps d'exiger ; qu'on exige donc ! Ah ! si l'on consultait les missionnaires ! ils les connaissent, les Chinois, et savent bien comment on les traite. Laissez-moi vous citer, en terminant cette correspondance, l'avis d'un des hommes qui ont écrit le meilleur ouvrage sur la Chine, le Père Huc. Voici ce qu'il dit : « Les Chinois, et surtout leurs mandarins, sont forts avec les faibles et faibles avec les forts. Dominer et écraser ce qui les entoure, voilà leur but, et, pour y parvenir, ils savent trouver dans la finesse et l'élasticité de leur caractère des ressources inépuisables. Si l'on a le malheur de leur laisser prendre une fois le dessus, on est perdu sans ressource ; on est tout de suite opprimé et bientôt victime. Quand, au contraire, on a pu réussir à les dominer eux-mêmes, on est sûr de les trouver dociles et malléables comme des enfants. Il est facile alors de les plier et de les façonner à volonté, mais on doit bien se garder d'avoir avec eux un seul moment de faiblesse : il faut les tenir avec une main de fer. Les mandarins chinois ressemblent beaucoup à leurs longs bambous ; une fois qu'on est parvenu à leur saisir la tête et à les courber, ils restent là ; pour peu qu'on lâche prise, ils se redressent à l'instant avec impétuosité. »

C'est là une opinion exacte ; notre politique n'a qu'à la suivre pour être victorieuse.

XVIII

Au Sé-tchouen. — Les étrangers hors la Chine. — Le Feng-shu͏̈. — Un précédent à imiter.

Shanghaï, le 15 juillet 1886.

Le district de Tchourg-king dans la province de Sé-tchouen a été, il y a quinze jours, le théâtre d'événements graves, dont les conséquences eussent été, il y a une dizaine d'années, une demande d'indemnité ou un bombardement. Les détails viennent d'arriver seulement et ont été publiés hier dans les journaux ; il n'y a donc pas encore à s'étonner qu'aucune réclamation énergique n'ait été adressée aux autorités, cependant il y a fort à parier que la réclamation ne sera faite, si même elle est faite, que timidement. Veuillez enregistrer cette opinion, en attendant qu'elle se confirme.

Cette province du Sé-tchouen est la Terre promise des ambitions du commerce anglais. La fertilité du sol, la richesse de ses habitants et la situation qu'elle occupe sur la carte de l'empire la désignaient depuis longtemps à l'attention des consulats de Sa Majesté Britannique. L'ouverture de cette province aux importations anglaises par l'établissement de ports de commerce sur le fleuve Bleu, en amont de Han-kéou, dernière station concédée par le gouvernement, est, en effet, une des questions qui intéressent le plus vivement l'avenir de l'influence anglaise en Chine. Le Sé-tchouen et le Yunnam sont les deux clefs de l'ouest de l'empire et les marches extrêmes de son indépendance. Ce serait singulièrement méconnaître le caractère chinois, soit dit à ce propos, que de penser que la Chine accepterait jamais que les Anglais se fixassent dans ces provinces. Les événements qui viennent de s'y passer ont donc une importance d'une gravité exceptionnelle, et constituent une démonstration politique de la Chine contre les espérances des étrangers. C'est dans ce sens que se sont déjà exprimés les premiers commentaires ; la diplomatie chinoise ne donnera pas le change à l'opinion.

Ce sont effectivement les étrangers qui ont reçu le choc : Français, Anglais, Américains ont éprouvé les mêmes désastres. Les Anglais cependant ont plus souffert, comme vous le verrez plus loin, et ne pourraient pas, dans cette occasion, se vanter d'avoir été traités selon la clause de la nation la plus favorisée. Je vous avoue franchement que ce détail n'a pas peu contribué à apaiser les premiers mouvements d'indignation qui se sont produits dans la concession. Ce pauvre consul anglais, chassé à coups de pierres et obligé de se réfugier chez le foutaï de l'endroit, après avoir vu sa maison mise au pillage et incendiée, quelle nouveauté en Chine ! Les plus exaltés exigeaient une réparation immédiate, conformément à la coutume ; mais le gouvernement anglais accepte maintenant tous les outrages, pourvu que la Chine fume son opium des Indes. Le temps des menaces et des colères est passé. Le consul de S. M. Victoria, impératrice et reine, gardera les coups de pierres, et l'incident sera clos, parce que, — je vous demande pardon de vous dire la raison ; cependant, n'oubliez pas que nous sommes en Chine, — parce que le Dragon d'azur a été irrité contre les étrangers, diables de l'Occident. Que voulez-vous que les Anglais fassent contre ce Dragon d'azur? Les Anglais, le fait est acquis, admettent les théories politiques de la Chine.

Voici, selon le *Shanghaï Mercury,* un récit de ces événements : « Les premières menaces de la population éclatèrent le 1er juillet ; toute la cité était devenue, *dans l'espace de quelques heures,* comme frappée de folie furieuse. Des pétitions furent d'abord adressées au Yamen. Ces pétitions réclamaient des autorités que les missionnaires américains ne fussent pas autorisés à construire des maisons sur les collines avoisinant la ville. Ces pétitions furent rejetées. Des placards furent alors affichés sur tous les murs ; les missionnaires de toutes les croyances étaient dénoncés aux vengeances du Dragon d'azur et du Tigre blanc, pour avoir méprisé le Feng-shui, c'est-à-dire la plus haute puissance superstitieuse qui soit en Chine. Ces placards contenaient cette singulière accusation, qui est *nouvelle,* que les missionnaires voulaient construire des forts dans une position dominant la ville. Ordre était donné au peuple de prendre les mesures nécessaires à sa sauvegarde, et mention était faite du refus des mandarins de faire droit à la requête qui leur avait été adressée. Ces placards restèrent affichés pendant deux jours ; les autorités locales savaient très-bien ce qui allait se passer. Aucune tentative ne fut faite de prévenir les désastres qui se préparaient.

« La foule se porta d'abord sur les collines, où elle détruisit toutes les maisons des Américains. Elle rentra ensuite en ville ; toutes les propriétés des missions furent mises à sac, aussi bien celles des missions protestantes que celles des missions catholiques. Après le pillage, le feu : tout fut réduit en cendres. Après les missions vinrent les habitations particulières. Celle de M. F. S. A. Bourne, consul de S. M. la reine d'Angleterre, n'échappa pas à la rage des manifestants; ils y trouvèrent de nombreux lingots d'argent contrôlé qui furent volés aussitôt, et l'habitation une fois pillée, ils y mirent le feu. Toutes les maisons des catholiques, la résidence de l'évêque, les églises, les missions, tout est en ruine : il ne reste pas une poutre. M. Bourne a essayé de lutter contre la foule, au moment où il se rendait chez le taotaï pour réclamer sa protection. Frappé d'un coup de pierre à la tête, il est tombé et a été porté au Yamen dans un triste état. »

De son côté, le *North China Daily News* apprend que tous les étrangers établis dans le district de Tchoung king-fou ont reçu l'ordre de se retirer à Han-kéou.

Ces renseignements sont venus par steamer, car les communications télégraphiques ont été interrompues par ordre des autorités chinoises. L'important dans toute cette affaire est la nouvelle du *North China*, à savoir le départ des étrangers, Français, Anglais et Américains. C'était le but que se proposait le « mouvement » ; il est obtenu.

Maintenant, que va-t-il arriver? Le gouvernement chinois, s'il a la chance de trouver ses victimes disposées à négocier, à parlementer, va prendre ses grands airs de majesté offensée, et va plaider pour son peuple les circonstances atténuantes, la coutume, la tradition, le culte des ancêtres, en un mot le Feng-shui. Le peuple ne veut pas admettre les étrangers ; le peuple se mutine, il casse tout ; tel est le fleuve Jaune quand il déborde. Le plaidoyer sera complet. Par esprit de conciliation, le gouvernement faisant office de Compagnie d'assurance (textuel) fera estimer le dommage et payera. Mais, pour être payé, il faudra de très-hautes protections, plus puissantes que celle du consul de France à Canton. C'est l'avis de M. Frandin, qui se console assez difficilement des injurieuses plaisanteries du vice-roi de Canton, et qui justement est à Shanghaï en ce moment, d'où il se dispose à repartir pour rejoindre son nouveau poste à Han-kéou. Comment trouvez-vous la situation? Elle n'est pas plus belle pour les Anglais que pour nous. Nous, nous recevons des injures, eux reçoivent des pierres, cela se vaut. Il fut un temps où ni la France ni l'Angleterre n'eussent accepté aussi complaisamment ces familiarités chinoises. Que gagnera-t-on à laisser faire? Ma dernière lettre vous renseigne à ce sujet : des insolences, rien que des insolences.

Ici les missions, à la réception de ces désolantes nouvelles, ont été saisies de terreur. Le Sé-tchouen était réputé la plus tranquille des provinces; les missions y étaient florissantes. On est convaincu que le Feng-shui n'est qu'un vain prétexte, et que tout ce mouvement a été prémédité. A Ton-ka-tou (c'est le nom du faubourg situé au midi de Shanghaï), où se trouve la résidence du vicaire apostolique, j'ai trouvé les esprits très-inquiets. Les missionnaires blâment ouvertement la conduite des gouvernements étrangers. Si des mesures énergiques ne sont pas prises immédiatement, non pas par la Chine, qui est impuissante, mais par les étrangers, la persécution continuera dans toutes les provinces, et la Chine sera entièrement fermée. C'est le but officiel.

Je me suis fait raconter par un des Pères le récit d'une affaire identique qui s'est passée il y a dix-huit ans, en 1868, et vous jugerez vous-même en dernier ressort si la politique suivie à cette époque n'était pas meilleure en résultats que celle des négociations diplomatiques auxquelles nous paraissons accorder la préférence aujourd'hui. Pour moi, mon opinion est faite.

Excités par les lettrés, plusieurs milliers d'hommes se préparaient à envahir la résidence des missionnaires à Tchen-kiang, les consulats et les établissements européens, pour les livrer au pillage et à l'incendie. (La même foule avait, la veille, pillé la demeure d'un Anglais à Yang-tchéou.) Aussitôt un aviso à vapeur est expédié, une canonnière française l'accompagne. On arrive à Tchen-kiang : quatre-vingts hommes de débarquement se font ouvrir les portes. Le premier mandarin dut se constituer prisonnier pour être conduit à Naukin et s'expliquer devant le Vice-roi et les consuls. A Naukin, beaucoup de belles paroles, beaucoup de promesses. Le mandarin arrêté trouve le moyen de s'échapper. C'était un échec. Les Anglais n'entendaient pas en rester là. Une frégate de soixante-quatorze canons mouille devant Shanghaï, et le consul d'Angleterre saisit un steamer tout neuf, construit pour le Vice-roi, et déclare qu'il le conservera en gage jusqu'à pleine satisfaction. Puis il pose ses conditions : réparation aux Européens, indemnité de 2,000 taëls, dégradation des principaux mandarins, punition des lettrés coupables. Tout est promis. Mais il faut toujours aider la bonne volonté des Chinois. La frégate, suivie de quatre canonnières, remonte donc le fleuve Bleu jusqu'à Nankin. Tout est en émoi. Le vice-roi des deux Kiang, les taotaï de Tchen-kiang et de Shanghaï, le foutaï de Sou-tchéou, tout le monde s'empresse d'obéir. Les ordres sont donnés. Tout se fera pour le mieux. Les Chinois demandent la remise du steamer : le consul refuse. Le Vice-roi conjure; ce fut en vain. Jamais on ne vit pareil orgueil réduit à une pareille humiliation. Le consul, M. Medhurst, est intraitable. « Quand toutes les conditions seront remplies de point en point, le steamer sera rendu. » Alors, on part pour Yang-tchéou.

Là, réception triomphale à la porte de la ville par les principaux mandarins et le corps des lettrés. Le consul d'Angleterre, accompagné des résidents européens et de trois cents soldats sous les armes, parcourt toutes les rues de la cité. Les auteurs de la rébellion sont saisis et punis publiquement. Deux crieurs publics marchaient en tête et avertissaient le peuple le long des rues : « Peuple, attention à ne pas injurier les Européens; ne les appelez pas diables d'Occident, mais donnez-leur le titre de grands hommes. » L'Anglais qui avait été pillé est ensuite reconduit dans sa maison, réparée aux frais des mandarins, et une pierre est placée au dehors avec une inscription ainsi conçue : « Ici est la demeure d'un Européen anglais; que le peuple la respecte! » Au-dessous, le sceau du mandarin.

Voilà comment il faut traiter les Chinois.

LES IDÉES DU MARQUIS DE TSENG.

Un de nos amis a eu à Marseille, avec une personne approchant de très-près le marquis de Tseng, une conversation que nous reproduisons à titre de document et dont nous garantissons l'exactitude.

Moi. — Vous me dites que le marquis est très-heureux de rester en Chine pour prendre la direction des affaires politiques et organiser, de concert avec le vice-roi Li, la défense du pays. C'est une ambition très-légitime ; mais croyez-vous que le marquis puisse avoir des vues « indépendantes » ? N'est-il pas, sans qu'il s'en doute peut-être, un agent de la politique anglaise ? Vous savez que le passé me donne raison...

X... — N'en croyez pas un mot. Le marquis...

Moi. — Permettez ; je ne vous interroge pas encore ; tout à l'heure, vous répondrez. Je veux vous dire, d'abord, que le marquis a nettement indiqué sa politique, qu'il rentre en Chine avec un programme, avec des idées arrêtées, et que, à moins d'être un esprit sans consistance, il ne peut...

X... — Oh ! le marquis est absolu dans ses idées.

Moi. — Très-bien !... il ne peut, disais-je, que rester conséquent avec lui-même. Il se doit à ses idées, à ses actes, et, par conséquent, si nous examinons ces actes, nous avons la possibilité de savoir dans quel sens il dirigera ses vues. Le marquis est appelé à occuper une haute position en Chine...

X... — La plus haute et la plus influente. Non-seulement il est membre du conseil d'amirauté, ce qui lui permettra d'avoir une participation active dans l'organisation des forces militaires de la Chine, — par suite, il aura le contrôle de toutes les commandes faites par l'État en Europe, — mais il sera comme une sorte de ministre des affaires étrangères. De plus, il est question de l'investir de tous les pouvoirs conférés à Tso, en lui donnant le titre de ministre d'État. Il serait alors le plus puissant personnage de la Chine.

Moi. — Cette nomination n'est pas certaine... On m'a dit...

X... — Cette nomination est faite. Elle ne sera rendue officielle qu'au retour du marquis.

Moi. — Très-bien. Alors ma première observation, qui a d'abord attiré vos protestations, n'en est que plus intéressante. Si le marquis doit être si puissant, si influent, et qu'il ait des idées arrêtées, il importe de les connaître...

X... —Vous comprendrez que je ne puis vous les dire.

Moi. — Je ne vous les demande pas. La Birmanie...

X... — Oh! ne parlons pas de cette question...

Moi. — Pourquoi? C'est une question *settled,* comme vous dites; elle est résolue. Ce n'est pas un secret. Eh bien! la Birmanie, — écoutez-moi bien, — la Birmanie pouvait être pour les Anglais qui l'ont envahie, *sans droit,* le sujet d'un différend très-grave, capable de les brouiller avec la Chine. La Birmanie, c'est le Tonkin anglais. Comment se fait-il donc que le marquis de Tseng, ministre à Paris, se fait l'instigateur de la guerre contre la France, *en mission pacifique au Tonkin,* et excite contre elle toutes les passions de la Chine, pendant que, ministre à Londres, il accepte sans protestation l'envahissement de la Birmanie par les Anglais, et ne cesse de répéter dans tous ses discours et dans tous ses toasts que les relations les plus cordiales unissent la Chine et l'Angleterre?. Comment interprétez-vous cette inconséquence, si vous ne voulez pas admettre que le marquis soit inféodé à une politique anglaise et anti-française? La logique ne perd pas ses droits en politique. Il y a des actes qui « prouvent », qui « obligent », et je ne crois être que conséquent en déclarant carrément que votre marquis est l'ennemi de la France. Il faut bien l'avouer.

X... — Vous êtes trop rigoureux dans votre raisonnement. Le marquis n'est pas un « passionné » ; c'est un esprit « froid », « attentif », « résolu », et surtout « patient ».

Moi. — Très-bien. Mais, cependant, sa lettre insolente contre la France publiée dans la *Revue allemande...?*

X... — Oh! quels souvenirs allez-vous réveiller? Le marquis l'a bien regrettée, cette lettre!

Moi. — Regrettée!...

X... — Mais certainement, il l'a regrettée.

Moi. — Cependant, il l'a écrite; elle s'impose à ses souvenirs : il en est responsable.

X... — Le croyez-vous sérieusement?

Moi. — Comment, il ne l'aurait pas écrite?

X... — Mais non. Voyez, vous m'obligez à des confidences...

Moi. — Je ne vous les demande pas.

X... — Oui, mais vous avez une opinion erronée, fausse, et vous ne devez pas juger le marquis aussi sévèrement. Il n'a pas écrit la lettre, et je puis vous affirmer qu'il n'a connu cette lettre que lorsqu'elle a été publiée.

MOI. — Mais c'était une infamie! Qui l'a commise?

X... — Vous savez bien qui. Il s'agissait, à cette époque, de rendre impossible le marquis en France; il fallait un éclat; il fallait l'exalter et lui faire prendre le rôle...

MOI. — Vous en convenez donc? Oui, je savais cette histoire dans tous ses détails; mais j'aimais vous l'entendre raconter, de manière que je vous dise, cette fois sans réplique, que le marquis suit une politique « inspirée », « forcée », et qu'il n'est pas un « indépendant ». Il rentre en Chine en homme de parti et non en homme d'État.

X... — La traversée modifiera ses idées. Il n'a pas que des torts vis-à-vis de la France. Il est vrai qu'il a montré dans sa conduite une grande partialité. Les Anglais ont été plus favorisés que les Français. Mais l'Angleterre a reconnu, d'une certaine manière, la suzeraineté de la Chine sur la Birmanie, et c'est tout ce que la Chine exigeait de la France. Les négociations conduites à Londres entre le marquis, lord Granville et M. Waddington, n'ont eu d'autre obstacle que l'acceptation par la France d'une clause portant reconnaissance du tribut de l'Annam.

Toutes les mauvaises dispositions de la Chine proviennent de ce fait, et il est possible que ces mauvaises dispositions durent autant que la situation actuelle. Vous vous plaignez; mais vos diplomates ont commis des fautes; ils n'ont pas ménagé les traditions chinoises. Vous comprenez que c'est là le défaut de la cuirasse.

MOI. — Alors, vous ne croyez pas à un programme

arrêté dans l'esprit du marquis? Vous croyez que le futur ministre des affaires étrangères en Chine profitera de l'expérience qu'il a acquise en Europe, et pourrait revenir sur ses antipathies?

X... — Vous me paraissez trop bién instruit pour en douter. La Chine est plus habile qu'on le croit. On se passionne, on juge toutes choses avec colère. La Chine officielle aime les situations nettes, et ses diplomates ont surtout intérêt à voir ces situations. Par profession, les mandarins recherchent les ambiguïtés pour échapper aux sévérités de la censure; il faut qu'ils puissent jouer sur les mots. En France, on ne comprend pas ces nuances comme en Angleterre.

Moi. — Mais le traité Cogordan? Il me semble qu'il n'est pas ambigu; il nous retire des avantages certains.

X... — Que voulez-vous? C'est malheureux. Il fallait exiger l'ambiguïté. Vous savez ce que veut dire le mot « Yünnan »? C'est le « Sud des Nuages ». Rester dans les nuages, et, en réalité, obtenir les avantages qu'on veut avoir, voilà l'habileté diplomatique dont il faut user avec les Chinois. Le traité a été mal fait sans doute; il y faudra peut-être revenir. Mais ce n'est pas mon affaire, ni celle du marquis, à moins qu'à Pékin ses instructions soient bien changées. Je crois que nous laisserons discuter l'*Huître et le Cormoran*. C'est un charmant apologue chinois qui vous plaira, et que je vous donne à méditer. Un cormoran avait saisi une huître qui s'était entr'ouverte au soleil; l'huître s'était refermée et avait emprisonné le bec de l'oiseau. Le cormoran dit : « Il ne pleuvra ni aujourd'hui ni demain, et il y aura certainement une huître qui périra. » — « Tu n'échapperas ni aujourd'hui ni demain, répliqua l'huître, et il y aura un cormoran de mort. » L'un ne voulait pas lâcher l'autre, lorsque, tout à coup, un pêcheur survint et s'empara des deux combattants. Voilà l'apologue. N'est-il pas délicieux?

Moi. — Et quel sera le pêcheur?

X... — Ah! la Chine pourrait bien hériter du rôle. Il s'agit de savoir ce que fera le cormoran. Adieu, et au revoir. Qui vivra verra.

UNE CORRESPONDANCE DE CHINE DU *TEMPS*.

Le *Temps* est vraiment charmant de complaisance et de naïveté! Dans son dernier courrier d'Indo-Chine publié le 22 juin, il nous parle des « bienfaits que la paix procure à la Chine ». Il ajoute : « La reprise des affaires dans les ports, l'augmentation des revenus de ses douanes doivent rassurer ceux qui, en France, *plutôt par passion politique que par raisonnement*, prédisaient une rupture prochaine entre elle et nous. »

Le correspondant du *Temps*, par excès de zèle sans doute, a puisé dans son imagination les informations qu'il croit avoir trouvées dans son courrier. Il voit la Chine en rose; la situation du Céleste Empire est florissante, et jamais les Chinois n'ont eu avec les Français de plus sympathiques relations.

Certes, nous serions des premiers à applaudir à ces bonnes nouvelles; mais nous avons le sincère regret d'affirmer qu'elles sont absolument inexactes.

Quand donc le bon sens français traitera-t-il à sa réelle valeur tout cet engouement puéril qui nous envahit à propos de la Chine et des Chinois? Il est donc impossible de savoir au juste ce qui se passe dans ce pays? Tantôt, à en croire le général Tcheng-ki-tong, il n'existe pas de peuple comparable au peuple chinois; l'Empire du Milieu est le prodige de la création. Tantôt, au contraire, nos diplomates qui se mêlent d'écrire nous font des relations pleines de dégoût pour cette civilisation, qu'ils traitent de « pourrie ». Le livre du comte de Rochechouart est concluant à cet égard, et quoiqu'il n'ait pas eu la vogue bruyante, — et justifiée du reste, — des *Chinois peints par eux-mêmes*, il a eu le mérite d'avoir été écrit par un Français qui a résidé en Chine pendant dix années, et les Chinois qu'il peint ont été peints par lui-même, ce qui est une considération importante.

Les enthousiasmes du *Temps* entrent dans le domaine de la fantaisie. Il nous semble que la question vaut la peine d'être étudiée. Qu'est-ce, en réalité, que la Chine? Comment faut-il juger de l'état actuel de sa civilisation? Qu'en pensent les Chinois... ceux qui pensent? Quelle est l'opinion des étrangers, Anglais et Allemands, sur les destinées prochaines de l'Empire du Milieu? Quelle est l'opinion de la presse chinoise? Quel est, enfin, le rôle de la France dans ce grand concours d'ambitions qui se choisissent à l'avance leurs parts?

Toutes ces questions ont un intérêt actuel, et méritent d'être traitées avec exactitude. Sans doute nous déplairons au journal *le Temps* en gênant ses convictions facilement acquises; mais comme il fait appel aux capitaux français, il n'est que loyal d'indiquer aux capitalistes français de quelle manière ils doivent entendre le placement de leurs fonds en Chine. « La reprise des affaires en Chine est palpable, dit le *Temps*, et comme il n'y a *aucun point noir dans son horizon*, nous pouvons croire que cette reprise s'accentuera davantage et affermira une paix que *les clameurs de nos politiciens à courte vue ont seule rompue.*

« Si nos immenses capitaux, au lieu de rester sur place, voulaient sortir de leurs caisses, voyager et chercher d'autres spéculations que celles qui, comme des éphémères, naissent, vivent et meurent sur nos boulevards, il est probable que la prospérité commerciale et industrielle ne souffrirait pas comme elle souffre aujourd'hui. »

Le correspondant du *Temps* parle comme un oracle; mais il oublie de nous dire si nos nationaux qui auraient du goût à faire voyager leurs capitaux seront *protégés* et *soutenus* dans leurs entreprises; car elles ne paraissent pas être des plus faciles. « Qu'on le sache bien, dit la même correspondance du *Temps*, et qu'on se le répète en France; une lutte *acharnée, suprême*, est engagée contre nous, et non-seulement en Europe, mais dans tout l'univers. Jamais les chambres de commerce n'ont eu plus besoin d'union et d'habileté pour défendre notre industrie. Jamais les ouvriers de nos manufactures n'ont eu plus besoin d'être mis au courant d'une pareille situation. »

Est-ce en présence d'une « pareille situation » qu'il faut se payer de mots? N'est-ce pas au contraire le moment de l'examiner froidement, sans parti pris, avec le concours des hommes éclairés qui ont acquis quelque expérience dans l'étude de ces difficiles questions? Et s'il est vrai que la France a contre elle le monde entier, ligué pour lui arracher toutes ses suprématies; s'il est

vrai que la lutte engagée est *acharnée, suprême,* n'est-
ce pas le moment d'en connaître bien les causes pour
apprécier, comme il convient, les responsabilités et les
devoirs qui nous incombent?

LA VÉRITÉ SELON LE *CHEN-PAO.*

Nous répondons d'abord à cette première assertion du
Temps : « La Chine voit s'accroître chaque jour sa prospérité commerciale. »

Le journal de Shanghaï, le *Chen-pao,* c'est-à-dire le
plus important de tous les journaux qui s'impriment en
langue chinoise, a traité précisément cette question il y
a trois mois. Il suffit donc de lui emprunter son avis.

Nous avons lu plusieurs articles qui examinent la situation commerciale; ils nous ont paru fort peu rassu-
rants. Le lecteur appréciera.

Le 2 février dernier, le *Chen-pao* publie un long
article consacré à la revue de l'année 1885, et le termine
ainsi : « En résumé, on peut dire qu'au point de vue
militaire les résultats de cette année sont *immenses,*
mais qu'au point de vue commercial ils sont *presque
nuls.* » La guerre du Tonkin a nui évidemment au commerce général de la Chine; c'était prévu. Aussi ne lire-
rons-nous pas avantage de cette déclaration du journal
de Shanghaï, qui se console du reste très-aisément en
contemplant « les moissons de lauriers que les armées
chinoises ont remportées contre les Français ».

Le numéro du 28 contient un *édit* du surintendant
préposé au commerce du thé dans l'empire, édit qui a

été communiqué aux préfets, aux commerçants et aux directeurs des douanes. L'édit constate « la crise que subit actuellement le commerce principal de la Chine », celui du thé, et en énumère les causes.

La première cause qu'il signale est l'impôt trop lourd qui frappe les thés d'exportation ; la seconde vient de ce que l'Inde et les pays avoisinants, puis le Japon, produisent depuis quelques années du thé qu'ils exportent à des prix plus avantageux que les thés de Chine.

La troisième cause est dans le manque de conscience des commerçants chinois, qui, pour gagner davantage, ont fourni des thés de mauvaise qualité, « ce qui menace de ruiner notre commerce. La proportion du chiffre de notre exportation comparé à celui des autres pays, dit l'édit, doit nous donner à réfléchir : l'exportation du thé indien est de 9 pour 10 du nôtre ; celle des autres pays est de 4 pour 10. On en est même arrivé à importer du thé chez nous. »

Le *Chen-pao*, commentant cet édit, demande au gouvernement une réforme des tarifs de douane, afin que « l'exportation soit favorisée » ; il adjure les commerçants d'avoir de la loyauté : « La confiance doit être la base du commerce avec l'étranger. En voulant nuire aux autres, sachons que nous nous nuisons à nous-mêmes. Des hommes compétents assurent qu'il est grand temps de réfléchir et de revenir sur cette pente fatale, si nous ne voulons pas dans quelques années voir notre commerce *entièrement ruiné*. »

L'article que contient le numéro du 1er mars est plus explicite encore : « La soie et le thé sont les deux mamelles de la Chine. Nous avons dû dire dans nos derniers articles de dures vérités qui nous ont coûté cher, mais nous n'abandonnons pas la partie : car depuis quatre à cinq ans le chiffre de *notre exportation va en diminuant.* On s'est dit, avec confiance, que le thé était un article de consommation indispensable à l'Européen ; mais on n'a pas réfléchi que d'autres pays pouvaient fournir ce thé. Déjà le thé rouge des Japonais est très-estimé, et le *kao-tcha,* que beaucoup d'Européens recherchent, *nous ne savons pas le fabriquer.* »

L'auteur de l'article reproche ensuite aux Chinois d'accepter en échange de la soie et du thé l'*opium,* qui ruine le corps et corrompt l'esprit. Il en rejette la première faute sur les Européens, qui commettent là un crime social, et contre les autorités chinoises, qui n'ont jamais sévi assez sévèrement contre ce vice : « Achetez des cotonnades, soit ; de l'opium, jamais ! »

« Maintenant, dit en terminant l'article, nous avons dit la vérité à notre pays ; à lui de l'entendre et d'en profiter ! »

XIX

LA POLITIQUE DU MARQUIS DE TSENG.

Shanghaï, le 20 août.

On s'accorde généralement à dire ici que la Chine inaugurera une politique nouvelle à l'arrivée du marquis de Tseng. Que sera cette politique ?

Je me suis posé la question, il y a déjà longtemps. J'ai suivi attentivement les moindres circonstances auxquelles le marquis a été mêlé ; j'ai interrogé et écouté ceux de ses familiers qui savent ses idées; non pas qu'ils m'aient tenu au courant des programmes; — les Chinois sont trop réservés pour faire de pareilles confidences; — mais avec de la ruse il est facile de connaître exactement ce qu'ils cachent dans leur pensée. Il y a une méthode très-simple qui réussit presque toujours : elle consiste à ne pas croire un mot de ce qu'ils disent, et à dégager les renseignements utiles de toutes les fantaisies qu'ils débitent. On conclut ensuite en s'aidant de l'expérience acquise.

J'ai eu, depuis trois mois, très-souvent l'occasion de me rencontrer avec des Chinois officiels aimant à causer. Plusieurs, parmi eux, sont très-liés avec les Tseng. Je le savais. En Chine, comme partout ailleurs,

> L'amitié d'un grand homme est un bienfait des dieux.

On est cité pour être le favori de tel haut mandarin; privilége que je n'envierais pas si j'étais Chinois, car il expose la vie de chaque jour à une foule d'ennuis vraiment intolérables. Les Chinois ne les supportent du reste que parce qu'ils rapportent. Une « protection » est assimilée à une « consultation » : elle se vend. Les prix sont en rapport avec le crédit du personnage.

Les mandarins du groupe « Tseng » sont en très-haute faveur. Si vous acceptez l'expression, ils sont « très-demandés ». Les mandarins du groupe « Li » sont également très-bien placés dans l'estime des solliciteurs, mais il y a une nuance entre les deux groupes. Les « Tseng » et les « Li » se tiennent actuellement séparés les uns des autres; ils se font mille politesses; mais ils s'observent. On attend le marquis.

Nous nous sommes ici bien souvent donné comme

sujet de conversation le point d'interrogation suivant :
Le vice-roi Li et le marquis s'entendent-ils? Seront-
ils alliés ou rivaux?

Tous les Chinois disent qu'ils s'entendent ou qu'ils
s'entendront; les Anglais affirment, au contraire, qu'ils
ne s'entendront pas. C'est une remarque qu'il est facile
de faire.

Il y a un fait certain et que je puis garantir exact,
c'est que le Vice-roi et le marquis ont été ouvertement
adversaires. Leur politique, au début de la guerre du
Tonkin, a été tout à fait différente. Le Vice-roi ne voulait pas de conflit, le marquis en voulait un à tout prix.
Celui-ci ne voulait pas céder, même en rusant; celui-là
voulait faire des concessions, habilement exprimées en
beaux caractères chinois qui ont deux sens. Le Vice-roi
est un facétieux qui adore les jeux de mots.

Le marquis suivait une politique moins chinoise; il
indiquait déjà sa méthode, qui consiste à voir un but, et
à y tendre en appliquant les conseils de l'expérience,
quelques sacrifices qu'il y ait à faire dans l'intervalle.
Le Vice-roi, au contraire, aimait mieux continuer la vie
au jour le jour, et passer pour le maître de la Chine,
que de remédier par une conduite politique stable à l'état
d'infériorité dans lequel se trouve l'empire. A vrai dire,
il y a entre la politique du marquis de Tseng et celle du
Vice-roi un grave sujet de désaccord : il y a la dynastie.
Les « Tseng » sont des soutiens fidèles de la dynastie;
les « Li » n'aiment pas les Tartares.

Lorsqu'on étudie ces questions, il faut, pour arriver
à une conviction, s'attacher à tous les détails et profiter
de chaque renseignement.

Nous avons ici à Shanghaï une importante maison

qu'on nomme la « China Merchant's Steam Navigation Company », une des plus florissantes compagnies de navigation qui existent en Chine. Cette maison est dirigée par Ma-kié-tchong, dont tout Paris se rappelle bien le souvenir, car il a été le seul élève de la mission Giquel qui ait eu de vrais succès, en sciences, en lettres et dans ses études de droit. Le tao-taï Ma a ses deux baccalauréats de Sorbonne et le diplôme de licencié en droit. Ce n'était pas un Chinois de paravent, mais bien une exception : il était né en Chine par erreur.

La « China Merchant's Company » a passé par des crises très-graves dont je vous ai raconté, il y a quelques mois, les péripéties. Elle est aujourd'hui en plein succès, ayant donné, dans la dernière année, plus d'un million de bénéfices nets. Cette compagnie appartient au vice-roi Li-hung-chang.

Vous vous rappelez les Russel et C¹ᵉ? Cette maison a fait beaucoup parler d'elle au moment de la guerre; elle avait acheté la flotte de Li-hung-chang, afin de la faire passer sous pavillon américain; mais le règlement de cette opération, après la guerre, avait donné lieu à des surprises telles que le Vice-roi avait exprimé son mécontentement. Les Russel et C¹ᵉ devaient être les agents de confiance du Vice-roi; ils devaient fonder à Paris, à Londres, à Berlin, des agences générales pour centraliser toutes les affaires émanant de Tien-tsin. Le projet fit grand bruit à l'époque, vers juillet 1885; il n'était question que des Russel et C¹ᵉ représentés par leur très-intelligent et très-actif agent général, M. Butler, un Américain très-fort sur toutes les intrigues chinoises, connaissant toutes les petites histoires qui révèlent les grandes et capable de pouvoir les raconter à peu près dans toutes les langues. C'est un des plus agréables compagnons de voyage que je connaisse. Les Russel et Cie, après avoir longtemps attendu le précieux papier qui devait leur apporter de Tien-tsin leur nomination définitive de fournisseurs brevetés de S. Exc. le vice-roi du Petchéli, s'aperçurent enfin qu'ils avaient été « joués » par Li-hung-chang, mais « joués » comme on peut l'être par des Chinois. Savez-vous ce que firent Russel et Cie? Vous devez comprendre dans quelle position les avait placés le Vice-roi : ils étaient discrédités; ils devaient se venger, devenir les ennemis du Vice-roi, s'acharner à sa perte. Ils n'ont rien dit cependant... mais ils ont passé au service du marquis de Tseng. M. Butler est aujourd'hui, m'assure-t-on, le secrétaire particulier du marquis, et son retour est annoncé en Chine, notamment en Corée et à Wladiwostock, pour le commencement de l'année prochaine.

Si ce fait est vrai, — et il vous sera facile de le vérifier à Paris, — s'il est vrai que les Russel et Cie se sont attachés à la fortune du marquis de Tseng, c'est que les « Tseng » et les « Li » sont des adversaires déclarés. C'est bien l'opinion vers laquelle je penchais. Le Vice-roi est trop puissant pour n'être pas très-gênant. Son sort est peut-être fixé déjà : il tombera. Ce jour-là, Li-hung-chang pourra compter ceux qui lui resteront fidèles, et se souvenir de ces malheureux soldats qui, après un jour de combat, s'étaient rendus, sous sa promesse d'avoir la vie sauve, et qu'il fit massacrer cependant. Gordon a raconté cette forfaiture, et on ne l'oublie pas dans l'entourage du marquis de Tseng.

Vous voyez que si le marquis est attendu, c'est que de grandes réformes sont en vue. La première et la plus importante qui s'impose est le transfert de la vice-royauté du Petchéli de Tien-tsin à Pékin. Li-hung-chang obéira ou désobéira. Selon sa conduite, les conséquences suivront. Les projets prêtés à la politique du marquis de Tseng sont de deux sortes, selon qu'ils se rapportent à l'organisation du gouvernement en Chine ou à la direction des affaires étrangères.

A l'intérieur, le marquis est partisan de la centralisation des pouvoirs. Il rêve d'une administration provinciale moins indépendante, plus directement soumise aux instructions du gouvernement. Les vice-royautés seraient supprimées et remplacées par des préfectures. Les finances seraient complétement organisées d'après les procédés administratifs usités en Europe. Enfin, il prendrait en main la direction des forces militaires de l'empire et tenterait de pacifier les provinces du Sud : le Kouang-tong, le Kouang-si, le Yunnan, dans lesquelles l'empire n'a aucune autorité. Qui sait si toutes ces bandes de pillards, chassées de Chine, n'iront pas se réfugier au Tonkin, qu'elles envahiront? Qui sait si ce coup n'est pas prémédité, sous prétexte d'organiser la police des frontières? Tout est possible en Chine. Les nouvelles qui nous sont arrivées récemment de Canton et de Pakoï s'accordent assez bien avec ces pressentiments, et le *Chen-pao*, de son côté, ne se fait pas faute de prévoir, comme un événement très-possible, l'envahissement du Tonkin par des bandes « quelconques », le mot est curieux. Les Chinois officiels disent tous que l'ère des réformes est ouverte. Ils expriment le fait en l'accompagnant d'un regret, mais le fait est décidément certain.

Les Chinois qui savent le français emploient le mot

« réformes », qui répond exactement au genre d'opération que va subir le vieil empire. Dans leur pensée, les réformes signifient l'adaptation au monde chinois des mœurs administratives de l'Europe. Pour moi et pour d'autres, cette entreprise est exposée à bien des hasards.

La première expérience sera donc infiniment intéressante, car elle peut provoquer une révolution. Je le dis avec une complète conviction : s'il y a des révolutionnaires en disponibilité en Chine, et il y en a toujours, le moment va être extrêmement favorable vers la fin de cette année.

La première réforme administrative dont la nécessité s'impose pour de nombreux motifs vise l'organisation actuelle des finances. Cette réforme est décidée en principe depuis longtemps, mais il est très-difficile d'en appliquer les règlements. On espère à Pékin que l'influence et l'énergie du marquis de Tseng seront capables de convaincre les autorités provinciales. Ce n'est pas très-sûr. En somme, le marquis, pour être un vrai grand homme chinois, est obligé de prendre Colbert pour modèle, mais après avoir fait un assez long stage sous la direction de Louis XI et de Richelieu. Le rôle est des plus compliqués.

A vrai dire, ce n'est pas le peuple chinois qui est le plus dangereux. Le peuple chinois est pacifique à certaines conditions, toujours les mêmes, qui se résument par le moins d'impôts possible. Les dangereux, ce sont les mandarins, les lettrés, toute cette foule de bacheliers et de licenciés que les réformes vont désespérer. Les finances de l'empire étaient justement assez désorganisées pour aider à l'existence de tout ce monde. Le rendement de l'impôt n'était soumis à aucun contrôle,

et tout se passait et se passe de la manière la plus extraordinaire.

Je vais essayer de vous en donner une idée. Voici
un Chinois, par exemple, qui désire être fonctionnaire; c'est en général la grande ambition des Chinois.
On raconte dans les livres que pour être fonctionnaire,
il faut avoir passé les fameux examens que vous savez.
Ce sont des histoires. Moyennant finances, vous devenez
tout ce que vous voulez, et vous ornez votre chapeau du
globule de cristal. La vente du mandarinat est un commerce connu de tout le monde; ce n'est pas un mystère.
Il suffit de verser un certain nombre de taëls, et vous
devenez fonctionnaire à tous les degrés de la hiérarchie,
dans l'ordre civil ou militaire.

Voilà donc notre Chinois, hier simple domestique
peut-être, devenu aujourd'hui fonctionnaire. Il admi-
nistre un « hien » (petit district), ou bien il est « fou-
taï »; peu importe du reste le titre, il est fonctionnaire
de l'empire. Vous croyez sans doute que ce magistrat a
été séduit par les appointements de sa charge? Pas du
tout. Il a des appointements, mais il ne les touche pas;
il se garderait bien de les demander au caissier provincial. S'il les demandait, il serait révoqué. Mais, direz-
vous, comment vit-il, ce fonctionnaire? Comment il vit!
Non-seulement il vit, mais il fait vivre les siens, il paye
à l'usurier l'intérêt des fonds qu'il lui a avancés pour
l'achat de son mandarinat, — le taux n'est jamais infé-
rieur à 30 p. 100, — il envoie des cadeaux à son protecteur, et il met de côté de bonnes petites économies.
Vous voyez que la place rapporte; *et l'impôt officiel
rentre tout de même.* De sorte que tout le monde est
content : Pékin reçoit son contingent annuel; les vice-

rois et les gros boutons de l'administration touchent leurs appointements, considérablement augmentés; et le pauvre fou-taï, qui n'en peut mais, pressure ses administrés le plus paternellement qu'il peut. Car il faut toujours en arriver au contribuable pour expliquer la balance de tous ces comptes fantastiques.

Pékin, qui a fini par comprendre, s'est dit que cette organisation favorisait beaucoup plus le fou-taï que l'État. Pékin raisonnait juste. Mais le malheur, c'est que si Pékin se met à contrôler les comptes du fou-taï, il lui faudra contrôler toute l'administration, et découvrir un essaim de concussionnaires plus nombreux que les étoiles du firmament. Cette question, comme vous le voyez, est très-compliquée, et menace de dégénérer en casse-tête chinois. Il n'y a qu'une seule solution, c'est de laisser le fou-taï à ses administrés, puisque les administrés ne se plaignent pas, et de supprimer les gros boutons. Lorsque les fonctionnaires du haut de l'échelle ne pourront plus imposer le mauvais exemple, les fonctionnaires du bas de l'échelle seront moins tentés. C'est en cela que consiste la politique intérieure du marquis de Tseng.

La politique étrangère du marquis a été suffisamment indiquée par une opinion qu'il a exprimée dans l'intimité, et que l'un de ses familiers m'a répétée. Le marquis a dit : « La situation politique de la Chine est en tout semblable à celle de la Turquie; seulement, il s'agit de ne pas avoir le sort de la Turquie. » Voilà une opinion très-juste. En Chine, comme en Turquie, les Russes et les Anglais sont dans la même situation. Dans les deux cas pour les Russes, il s'agit d'éliminer les Anglais; et, pour les Anglais, il s'agit d'opposer aux ambitions de la Russie une organisation assez forte pour l'empêcher d'arriver à son but.

Malheureusement pour les Anglais il est à craindre qu'ils ne réussiront pas à démontrer aux Chinois qu'ils ne veulent que le bien de la Chine. Les Anglais ont été distancés dans leurs projets et sont devenus suspects. C'est aujourd'hui Berlin qui dirige Pékin; M. de Bismarck est le conseiller intime du marquis de Tseng. J'ai eu des preuves très-sûres du fait que j'avance. Il y a trois ans que les premiers pourparlers sérieux ont été engagés; ils ont abouti à une entente définitive tenue secrète quant aux conditions, mais qu'il est permis de supposer très-favorables à la cause de la dynastie. Il faudra bien évidemment un jour compter avec ces forces nouvelles qui s'appellent Chine et Japon; le champ de la politique s'élargit tout d'un coup sans qu'on y prenne garde. Que sera la Chine dans vingt-cinq ans? La politique allemande s'en est préoccupée, autant que la Russie, et est arrivée à profiter de toutes les fautes qui ont été commises par les Anglais et par les Français pour jouer en réalité en Chine le rôle qu'elle joue en Turquie.

L'Allemagne a envahi peu à peu la Chine avec toute l'habileté de sa force patiente, laissant s'agiter toutes les passions, et les excitant au besoin; elle a deviné les complots de Tien-tsin, que la France et les Anglais ont paru favoriser; et, quoique faisant sa cour au Vice-roi, elle a recueilli cette dynastie humiliée et affaiblie par nos armes et par nos traités; elle s'est faite sa protectrice.

Voilà de la politique digne de ce nom! Qu'avions-nous besoin, nous, Français, d'humilier la dynastie, alors qu'elle était dans la nécessité de se chercher un allié

puissant? Nous pouvions être cet allié, et nous avons tout
fait pour nous rendre ce rôle impossible! Voilà les chefs-
d'œuvre de nos diplomates! Mais la Chine demandait
un peu plus d'attention; la Chine a des ressources inépuisables! Nous l'avons perdue pour la France.

XX

La presse en Chine. — Les projets de la Chine. — Confucius et le Tonkin.
— La logique chinoise. — Les Français jugés par le *Chen-pao*. — Le
commerce de la France. — Pourquoi il est nul. — Prospérité du commerce allemand en Chine. — Son organisation. — Un conseil pratique. —
L'interdiction de l'opium.

Shanghaï, le 7 septembre.

Je vous parlais dans une de mes dernières correspondances de la presse chinoise et du rôle qu'elle semble
vouloir jouer dans les circonstances actuelles. Je vous
disais que le journal de Shanghaï, le *Chen-pao*, devenait de plus en plus violent contre les étrangers, et en
particulier contre la France. Je reviens aujourd'hui sur
cette question, qui est intéressante, parce qu'aucun pays
du monde n'est plus accessible que la Chine à l'influence
de la presse. Les Chinois ont, comme je vous l'ai fait
observer maintes fois, un respect religieux pour tout ce
qui est écrit; ils croient en l'opinion du journal. Or, le
journal, qui se vend très-bon marché, pénètre dans les
faubourgs des villes où la population est la plus dense,
y excite des rassemblements, échauffe l'imagination toujours facile à enflammer de tous ces ignorants, et produit en réalité, à chaque article, de véritables petites
révolutions. La presse fera beaucoup de mal en Chine si

elle persévère dans la voie dans laquelle elle est entrée, parce que le peuple est le nombre, et parce que c'est le peuple le plus passionné qui existe. Tien-tsin, Amoy et Canton ont maintenant des journaux chinois : ils ont tous pour programme l'excitation à la haine des étrangers.

Confucius et les philosophes sont comme toujours les oracles de la situation. Les articles du *Chen-pao* débutent par une sentence, par une maxime, tirées des livres saints. Les journalistes chinois ressemblent à nos prédicateurs; ils se mettent sous la protection d'un verset. Cette méthode est très-commode sous bien des points de vue. D'abord elle fournit cet argument sans réplique : « C'est Confucius qui l'a dit. » Or, comme il est aisé de donner aux pensées du grand philosophe les interprétations qui se prêtent aux circonstances, ils est ingénieux de les utiliser. C'est l'habileté de nos confrères de la presse d'extrême Orient, habileté qu'ils possèdent à un degré supérieur.

Ils ont démontré que Confucius, qui vivait il y a près de deux mille cinq cents ans, avait condamné l'expédition du Tonkin. Confucius a visé les Français quand il a écrit cette pensée : « Celui qui attaque témoigne de sa malice; celui qui se défend prouve son honnêteté. En considérant la face, on voit le reflet du cœur. » Le *Chen-pao* publie tout un article sous l'inspiration de cette observation qui, en soi, est fausse. C'est un fait curieux à constater et que je livre aux réflexions de nos sinologues : ce Confucius a une façon de juger qui n'est originale que parce qu'elle est fausse; sa logique détonne. Les Chinois instruits à son école exagèrent naturellement les nuances qui séparent leurs raisonnements de la saine raison; de sorte qu'il est logiquement impossible de s'entendre avec eux. Cette observation ne porte pas seulement sur le jugement, elle s'étend aux actions principales. Leurs sens ont reçu une autre instruction que les nôtres; ils n'ont pas les mêmes pouvoirs d'abstraction. Écoutez-les chanter : tous les sons nous semblent faux, tandis que nos chants ne leur paraissent pas faux. Considérez leurs couleurs : elles ont des teintes « à côté »; ce n'est pas le rouge, ce n'est pas le jaune; c'est autre chose. Quant aux odeurs, les plus épouvantables, les plus innomables, elles ne les révoltent pas; mais, par contre, ils distinguent des saveurs absolument incompréhensibles. Ils sont Chinois, il n'y a pas à en douter, et Chinois en tout. C'est un caractère qui ne s'efface pas. Singulière race! Voici comment le *Chen-pao*, qui sait « écrire faux » selon la méthode chinoise, et sous l'inspiration de la pensée de Confucius, définit les Français et notre expédition : « Nous connaissions le peuple français comme le plus passionné, le plus violent et le plus ambitieux de tous les peuples de l'univers. La France avait jeté des regards de convoitise sur l'Annam; mais bien certainement son ambition ne se serait pas arrêtée là, *et elle aurait voulu pénétrer en Chine.* Cependant elle n'avait rien osé entreprendre de semblable depuis la grande défaite de Napoléon, et il fallait l'ambition d'un Jules pour l'oser. » C'est textuel.

L'article est trop long pour que je vous le cite tout entier; le début vous indique la suite : c'est nous qui attaquons parce que nous devons être le peuple de la « malice »; les Chinois, eux, qui sont l'« honnêteté » même, se sont défendus, en vrais disciples de Confucius.

Savez-vous comment ils décrivent l'attaque de l'amiral Courbet contre les forts du fleuve Min? Ah! c'est bien simple : « Ils bombardèrent Foutchéou, oubliant qu'ils étaient entrés dans le port sur la foi des traités, en amis; et, dans le langage de tous les peuples civilisés, une semblable attaque s'appelle, non un fait d'armes, mais un guet-apens. » Cela s'imprime, cela se lit le soir, tout haut, dans toutes leurs cabanes de bambous. Vous devez comprendre l'effet que produisent sur le populaire toutes ces perfidies. Car ce sont des perfidies! Les Chinois qui faisaient traîner en longueur les négociations, à Paris, en juillet et en août 1884, sous prétexte de conciliation, savaient très-bien que l'amiral était entré dans le Min, et qu'il fallait l'empêcher d'en sortir à tout prix. Lisez les dépêches de l'amiral Courbet et de M. Patenôtre, elles vous diront que les Chinois espéraient anéantir la flotte française; ils ne savaient pas, les naïfs, que l'amiral valait une escadre. Car il est de fait que cette sortie triomphale de l'amiral Courbet des eaux du fleuve Min est encore pour la « marine chinoise » un mystère insondable. Les amiraux chinois ont déclaré que les dragons du fleuve s'étaient mêlés de la partie et leur avaient été hostiles; c'est évidemment la seule raison. Quoi qu'il en soit, ce brillant fait d'armes est pour les Chinois un guet-apens. C'est ainsi qu'on écrit l'histoire en Chine.

J'ai sous les yeux un autre article sur la « délimitation des frontières du Tonkin ». Cette opération se fait encore en ce moment, mais elle se fait. Croyez-vous que ce journal, qui se dit « ami de la paix », va faire des vœux pour que les commissions s'entendent? Pas du tout : cela ne serait pas chinois. Le rédacteur revient encore sur la question de la guerre, et sur *nos inten-tions*. « Notre magnanime empereur, dit-il, a ordonné à nos troupes d'observer en tout les lois de la justice et de l'honneur (*sic*); mais *les Français cherchent à nous tromper.* » Et alors recommencent les récriminations, toujours sous l'inspiration de Confucius : « Le Tonkin était depuis des siècles notre voisin, notre tributaire; c'était notre droit de le protéger contre la France. Malgré notre victoire, notre empereur illustre a accordé la paix. Et au lieu de conclure une paix durable, les Français font tout pour la retarder! C'est à nous qu'il appartient de régler la délimitation, car nous sommes les vainqueurs. L'Annam est une branche du grand Empire du Milieu. Que la France prenne garde! » Cela continue sur ce ton pendant tout un long article.

On ne dira pas que cette presse-là nous est sympathique, je suppose! Ces articles prétendent à des effets calculés d'avance; ils répondent à une politique qui a ses inspirateurs. Quel intérêt autre qu'un intérêt chinois aurait le *Chen-pao* à mener contre le nom français une campagne aussi violente? Car le journal n'est pas à la solde de l'influence anglaise, qu'il combat, au contraire, sur le terrain qui lui est propre. Il ne m'appartient pas d'éclairer les Anglais sur les dangers qui les menacent en Chine; ils sauront bien se défendre, j'aime à le croire; mais, en réalité, si c'est l'amour-propre national, le renom de Français qu'on attaque en Chine quand c'est la France qui est visée, c'est l'intérêt du commerce anglais qui est l'objet des attaques de la presse chinoise quand c'est l'Angleterre qu'il faut atteindre.

La France n'est, en effet, connue en Chine, ou n'était

connue de la Chine avant tous ces malheureux événements, que pour la protection officielle accordée par ses consuls aux missionnaires de la foi catholique. Un passeport français avait de la valeur. Il représentait des souvenirs vieux de deux siècles, de grands services rendus à l'État, les travaux scientifiques accomplis par les missionnaires sous le règne de l'empereur Kang-hi, et enfin la renommée du nom français, qui est universelle.

Les Anglais n'ont jamais protesté, jusqu'à ce jour du moins, contre les priviléges de l'influence française, puisqu'elle servait leurs intérêts. Les missionnaires, c'est-à-dire nos protégés, ouvraient les routes et pénétraient dans les provinces; les agents du commerce anglais n'avaient qu'à suivre. C'était très-avantageux.

Ce rapprochement en dit plus long qu'il n'en a l'air. Nous prêchions; eux, vendaient, achetaient, faisaient du commerce. Nous fondions notre influence; eux, établissaient leurs marques de fabrique. Les rôles n'ont pas changé depuis.

La Chine ignore actuellement encore si la France est une nation commerçante et industrielle, si elle fabrique, si elle produit. L'article français n'a pas cours en Chine; la marque de fabrique française, si estimée en Amérique et sur le continent européen, n'est pas connue en Chine. C'est un fait facile à constater, quelque étonnant puisse-t-il paraître.

En réalité, il n'existe pas entre la France et la Chine de relations commerciales; car il n'y a pas entre les deux pays un mouvement d'échanges assez important pour lui donner le nom de commerce. Nous achetons de la soie aux Chinois pour environ 80 millions de francs chaque année; c'est à peu près tout. Lyon est la seule ville de France qui ait soutenu en Chine l'honneur du commerce français. *Voilà pourquoi il suffit de supprimer en Chine le passe-port français des missionnaires pour supprimer la France.*

Or, pendant l'année 1885, le nombre des navires français inscrits, à l'entrée et à la sortie, dans les ports ouverts au commerce en Chine, s'est élevé à *quarante-six* steamers, jaugeant 73,000 tonnes. Il n'y a pas un seul voilier. Pendant la même année, le nombre des navires anglais s'est élevé à 13,522, jaugeant 11,842,255 tonnes. Ce sont des chiffres éloquents.

Nous arrivons au sixième rang parmi les nations qui font du commerce avec la Chine; nous avons avant nous l'Angleterre, la Chine, l'Amérique, l'Allemagne et le Japon.

L'Allemagne figure sur les rapports consulaires avec 2,230 navires jaugeant 1,217,685 tonnes. Voilà les résultats. Franchement, il est permis de déclarer, sans courir le risque d'être taxé d'exagération, que si les Allemands, *qui regardent le Nord,* font avec la Chine un commerce se chiffrant par 1,200,000 tonnes, la France, *qui a Marseille,* devrait avoir un commerce d'exportation et d'importation au moins aussi important.

Les commerçants auxquels il m'est arrivé de soumettre les réflexions que faisait naître dans mon esprit leur abstention m'ont toujours répondu que l'influence commerciale des Anglais était devenue prépondérante en Chine, et qu'il fallait abandonner la partie. Sans doute, vous entendrez exprimer à Paris et dans nos grandes villes les mêmes avis. C'est la plus complète des erreurs. Je suis convaincu que le commerce français est de nulle valeur en Chine parce qu'il est inactif. Il manque de courage et d'ambition. Oui, certes, l'Angleterre a su se créer une situation exceptionnelle; mais ce n'est pas un monopole. Les Allemands l'ont bien démontré. Chaque année voit s'accroitre le chiffre de leurs affaires, et la concurrence qu'ils font à l'Angleterre est telle qu'il y aurait lieu de prédire déjà qu'ils hériteront avant peu d'années d'une grande partie du commerce anglo-chinois. D'où viennent ces résultats, si ce n'est de la ténacité qu'ils apportent dans toutes leurs entreprises, se rendant maîtres des marchés par l'habileté pratique qu'ils mettent à les traiter, et ayant acquis sur place une parfaite connaissance de la situation commerciale? Les Allemands sont partout à l'affût des affaires; leurs renseignements sont toujours précis; les ordres qu'ils s'engagent à exécuter le sont avec une rare exactitude. Ils ont cherché à acquérir avant tout les qualités qu'estiment les Chinois dans les transactions commerciales. Voilà le secret de leurs succès. Est-il donc impossible à nos commerçants de suivre les mêmes errements, et de soutenir en Chine la réputation des articles de fabrication française? Qui pourrait affirmer qu'il y a impossibilité?

Je lisais récemment un rapport très-étudié sur le commerce de la Chine, rapport signé du commissaire général des douanes de Tien-tsin, M. Détring. Il y a dans ce travail des observations et des conclusions que je voudrais voir soumises aux délibérations de toutes nos chambres de commerce. M. Détring est peut-être l'homme le mieux placé qui soit en Chine pour juger avec sûreté de la question délicate de l'exportation. Il affirme, comme une proposition, que le commerce est de beaucoup *au-dessous de ses efforts,* en Chine; et il donne pour raison que ni le consommateur chinois ni le commerçant n'ont l'initiative suffisante pour le développer. Le commerce des marchandises étrangères est maintenant presque entièrement entre les mains des Chinois. Ceux-ci vont se fournir à Shanghaï, qui est devenu le grand entrepôt de la Chine; ils achètent les articles qui conviennent à leur commerce de détail; mais comment pourraient-ils prendre sur eux de commander des articles nouveaux? Ils ne les connaissent pas. « Ce sont donc, dit M. Détring, les industriels d'Europe et d'Amérique qui doivent prendre l'initiative, qui doivent se donner quelque peine pour examiner de plus près, et patiemment, les conditions actuelles de l'existence en Chine. Les Chinois accueillent toujours avec empressement les nouveautés dont l'utilité leur est reconnue; il est certain que divers articles pourraient être introduits et adaptés aux usages chinois, si le champ d'action était scientifiquement étudié par les parties intéressées. » N'est-ce pas là un renseignement précieux? Mais c'est une invitation en règle faite à nos grandes villes de commerce de « se donner quelque peine », et de trouver une spécialité qui convienne aux Chinois. Notre industrie est-elle incapable de cet effort?

Ces considérations doivent suffire à vous démontrer que si le commerce français est actuellement sans importance, c'est qu'il a cru aux promesses de l'exportation qui *se fait toute seule.* En Chine, comme partout ailleurs, sévit la grande lutte pour la vie. Le travail, l'intelligence, la patience y obtiennent leurs récompenses accoutumées.

La presse chinoise, à laquelle je reviens après ce long

détour, n'a donc pas à nous attaquer dans les intérêts de notre commerce. Je crois l'avoir suffisamment établi : ils n'existent pas. Au contraire, toutes les fois qu'une attaque est dirigée contre l'Angleterre, elle vise les intérêts de son commerce. Les Allemands et la politique russe suivent attentivement les progrès de cette guerre sourde qui favorise leurs calculs. On n'accorde pas en Europe une assez grande attention à ces rivalités ambitieuses qui préparent ici leurs plans de campagne. Elles ont cependant de l'importance. La situation financière de l'Inde traverse une crise en ce moment; qu'arriverait-il si l'opium ne rapportait plus les 200 millions de francs inscrits au budget indien ? Vous comprenez combien la question est intéressante pour les adversaires de la cause anglaise. Le *Chen-pao* poursuit l'opium avec la dernière violence, et plaide le droit de la Chine de s'opposer à la vente de ce poison. « Chaque État, dit le *Chen-pao,* a le droit de veiller à ses intérêts ; mais son devoir est de ne pas toucher aux intérêts des voisins. Les gouvernements étrangers, qui cependant se piquent de justice, ont sur ce point des idées particulières ; ils se croient tout permis hors de l'Europe ; ils s'arrogent le droit d'exploiter tout ce qui est hors de l'Europe. Ainsi voilà les journaux anglais de Hong-kong qui élèvent des réclamations indignées contre les édits de nos vice-rois interdisant la vente de l'opium ! Ils crient à l'injustice. Comment ! nous n'aurions plus le droit de diriger notre police ? Pourquoi ? Parce que l'opium est un produit de l'Inde, rapportant un revenu de plusieurs millions de livres sterling ? Mais est-ce un commerce digne d'une grande nation ? Est-ce un trafic honnête ? Ce poison est funeste à l'homme ; il a été introduit en Chine malgré la Chine. Des provinces autrefois florissantes sont aujourd'hui ruinées par ce fléau. Le Chan-toung et le Honan sont des provinces perdues pour l'empire. Les familles sont dans la misère. Voilà la raison pour laquelle notre gouvernement veut interdire l'opium! Les Anglais crient, et prétendent que nous violons les traités de commerce. Faites un commerce honnête, et il sera libre! Ils nous objectent que nous tolérons bien l'usage du tabac. Y a-t-il une comparaison à établir? Cette objection dissimule mal leurs manœuvres criminelles. Comment une grande nation peut-elle en venir là? Et, en fin de compte, notre pays ne produit-il pas l'opium? Qu'avons-nous besoin de l'acheter aux Anglais? Si nous pouvions admettre l'usage de ce poison, ne devrions-nous pas donner la préférence à l'opium de nos provinces? Mais ce n'est pas la question : le gouvernement a résolu de s'opposer à la vente de l'opium; il l'interdira. Car l'opium, c'est le fléau meurtrier de la Chine; c'est la ruine de l'empire! »

Voilà de curieuses nouveautés, n'est-ce pas? Eh bien, — veuillez enregistrer mon pronostic, — on en verra bien d'autres avant peu de temps! La Chine est convaincue que ni la France ni l'Angleterre ne veulent ou ne peuvent entrer en lutte avec elle. Vous croyez que, dans ces conditions, elle acceptera de subir leurs volontés? Mais, jamais!

Méditez bien ces trois points : la Chine n'est pas loin de se croire invincible; la Chine connaît très-exactement la situation politique des États européens; et enfin l'Allemagne *protége* la Chine.

Et concluez.

XXI

Le mécontentement des Anglais. — Les rivalités en Chine. — Le jeu des Chinois. — La mission Macaulay. — Naïveté des Européens. — Le dernier espoir de la France.

Shanghaï, le 14 septembre.

J'ai le plaisir de vous annoncer que les Anglais sont décidément très-mécontents. Shanghaï retentit de leurs plaintes et de leurs réclamations contre... le gouvernement de Sa Majesté Britannique. Les Anglais nous copient ; ils accusent le gouvernement, et le rendent responsable de tous les insuccès qu'ils éprouvent. L'événement est curieux à noter. Il est de fait que la diplomatie anglaise a été absorbée, depuis quelques années, par l'idée fixe de remédier aux conséquences, déclarées funestes, de l'occupation du Tonkin par la France. Les Allemands, qui envahissent lentement, jour par jour, par progrès continus, avec méthode, tous les marchés où le commerce anglais était jusqu'alors prépondérant, n'ont pas inquiété les hommes d'État de Sa Majesté : c'était la France le seul danger menaçant !

La Chine a naturellement fait leur jeu ; elle a accédé aux réclamations de la diplomatie anglaise, et lui a accordé, *comme une faveur,* de souscrire à toutes les protestations qu'elle élevait contre les demandes de nos diplomates, chargés de négocier les traités de Tien-tsin du 9 juin 1885 et du 25 avril 1886. La Chine fait volontiers le bon apôtre ; elle a l'air de se laisser mener ; mais, en somme, c'est elle qui recueille tous les bénéfices. Ses victoires diplomatiques contre la France sont déjà célèbres ; elles sont officiellement attestées par les traités ; vous croyez qu'elle en tire vanité et qu'elle se décerne des couronnes ? Nullement ; elle en abandonne la gloire aux Anglais, et prétend qu'elle a servi leurs intérêts.

On s'illusionne facilement en politique ; on s'imagine que le rêve peut devenir la réalité. C'est précisément le cas des Anglais. Ils avaient cru que la Chine, pour s'être laissé diriger par leurs conseils, toutes les fois qu'elle avait intérêt à les accepter, s'était définitivement donnée à eux. C'était une erreur : la Chine démontre par des faits qu'elle entend disposer de ses destinées ; elle le démontre avec une puissance d'autorité qui ne peut laisser subsister aucun doute dans l'esprit de ceux-là mêmes qui avaient l'espoir de lui imposer leur amitié ; elle suit une politique qui a pour programme de profiter, à chaque occasion, des rivalités qui divisent les étrangers, rivalités dont elle connaît exactement les causes et dont elle s'attribue les effets. Elle n'a pas besoin d'être habile ; elle n'a qu'à laisser éclater les rivalités. Sa conduite dans les affaires du Tonkin n'a pas eu d'autre raison. Elle a vu se déclarer le dépit et l'envie des Anglais ; elle connaissait la passion antifrançaise qui caractérise les sentiments de tout fidèle sujet de Sa Majesté Britannique ; elle a exploité cette passion avec une habileté consommée. Voilà tout le secret de sa bonne fortune. Quoi qu'il arrive, si les étrangers demeurent divisés et rivaux, elle est certaine de gagner à tous les coups, en attendant le jour où elle se débarrassera de tout le monde.

Actuellement elle exploite la situation : elle n'accorde

plus de priviléges, elle soumissionne, elle met en adjudication ses faveurs et les accorde à ceux qui lui font les offres les plus séduisantes. Elle en est arrivée à obtenir des contrats sur lesquels les adjudicataires perdent. L'Europe n'est pour elle qu'une usine, et les Européens des ingénieurs. Elle ne se préoccupe des questions politiques qui agitent l'Occident que pour apprécier les difficultés qui rendront cet Occident moins menaçant pour elle; et elle attend, dédaigneusement enfermée dans ses murailles, plus chinoise que jamais, achetant des armes, fortifiant ses ports, instruisant ses troupes, organisant ses arsenaux pour ne dépendre, quelque jour, que d'elle; se préparant en un mot à être invincible, si jamais l'Europe venait à l'attaquer. Mais ce n'est pas ce qu'elle craint. Voilà, en réalité, la Chine telle qu'elle se manifeste par tous les actes de sa politique.

Les Anglais, aveuglés par la peur qu'ils avaient de notre influence, ont bien effectivement obtenu que cette influence fût annihilée, mais ils n'ont réalisé cette satisfaction qu'aux dépens de leurs intérêts. Ils se sont amoindris. Ils ont appris à la Chine qu'il est devenu facile de tenir tête aux exigences des « diables » de l'Occident, et, maintenant, ils éprouvent qu'il était plus qu'imprudent de donner de pareilles leçons. La Chine use à leur égard des mêmes procédés que ceux dont l'Angleterre a trouvé bon qu'elle usât envers nous. Comment estimez-vous l'aventure? Elle serait plaisante si elle n'avait été préjudiciable à nos intérêts.

C'est une expérience que j'ai acquise : la politique n'a pas d'avenir en Chine. Les diplomates pourront s'exercer à toutes les habiletés de leur art : ils n'obtiendront rien. La Chine est fermée; son opinion est faite depuis Confucius, et jamais elle ne changera de méthode. La plus grave des erreurs à laquelle pourrait succomber un diplomate, par amour de l'art, et aussi des idées fausses, serait de supposer que la Chine fût capable de ne plus être chinoise. Elle adoptera des réformes, si ce sont des réformes que de tenter de donner au pouvoir central une plus complète autorité; mais la Chine restera chinoise, et le fond des choses restera identique. Il faut absolument se rendre à cette évidence. Soyez leurs amis, soyez leurs ennemis : il ne leur importe guère; ils ne vous demandent qu'une seule faveur, celle-là même qu'un jour Diogène réclama d'Alexandre le Grand, de vous écarter de leur soleil et de les laisser vivre à leur manière, savourant les parfums du péko, et n'estimant aucun bonheur au-dessus de celui qui les rend heureux.

Vous avez sans doute déjà appris que le groupe des trois petites îles que les Anglais ont nommé Port-Hamilton va cesser d'être « possession anglaise ». Le fait n'est pas surprenant. L'Angleterre, en abandonnant une position aussi importante, se conforme à la politique qu'elle suit depuis plus de dix ans, politique de faiblesse et de concessions, ainsi qu'elle est caractérisée par les Anglais eux-mêmes. Les désenchantements de la diplomatie anglaise ne sont plus à compter : il y en a une véritable collection. Les Anglais qui vivent en extrême Orient blâment ouvertement la conduite du gouvernement, et l'accusent de complaisance. « Où nous conduiront toutes ces faiblesses? disent-ils. Avons-nous acquis notre influence autrement qu'à coups de canon? N'est-ce pas en triomphant, les armes à la main, de toutes les résistances opposées par la Chine à la liberté du commerce que nous avons pu obtenir, et l'ouverture des ports, et des traités qui nous ont accordé nos droits? N'avons-nous pas été contraints de faire la guerre à plusieurs reprises, de prendre Canton, de prendre Pékin, et d'imposer nos volontés par la force? Qu'avons-nous obtenu depuis le jour où nous avons décidé de considérer la Chine comme une alliée, comme une amie? Qu'avons-nous gagné depuis dix ans? » Voilà ce qui se dit partout, dans les ports; et ces plaintes sont fondées. Il y a dix ans, pax exemple, les Chinois s'engageaient par la convention de Tché-fou à autoriser les Anglais à pénétrer dans le Thibet et à y faire du commerce; il y a dix ans que cette promesse fut donnée, et *elle n'a jamais été exécutée,* quoique les Anglais attachassent une importance considérable à l'exécution de ce projet. Le récit des tribulations de cette fameuse mission Macaulay qui devait se rendre au Thibet, avec l'agrément de la Chine, ferait un livre « très-amusant ». M. Macaulay et son nombreux état-major n'ont jamais pu sortir du territoire indien; ils sont restés de longs mois à attendre à Darjeeling l'arrivée du commissaire chinois qui devait les présenter aux autorités de Lhassa; le commissaire n'est jamais venu. Las d'attendre, M. Macaulay se rendit, il y a deux ans, à Pékin, et y obtint, comme toujours, de très-bonnes paroles. Les Célestes lui accordèrent tout ce qu'il demanda; il fut reçu comme un prince. On lui dit : « Retournez à Darjeeling, et nous vous donnerons satisfaction. » Revenu à Darjeeling, M. Macaulay attendit, et il attendrait encore, si, par bonheur, la convention du 24 juillet dernier n'avait contenu cette clause stupéfiante : « L'Angleterre renonce à son projet de pénétrer au Thibet. » La mission Macaulay était dissoute.

Vous comprenez pourquoi l'Angleterre rend Port-Hamilton ; les Chinois l'ont réclamé. Ils l'avaient laissé prendre, *sous toutes réserves,* car Port-Hamilton appartient à la Corée et fait partie du domaine d'un tributaire. D'autre part, la Russie et l'Allemagne, dont la politique consiste à affaiblir l'Angleterre en Chine, comme partout, ont réclamé contre l'occupation de ces îles... La Chine veut la paix, ne veut froisser aucun intérêt; il faut bien que l'Angleterre cède. Voyez-vous quelle chance ils ont, ces Chinois! L'Allemagne et la Russie se chargent de les aider contre les Anglais, et ceux-ci font leur jeu contre les Français. La Chine n'a pas besoin de faire de politique, elle se fait toute seule. L'Europe transporte chez elle ses haines et ses divisions; elle n'a que des diners à donner aux diplomates.

M. Constans est encore à Shanghaï au moment où je vous écris ces lignes. Je crois qu'il a dû déjà comprendre les difficultés de sa mission. Les trente jours qu'il aura passés ici lui auront servi de « stage », et il sait peut-être à quoi s'en tenir sur les destinées de l'influence française en Chine. Pour moi, qui ai connu notre « prestige » avant ces déplorables événements du Tonkin, et qui peux comparer la situation que possédait la France à l'époque où M. Bourée dirigeait la légation de Pékin à la situation que nous avons « conquise » en 1886, je n'ai pas grand espoir à fonder sur l'avenir.

XXII

Shanghaï, le 25 septembre 1886.

Des négociations intéressantes vont avoir lieu prochainement qui étonneront la diplomatie européenne. Quoique la cour de Pékin n'ait pas encore nommé les hauts
mandarins chargés de la représenter, je puis cependant
vous indiquer les points principaux sur lesquels portera
la discussion, vous dire les intentions du gouvernement
chinois, et préciser les espérances de sa politique. L'incident est des plus curieux et présage des conflits dont
vous pourrez tirer les conséquences.

Je vous ai annoncé dans une de mes précédentes correspondances que le gouvernement impérial s'est proposé
de reconstituer dans toute son intégrité le domaine sacré
et inviolable de l'empire, et de faire rentrer dans le devoir tous les tributaires. C'est une question qui ne peut
plus attendre; car, le 7 février prochain, l'Empereur
atteint sa majorité, et, selon la loi, recevra les rapports
des censeurs qui doivent déclarer que « l'héritage de la
pure dynastie des Tsing » n'a subi aucune altération.
Ces rapports ne sont pas faciles à rédiger.

Le 3 septembre, un décret impérial a, en outre, ordonné aux membres du conseil des historiens de clore
leurs travaux et de préparer la nouvelle édition des
Annales de la dynastie, pour faire suite au dernier ou-

vrage publié en 1818. Cette « suite » ne comprendra pas moins de 400 volumes.

Toutes ces dispositions annoncent, de la part des hauts dignitaires qui font partie du conseil privé, la résolution arrêtée de gouverner et d'administrer l'empire conformément aux rites, et de reprendre le pouvoir qui jusqu'à ces derniers temps avait été abandonné aux mains des mandarins dévoués à l'influence étrangère.

Les premières difficultés qu'il importe de régler avant l'année prochaine touchent à la question du tribut des États vassaux de la Chine. Le grand recueil des statuts administratifs de la dynastie régnante, celui-là même qui a été publié en 1818, contient la liste de ces États tributaires; ce sont : la Corée, les iles Liéou-kiou, l'Annam avec le Tonkin et la Cochinchine, Siam, les iles Philippines, la Birmanie, le Portugal, l'Italie et l'Angleterre. De ces États, il en est actuellement quatre qui se refusent d'une manière officielle à payer tribut; ce sont : les iles Liéou-kiou dont le Japon s'est emparé, le Portugal qui occupe Macao, l'Angleterre qui considère l'ile de Hong-kong comme une colonie anglaise ayant cessé de faire partie du domaine de l'empire, et l'Annam que les récents traités de Tien-tsin ont séparé de la Chine pour le placer sous le protectorat de la France. Le gouvernement impérial a vainement réclamé de la France le maintien du tribut de l'Annam; l'Angleterre et le Portugal persistent à se croire chez eux à Hong-kong et à Macao; enfin, le Japon prétend avoir conquis les iles Liéou-kiou et se refuse à reconnaitre la suzeraineté de la Chine sur ces iles.

Telles sont les difficultés que les hauts fonctionnaires du Céleste Empire se proposent de résoudre, afin que les censeurs puissent rédiger leurs rapports sans constater de différence entre la Chine de 1818 et la Chine de 1887. Le Portugal a donc été invité officiellement à payer tribut. Cette demande a provoqué des négociations qui sont sur le point d'être ouvertes et qui ne peuvent manquer d'être très-intéressantes, comme je le disais; car, après le Portugal, ce sera le tour du Japon ou celui de l'Angleterre, et enfin celui de l'Annam. La Chine a, on le voit, une ample provision de sujets de discussion qui ne sont pas sans importance. Elle les aborde avec une audacieuse confiance dans la légitimité de ses droits.

Le Portugal n'entretient pas avec la Chine de relations diplomatiques directes, et n'a pas de traité de commerce qui lie ses intérêts à ceux de l'Empire du Milieu. L'année dernière, des démarches ont été faites par le cabinet de Lisbonne dans le but d'établir entre les deux gouvernements des rapports officiels; mais ces démarches n'ont pas abouti, en présence de la résolution énergiquement formulée par les autorités chinoises de ne vouloir entendre aucune proposition avant le règlement définitif de la question de propriété.

La « Cidade do Santo Nome de Dios de Macao » est pour la Chine officielle une dépendance du district de Hsiang-chen, faisant partie de la préfecture de Kouang-chou-fou, et relève de l'administration de la province du Kouang-tong. La Chine n'a jamais reconnu le droit de propriété auquel ont prétendu les Portugais; elle n'a jamais cessé de considérer comme lui appartenant cette portion de son territoire sur lequel s'exerce la juridiction de ses mandarins; et les refus qu'elle a opposés aux demandes du Portugal, tendant à la faire souscrire aux prétentions qu'élevait cet État, *datent de trois siècles*. À cet égard, la politique suivie par la Chine depuis le milieu du seizième siècle n'a pas varié.

Les Portugais ont, à diverses reprises, envoyé des ambassades à Pékin, à la cour du Fils du Ciel, pour « implorer » la reconnaissance officielle de leur colonie de Macao; ils ne l'ont jamais obtenue. Ces ambassades ont été enregistrées dans les Annales de l'empire comme des « démarches respectueuses » démontrant la vassalité du roi de Portugal; les présents que les ambassadeurs étaient chargés de remettre à l'Empereur ont été reçus en qualité de « tribut » et d' « hommage ». Les dates de ces ambassades sont des dates historiques chinoises; elles fixent dans la pensée des mandarins et des lettrés la suprématie du souverain de la Chine et établissent la supériorité de l'Orient sur l'Occident. Ce sont les monuments mêmes de l'orgueil chinois.

L'empereur Kang-hi reçut une de ces ambassades en 1667 et traita directement avec les envoyés du roi Alphonse VI la question de Macao, qui était déjà en discussion depuis un siècle. L'Empereur, pour témoigner de sa résolution d'en finir d'une manière définitive, avait interdit aux Portugais de faire le commerce à Macao. L'ambassade fut impuissante à obtenir le retrait de cet ordre, et l'impression qu'elle rapporta de Pékin fut telle que le Portugal se le tint pour dit. La difficulté avait été tranchée par l'Empereur, par la simple affirmation de son droit de souveraineté. Car Macao était autant à l'empire que Lisbonne au Portugal. Les historiens de cette époque rapportent que le roi Alphonse VI eut la pensée de venger l'affront que le Fils du Ciel lui avait fait, et sans doute il eût envoyé ses escadres jusqu'en Chine, si le Sénat, mieux avisé, ne l'avait prié de donner moins d'importance à la question.

Au siècle suivant, en 1723 et en 1753, les autorités portugaises tentèrent encore de négocier avec la cour de Pékin, mais les résultats de ces nouvelles démarches furent nuls. La Chine n'était pas aussi puissante alors que sous le règne du grand conquérant Kang-hi; elle ne songeait pas à imposer son droit; elle suivait déjà cette politique qui semble lui avoir réussi, et qui consiste « à ne jamais rien accorder et à ne jamais rien refuser ». Les Portugais gardèrent leurs établissements, y firent du commerce, mais ils n'obtinrent jamais du gouvernement chinois la cession territoriale de leur colonie. Bien au contraire, la Chine continua d'administrer Macao comme une ville de l'empire, affectant de refuser d'imposer exceptionnellement les habitants chinois de cette ville, pour n'établir aucune distinction dont pût se prévaloir le Portugal comme d'une reconnaissance indirecte de son droit. Les Chinois de Macao sont traités comme les Chinois de Canton ou de toute autre ville; mais les Portugais sont imposés par la Chine en qualité d'étrangers; ils doivent chaque année à la province une somme de 500 taëls, représentant le prix auquel la Chine leur a concédé le droit de s'établir à Macao. Vainement le Portugal a demandé d'être dispensé de cette imposition; il ne l'a jamais obtenu. Il est vrai qu'il ne l'a pas payée depuis plus d'un siècle; mais le fait du non-payement ne peut qu'établir le droit de la Chine de réclamer les annuités échues, intérêts et capital. C'est précisément ce que la Chine se propose de faire : elle recouvre une créance, et saisit l'occasion qui se présente pour affirmer ses droits et les faire reconnaître.

Voilà exactement l'état de la question : le Portugal payera les quelques millions qui lui sont réclamés, ou ne les payera pas. Dans le premier cas, il affirmerait le droit de la Chine; dans le second cas, il le nierait. Or, la Chine ne craint pas le Portugal; elle occupera donc Macao, et en fermera le port. Ce sont les intentions formelles du gouvernement chinois. La Chine n'a, pour le moment, qu'une seule ambition : celle de faire reconnaître « ses bons droits ». Et elle en a. Elle admet jusqu'à un certain point, puisqu'elle a usé du même procédé durant toute son histoire, *le droit acquis d'une conquête*. Mais le Portugal n'a jamais conquis Macao; c'est un port chinois où sont venus s'installer, sous la protection des règles ordinaires de l'hospitalité, des étrangers portugais. Ils n'ont donc aucun droit de prétendre à la propriété « politique » de cette ville chinoise; une telle prétention est un non-sens. « Voilà plus de trois cents ans que durent les contestations, disent les Chinois; depuis ce long temps les Portugais sont nos hôtes et nos locataires; s'ils veulent faire acte de propriétaires et nous braver, nous les expulserons, parce que c'est notre bon droit. » Les négociations vont avoir lieu dans ces conditions; et il n'est pas à supposer que le Portugal en vienne aux mains avec les braves de la Chine.

XXIII

Histoire d'une commande. — Le syndicat de la Chine. — Les inondations
et les eunuques. — Un censeur téméraire.

Shanghaï, le 20 octobre 1885.

Tout le monde gémit contre le mauvais vouloir des
autorités chinoises. Ici, les Anglais demandent depuis
longtemps que le port soit d'un accès facile aux navires
d'un fort tonnage, et ne peuvent même pas obtenir le
dragage de la rivière. A Canton, le cas est plus extraordinaire encore : sous prétexte de défense nationale, le
Vice-roi a fait jeter des pierres énormes dans le fleuve
des Perles, et, en réalité, le port est fermé aux gros
navires. En vain le ministre des États-Unis a adressé
une note au Tsung-li-yamen, protestant contre cette
singulière interprétation des traités dits d'amitié et de
commerce : les pierres n'en sont pas moins au fond de
l'eau et y resteront. « Ce sont des procédés qu'on emploie
en temps de guerre, écrit le ministre des États-Unis,
M. Denby; mais s'ils sont appliqués en temps de paix,
alors les traités sont nuls. » Voilà des arguments dont le
vice-roi Tchang se préoccupe aussi peu que possible. Il
a répondu, cependant, que l'état de ses finances ne lui
permettait pas de faire retirer les pierres qu'il a jetées,
et qu'elles étaient trop grosses. C'est une raison dont il
faudra bien se contenter, à défaut d'autres.

Cette petite guerre, que livrent, sans se décourager,
les Chinois contre les Occidentaux, serait à peine inté-

ressante s'ils ne s'en trouvaient être eux-mêmes les premières victimes. C'est à un incident de ce genre que se
rapporte ce coup de théâtre qui vient de se passer à Tien-
tsin, ou, pour mieux dire, à Port-Arthur.

Le vice-roi Li a fait élever dans cette localité des for-
tifications formidables et s'est proposé d'établir là un
port militaire de premier ordre. Les ingénieurs de tous
les pays y ont travaillé, surtout les Allemands, qui sont
en grande faveur, et aussi les ingénieurs chinois que le
Vice-roi a voulu faire concourir, pour honorer les rites,
au succès de son entreprise. Les plus fameux ingénieurs
de la Chine, ces taotaïs tant vantés dans les rapports officiels, ceux-là mêmes qui sont chargés du service des
inondations dans le delta du fleuve Jaune, ont été désignés par le Vice-roi pour prendre la direction des travaux du port et de la rade. Je ne saurais vous dire, en
vérité, si le Vice-roi, en prenant cette résolution tout au
moins bizarre, n'a pas eu une arrière-pensée. Il en est
bien capable! Toujours est-il que les ingénieurs chinois
se sont mis à l'œuvre, ont réuni à Port-Arthur des milliers de coolies qui ont travaillé comme des nègres, et
ont dépensé plusieurs millions.

Les travaux terminés, il fallut les faire inspecter, et
ce fut notre compatriote M. Thévenet que Li-hung-
chang chargea de cette mission. Mission bien délicate,
car les ingénieurs chinois, ses *collègues,* se pavanaient
au milieu de leurs ouvrages et s'imaginaient, comme
toujours, avoir fait un chef-d'œuvre. M. Thévenet exa-
mina ces travaux, vit des murailles d'une épaisseur
inquiétante... pour le port qu'elles menaçaient déjà de
combler, à la suite d'un effondrement qu'il était trop
facile de prévoir; il comprit que les ingénieurs chinois

étaient surtout Chinois, et les félicita. Les détails que j'ai eus sur cette construction dépassent tout ce qu'on peut rêver. M. Thévenet eut, pour la première fois de sa vie, un rapport difficile à faire; car il s'agissait de ne pas être en désaccord avec les « résistances », que les matériaux n'abdiquent nulle part, et dont les protestations étaient visibles, et, en même temps, de ne pas désobliger ses collègues. Le rapport de notre ingénieur fut un modèle achevé de bonne humeur franco-chinoise. Il trouva des raisons qu'aucune théorie n'a jamais prévues; c'était la faute des pierres si les murs tombaient; les ingénieurs n'avaient aucune responsabilité d'ordre technique; ils avaient bâti des murailles théoriques, mais non pratiques. Il parla si bien que le Vice-roi comprit que son port était manqué, mais que ses ingénieurs étaient toujours de plus en plus célèbres. Il les remercia, leur fit payer les dégâts, et chargea le spirituel et compatissant rapporteur de l'entreprise des travaux définitifs de Port-Arthur. Voilà comment et pourquoi le « syndicat de la Chine », dont M. Thévenet est le représentant en Chine, a obtenu une importante concession qui fait honneur à tous les organisateurs de ce syndicat.

Cette décision du Vice-roi, enlevée par nos compatriotes avec une véritable maestria, a produit une très-grande sensation dans la colonie étrangère de Tien-tsin. Nos rivaux espéraient continuer à exploiter contre nous tous les souvenirs de la dernière guerre; mais, cette fois, ils n'y ont pas réussi. De très-hautes influences chinoises ont aplani, du reste, les premières difficultés que ne pouvait manquer de rencontrer M. Thévenet, et il a trouvé, dès son arrivée à Tien-tsin, l'accueil le plus sympathique.

Je ne me résous pas à abandonner ce sujet sans vous dire quelques mots de ces malheureux ingénieurs chinois qui sont revenus à leur fleuve Jaune, assez déçus dans leurs espérances. On se demande maintenant, dans l'entourage du Vice-roi, comment il ose confier à des fonctionnaires aussi incapables la direction des travaux qui ont pour but de protéger la province contre les inondations. Chaque année, les dégâts sont terribles et se chiffrent par des dizaines de millions de taëls. Ces calamités n'auraient sans doute pas des conséquences aussi funestes, si des mesures savamment organisées étaient prises. On me dit que M. Thévenet a déjà présenté un rapport sur cette importante question, qui, si elle obtenait une solution, donnerait au syndicat une très-grande influence.

Le fleuve Jaune a, vous le savez, débordé, cette année, plus que de coutume. Les inondations, très-fréquentes en Chine, sont considérées par le peuple comme des manifestations du courroux du ciel. Chaque fleuve est pourvu d'une divinité plus ou moins exigeante sous le rapport des mœurs. Si le fleuve déborde au delà de certaines limites, c'est un châtiment auquel doivent correspondre des expiations. L'État prend toujours l'initiative de ces sortes de mises en accusation, nomme les coupables, les dégrade, leur fait payer de fortes sommes, et le peuple est content, quoique inondé.

Cette année, la divinité qui préside aux débordements du fleuve Jaune a furieusement inondé son empire; elle a tout détruit, tout ravagé. Le tribunal des censeurs s'est réuni, et l'un d'eux a été désigné pour rechercher les causes secrètes de ces calamités exceptionnelles. C'est Tchou, le plus renommé des censeurs, qui a été choisi pour cette délicate tâche. Le censeur Tchou a naturellement trouvé le coupable; il a prétendu que le chef des eunuques, le nommé Li-ling-ying, avait une conduite déplorable, et que c'était lui l'« âne de la fable »,

Ce pelé, ce tondu, d'où venait tout le mal.

L'aventure est des plus comiques, mais, au point de vue chinois, des plus sérieuses : gardez-vous bien d'en rire.

Le censeur Tchou, ayant découvert l'auteur présumé du fléau, fit donc son rapport à l'Impératrice, et conclut, selon la coutume, par un projet de décret ordonnant des mesures expiatoires aux frais de l'eunuque coupable, et des châtiments dont il n'avait que trop mérité les justes sévérités.

L'Impératrice fut indignée de ce rapport, et y répondit par un décret de blâme à l'adresse de cet excellent censeur qui avait outrageusement calomnié un « parfait honnête homme ». C'est ce décret qui fait aujourd'hui le sujet de toutes les conversations... défendues; car le « respectez ceci », qui termine chaque décret de Sa Majesté, interdit la moindre critique. On en cause tout de même, comme d'un fait inouï dans les annales du Céleste Empire.

Ce décret est, en effet, un acte gouvernemental très-grave; il porte une atteinte sérieuse à l'institution du tribunal des censeurs, considéré par le peuple comme une sorte de Sénat ayant le droit de remontrance, et capable, en certaines circonstances, de prendre la défense des classes opprimées, en dénonçant au trône les exactions des mandarins. Mais ce n'est pas là tout ce que l'on reproche à ce décret ; le fait grave est que l'Impératrice a prononcé l'éloge d'un eunuque, c'est-à-dire d'un individu que tous les Chinois méprisent, parce qu'il n'est pas apte à honorer dignement le culte des ancêtres, et aussi parce qu'il remplit à la cour des missions privilégiées qui rendent suspecte son influence.

Les mandarins détestent les eunuques, comme leurs rivaux ; et c'est bien la raison pour laquelle le censeur Tchou avait choisi leur chef, le favori Li-ling-ying, pour servir de victime sacrifiée aux superstitions populaires : l'holocauste eût été certainement agréable à la divinité du fleuve Jaune. L'Impératrice a soutenu l'eunuque officiellement, et a blâmé le censeur. C'est un événement.

On m'a dit qu'il y a environ cinq mille eunuques vivant dans le palais de l'Empereur. C'est un chiffre qu'on ne peut contrôler. Ils doivent être cependant très-nombreux, car ils constituent, à vrai dire, le seul élément « mâle » aux emplois que tiennent, partout ailleurs, des hommes. Ils ont, d'abord, la garde du harem de l'Empereur, institution qui n'est pas actuellement effective, puisque Sa Majesté est mineure, mais existe cependant par mesure de précaution, et pour honorer les rites. C'est l'Impératrice qui choisit les jeunes beautés dont se compose ce harem. Tous les trois ans, elle en renouvelle le personnel ; il se recrute dans les familles des officiers mandchous, qui considèrent comme un moyen de parvenir aux honneurs l'honneur d'avoir la plus jolie de leurs filles dans le harem impérial.

Ces jeunes filles « débutent » à l'âge de quatorze ans, et demeurent au harem jusqu'à vingt-cinq ans. Si elles ont, pendant cet intervalle de temps, donné le jour à un rejeton impérial, elles deviennent de droit « filles du sang », associées aux destinées de leur enfant, car il peut devenir « Fils du Ciel » et souverain des dix mille royaumes. Si, au contraire, la jeune fille est parvenue à l'âge de vingt-cinq ans sans avoir participé à l'accroissement de la famille impériale, elle rentre dans le foyer de ses illustres parents et se marie très-honnêtement avec un mandarin de l'endroit. L'« ex-concubine illégale » de l'Empereur est honorée comme une personne de haut rang, ayant tenu à la cour les premiers emplois.

Le nombre des concubines « légales » que peut avoir l'Empereur est de sept; quant aux « illégales », elles sont en nombre illimité. Cela explique cette prodigalité d'eunuques chargés de surveiller et de servir toutes ces princesses de sérail dont l'Impératrice a, du reste, la haute direction.

Ces mœurs-là sont certainement bizarres, à première vue; mais les vrais Chinois, ceux-là qui en tiennent exclusivement pour le culte des ancêtres, les trouvent pratiques et très-bonnes, et leur attribuent les grands résultats auxquels a atteint la civilisation chinoise. Ils ne peuvent pas s'imaginer qu'une nation puisse avoir de meilleures mœurs, si elle se propose de durer autant que les siècles. Le trône et la famille ont toujours des héritiers.

L'institution des eunuques n'est pas d'origine chinoise; elle a été importée d'Arabie ou de Perse, disent les érudits, par un célèbre conquérant chinois qui en apprécia l'utilité. Elle fut aussitôt adoptée à la cour des souverains mongols, et, depuis lors, elle a résisté à toutes les rivalités auxquelles elle a donné prise, tantôt victorieuse, tantôt vaincue, mais conservant toujours une partie de cette influence occulte que recherchent passionnément les Orientaux.

L'histoire de la Chine a consigné dans ses annales, au sujet de ces eunuques et de leur influence politique, des souvenirs assez intéressants que nos lettrés se chuchotent entre eux, et qui ont un air de circonstance très-remarquable.

Le troisième empereur de la dynastie des Tang laissa, en mourant, le pouvoir à une de ses femmes, qui gouverna l'empire pendant vingt ans. Les eunuques acquirent durant ce règne une grande puissance, qu'ils conservèrent après la mort de l'Impératrice, et dont ils usèrent jusqu'à la chute de la dynastie en véritables maîtres de l'État. Cet exemple est signalé par les historiens chinois comme un enseignement; il démontre les dangers auxquels l'intervention des femmes dans le gouvernement expose l'État. Les eunuques possèdent toute l'influence.

Le décret du 22 septembre a donc son intérêt au point de vue historique; il donne raison aux lettrés et confirme leurs inquiétudes. Quel va être le sort de l'empire, si ce sont les eunuques qui le dirigent?

Ce décret vous apprendra un détail que vous ne connaissiez pas sans doute : c'est que ce chef des eunuques, Li-lin-ying, a accompagné, par ordre de l'Impératrice, le prince Chun pendant son récent voyage à Tien-tsin. Cette « ombre », qui a suivi le père de notre empereur, avait été remarquée de tous, et les honneurs qui lui ont été rendus par les plus puissants de nos mandarins signifiaient assez que ce personnage rapporterait à l'Impératrice tout ce qu'il aurait vu, tout ce qu'il aurait entendu. Le censeur Tchou a été un téméraire de s'attaquer à si haut crédit.

XXIV

Les sauvages de Formose. — Leur histoire. — Le domaine vague de l'empire. — Inconséquences des théories. — Les Chinois convaincus par eux-mêmes. — Un préfet modèle. — Port-Hamilton et la Corée

Shanghaï, le 1er novembre.

Les sauvages de Formose n'acceptent pas sans protester le protectorat de la Chine. Ils ont repoussé récemment les troupes du nouveau gouverneur, dont la situation, à la suite de cet échec, parait assez sérieusement menacée. Ces sauvages n'ont jamais voulu reconnaitre les bienfaits de la civilisation chinoise, pour laquelle ils ne se sentent aucune espèce de penchant. En vain les autorités du Céleste Empire ont essayé de les séduire par les propositions les plus irrésistibles : vous avez su que le Vice-roi a poussé la générosité jusqu'à leur offrir des costumes complets à la dernière mode de Pékin. Rien n'y a fait. Ils veulent rester ce qu'ils sont, sauvages comme devant.

Ce n'est pas la première fois que ces tentatives ont été faites; mais, à chacune d'elles, le résultat a été le même. Que ce soit à Formose ou à Haï-nan; que ce soit dans les montagnes du Yunnan, où habitent les Lo-los et les Miao-tse; en quelque point du territoire où la Chine ait eu à combattre les sauvages, ce sont toujours les sauvages qui ont eu le dessus. Naguère encore, le vice-roi de Canton s'est fait battre honteusement par les tribus indigènes de Haï-nan.

Ces nouvelles ont excité dans la colonie étrangère une douce gaieté que partagent, du reste, quelques-uns de nos amis, hauts fonctionnaires chinois, qui ont le caractère bien fait. Il est vrai que ces insuccès successifs des armées impériales, dans le moment même où c'est presque devenu une injure de douter de leur vaillance et de leur discipline, sont une critique assez piquante des prétentions de nos modernisants. Des réguliers chinois, bien armés, bien instruits, bien habillés, bien commandés, organisés en bataillons et en régiments, ayant à leur tête des capitaines, des colonels et des généraux, ont fui, après avoir combattu selon les règles de l'art, devant des bandes de sauvages *tout nus*. C'était assez difficile à dire ; mais la nouvelle est certaine.

Les recherches que j'ai faites dans les livres, si nombreux en Chine et toujours si fournis en détails, m'ont amené à découvrir quelques points assez intéressants relativement à cette ile de Formose et à ses habitants. Le sujet est d'autant plus important que le gouvernement de S. M. l'Empereur semble avoir définitivement adopté des idées nouvelles sur le sens qu'il convient de donner à l'expression : *Domaine de l'empire*. Les Chinois aiment la théorie, et volontiers se plaignent lorsqu'elle perd ses droits... Voyons donc comment elle traite la question dite « coloniale » et toutes les conséquences qui s'y rattachent.

Formose, que les Chinois nomment Thaï-wan, n'est devenue une province chinoise que depuis quelques mois, à la suite des incidents de la dernière campagne. C'était jusqu'alors une ile inconnue dans les mers de

Chine. Les Hollandais, les Anglais, les Japonais avaient bien tenté de s'en emparer; mais chacune de ces expéditions avait été contrariée par les sauvages, qui n'aiment pas plus les voisins que les maîtres. Cette île, qui a près de cent cinquante lieues de longueur, a été *découverte au quinzième siècle,* par un eunuque que l'Empereur avait envoyé en mission pour étudier les mœurs de ses États. C'est une tempête qui fit aborder cet explorateur officiel sur les côtes de l'île; il en rapporta des herbes médicinales.

De tout temps, les Chinois ont refusé de considérer comme *domaine réel* de l'empire toute contrée séparée du continent par la mer. Cette doctrine n'a pas eu dans le principe d'autre but que d'empêcher les Chinois de s'expatrier, et de chercher aventure hors des limites officielles de l'empire. En maintenant ces idées dans le « cœur » de leurs sujets, les empereurs de la Chine ont voulu leur démontrer qu'ils étaient les rois de l'univers et que la politique coloniale n'avait pas de sens. Voilà comment il se fait que les Chinois, qui ont trouvé la boussole avant l'ère chrétienne, n'ont découvert Formose que quinze siècles plus tard, et encore c'est le hasard et la tempête qui ont conduit l'audacieux navigateur vers ces parages.

Formose fut d'abord comprise par les géographes chinois dans le territoire nommé Hoang-fou, c'est-à-dire le *domaine vague de l'empire.* Leurs habitants reçurent même le titre de « Barbares de l'Orient ». Ce n'est qu'au dix-septième siècle que l'empereur Kang-hi en prit définitivement possession, mais seulement dans la partie qui regarde le nord et l'ouest. Les tribus indigènes ne furent jamais inquiétées. Elles avaient sans doute manifesté déjà leur antipathie pour la civilisation chinoise. L'Empereur n'insista pas.

Les deux tiers de l'île, une étendue considérable par conséquent, sont occupés par ces naturels. Ils sont divisés en deux races bien distinctes. La première comprend les sauvages *cuits,* ou qui mangent des aliments cuits; la seconde comprend les sauvages *crus,* ou qui mangent des aliments crus. Ils ont chacun leur quartier et n'ont aucun rapport entre eux.

Ils vivent, les uns et les autres, sans le secours d'aucune administration, par groupes de 500 à 1,000 individus; *ils n'ont pas de langue écrite*. A part une ceinture faite d'un lambeau d'étoffe, ils sont nus. Leur taille est haute, et leur physionomie ouverte. On vante leur agilité à la course. J'ai lu ce détail : « Ils courent comme les lévriers, et, quand ils rencontrent les gens civilisés, leurs yeux scintillent comme s'ils étaient épouvantés. » Les relations chinoises ont généralement l'avantage de n'omettre aucune particularité; l'écrivain décrit consciencieusement tout ce qu'il a vu et tout ce qu'on lui a dit. Ainsi, nous lisons que beaucoup de ces sauvages ont des « couanes » autour du cou; il paraît qu'elles sont causées par les marrons qu'ils mangent. Ils ont de plus les dents rouges. Tous portent des bracelets de cuivre : les femmes ont au cou des anneaux ou des chaines. Les hommes seuls ont des boucles d'oreilles auxquelles sont attachés des morceaux de bambou sculptés au moyen de fils rougis au feu. La poitrine et le menton sont presque toujours tatoués de dessins représentant des oiseaux et des animaux. Voilà les guerriers qui ont vaincu les soldats chinois armés de fusils Remington et de fusils Mauser. C'est à désespérer du progrès.

12.

Il est probable que ces leçons ne seront pas les seules que recevront les maîtres de la Chine. Le fusil ne fait pas le soldat : c'est une vérité que les « Barbares de l'Orient » viennent de démontrer éloquemment, à la grande stupéfaction des Chinois, qui se croyaient en passe de conquérir le monde. Ces sauvages aiment leurs solitudes et leur indépendance. Depuis combien de siècles ces étranges habitants de la terre vivent-ils dans ces montagnes, dans leurs palais de fougères géantes? Nul ne le sait. A quelle famille appartiennent-ils? Viennent-ils du Japon, de l'Inde ou des îles malaises? Autant de questions à résoudre pour les futurs académiciens des Inscriptions et Belles-Lettres de Pékin, lorsque les Chinois et ces sauvages auront fait la paix.

Je vous disais plus haut que la théorie chinoise allait se trouver dans son tort. Ne le voyez-vous pas? Voilà des peuplades qui vivent depuis de longs siècles en paix, se contentant de la vie de nature, dans une contrée qu'elles ont occupée les premières. Ces hommes se disent aborigènes, comme les Miao-tse du Yunnan : ils se disent « fils du sol qu'ils habitent » ; Formose est leur patrie, leur domaine inviolable, leur Chine. Ils sont chez eux. Ont-ils, par des actes criminels, menacé les Chinois qui se sont fixés sur le littoral? Nullement. Tous les livres s'accordent à dire qu'ils sont « hospitaliers, dociles, de mœurs pures » ; leur seule originalité dangereuse consiste dans leur prétention de vivre sans autorités, sans littérature, sans religion et sans vêtements.

Les Chinois n'admettent pas ce système de gouvernement; ils entendent soumettre ces sauvages à la juridiction des mandarins, et, comme ils s'y refusent obstinément, ils ont reçu des coups de fusil. Que sont devenus les grands principes de Confucius? Il y en a toute une collection qui ont été écrits en faveur de ces sauvages, à commencer par ce fameux article dont on a tant abusé contre nous : « Celui qui attaque prouve sa malice; celui qui se défend prouve la droiture de son cœur. » Or, ce sont les Chinois qui ont attaqué.

Les circonstances sont particulièrement piquantes. Formose était administrée, il y a quelques mois, par un préfet qui répondait au nom de Liou-tchong-cheng, et qui était un de ces préfets qui comprennent très-bien l'administration. Liou avait exagéré ses fonctions, et il s'est attiré un acte d'accusation dont toute la Chine a lu l'exposé : « Formose, était-il dit dans ce rapport, a été placée par le ciel au bord de la mer comme l'oreille et l'œil qui défendent l'intérieur des terres. Mais il se passe là des choses que le cœur du peuple ne peut supporter, par la faute d'un taotaï, qui a désorganisé toutes les affaires de l'île. Ce taotaï, c'est Liou. Hélas! on l'a vu s'abandonner à toute la cupidité de son cœur, au mépris des lois. L'administration militaire, la marine, la gabelle, les douanes, tout a été corrompu par sa pernicieuse influence. Les infidélités de ce préfet sont innombrables. Il a d'abord cherché à s'enrichir; puis on l'a vu se précipiter comme un tigre pour dévorer le peuple. Malheur! ce préfet a abusé de la faveur insigne que lui a faite le gouvernement. Il faut s'emparer de lui; il faut que le peuple dénonce ses méfaits. Hélas! à ce point de vue, il y a dans l'empire *bien d'autres Liou!* Il a manqué à tous ses devoirs; pendant la guerre, il s'est emparé du riz des troupes; il a pris les revenus des mines; il a confisqué les frais de transport des troupes; il a administré les douanes à sa fantaisie. Il faut que ce cupide soit traité comme un voleur et un assassin... » Et voilà l'administration que la Chine voulait imposer *manu militari* aux sauvages de Formose! Ces sauvages préfèrent ne pas être administrés du tout. Trouvez-vous qu'ils puissent être blâmés? Ils ne veulent ni préfets, ni sous-préfets... du genre de Liou : or, l'acte d'accusation porte que cés « Liou » sont nombreux dans l'empire. Décidément les sauvages de Formose, les *crus* et même les *cuits,* sont des gens très-intelligents et très-sympathiques. Malheureusement il est impossible d'adopter leurs modes.

J'ai pensé que cette aventure possédait ses éléments de curiosité *sui generis.* Je vous l'ai contée comme on la conte ici, avec une pointe de malice, parce qu'en Chine c'est une habitude de rire de tout. Les Chinois sont les ancêtres de Figaro. Cependant, j'avais l'intention de vous parler de Port-Hamilton, de ces trois petites îles qui font tant parler d'elles et qui sont inhabitées, fort heureusement pour les Anglais. Je ne sais si vous êtes bien exactement au courant de l'intrigue; mais elle est bien originale. Les Chinois déclarent que les Anglais ne gardent pas Port-Hamilton; les Anglais déclarent qu'ils n'abandonnent pas Port-Hamilton; et il se trouve que Chinois et Anglais ont raison. C'est de la politique amusante, quoiqu'il n'y ait pas de Parlement.

Les Anglais ne perdent jamais de vue le *point de vue anglais :* c'est leur grande force. Le point de vue anglais est que Port-Hamilton soit un port anglais, ou un port quelconque, *mais pas russe.* Voilà la situation en deux mots. Le ministre d'Angleterre a dit aux membres du Tsung-li-yamen : « Le gouvernement de Sa Majesté Britannique est prêt à s'incliner devant les réclamations du Fils du Ciel. Port Hamilton est une dépendance de la Corée, mais la Corée est la vassale de la Chine. La Corée est impuissante à se défendre contre la Russie dont les projets sont connus. C'est pourquoi l'Angleterre s'est emparée de Port-Hamilton avant que la Russie l'ait prise, *comme c'était sa résolution.* (Les navires russes sont arrivés vingt-quatre heures en retard.) Nous ne voulons pas annexer Port-Hamilton aux domaines de la Grande-Bretagne ; nous voulons seulement protéger cette situation stratégique contre l'ambition de la Russie. Nous sommes les amis et les défenseurs de la Corée et de la Chine. Que la Chine nous démontre qu'elle est en mesure d'empêcher la Russie de prendre Port-Hamilton, et nous partons immédiatement. » La Chine a compris ce raisonnement, et l'Angleterre aussi. La question est résolue. Dans deux ans, la flotte du Céleste Empire sera, paraît-il, complétement organisée ; ce sera sans doute le moment que choisiront les Anglais pour se faire suppléer contre les Russes... par les Chinois.

En attendant ces événements, constatons les préparatifs. Tout le monde se porte aujourd'hui en Corée ; c'est un pays merveilleux subitement révélé. Dans dix ans, ce sera l'Eldorado de l'extrême Orient, et peut-être l'entrepôt de toute l'Asie du Nord et du Japon. La Corée ! Quand nous étions au collége, il y a quelque vingt ans, qui de nous n'a confondu la Corée et le Kamtchatka, ces deux presqu'îles qui pendent aux extrémités du monde oriental, et qu'aucun nom de ville ne recommandait à notre attention ? Pays perdus, situés hors des limites de la terre habitée... Notre érudition n'y voyait volontiers que des phoques et des ours blancs. Que les temps sont

changés! Les rives de l'Amour étaient désertées; la
Chine dormait son lourd sommeil. Aujourd'hui, toutes
ces terres inconnues sont disputées, des rochers battus
des flots ont plus de prix que les iles fertiles de l'Océan;
tout l'univers est en extrême Orient. Ainsi la vieille
Europe a refait les calculs de Christophe Colomb; elle
revient à ces fameuses Indes qu'il croyait découvrir, et
qu'elle découvre maintenant, quatre siècles plus tard.
Un nouveau monde a surgi de toutes les entreprises
coloniales, et ce nouveau monde, c'est l'ancien.

XXV

L'Empereur et le dragon. — Les superstitions nécessaires. — S. M. Kouang-
tse. — L'Empereur dans son palais. — Le menu impérial. — Gastronomie
et philosophie. — Réception des ambassadeurs. — Le peuple et là révolution. — Arrivée du marquis Tseng. — Le koteou. — Les projets du
marquis. — Le sauveur de la Chine.

Shanghaï, le 19 novembre.

Les nouvelles que je reçois de Tient-sin et de Pékin
me disent toutes que décidément les réformateurs sont à
la mode, et qu'il n'est plus possible de suivre les vieux
partis. Les mandarins de l'ordre le plus élevé, parmi les
Mandchous et parmi les Chinois, ne discutent plus avec
le même esprit restrictif les propositions qui sont à
l'ordre du jour. On commence à admettre résolûment,
dans toutes les classes, l'opportunité des mesures reconnues nécessaires à la sûreté de l'État; on comprend
l'urgence de porter remède à la situation générale,
devenue inacceptable dans l'état actuel de la civilisation;
la Chine officielle, en un mot, a conscience de son infé-

riorité au point de vue politique, au point de vue militaire et au point de vue social.

Dans le domaine politique, la première réforme qui s'impose, et c'est bien la plus délicate, touche à la personne sacrée de l'Empereur. Le dogme de l'infaillibilité, qui constitue sa force et qui a pour lui l'autorité de Confucius, car ce philosophe a dit : « L'Empereur seul reçoit les ordres du ciel », n'est admis dans la masse de la nation qu'en raison de certaines superstitions qui ne dépendent pas des doctrines. Ces superstitions, entretenues par les traditions et confirmées par les édits, soutiennent à elles seules tout l'édifice politique de la vieille Chine, et ce n'est pas sans terreur que les mandarins, soucieux de leur autorité, envisagent parmi les réformes nécessaires celle qui diminuerait le prestige des superstitions populaires. Ils sentent qu'elles s'opposent aux progrès qu'ils admettent et qu'ils désirent, et ils redoutent en même temps les conséquences qui pourraient se produire si elles cessaient subitement d'être la foi politique de leurs administrés. Il y a là un cercle vicieux.

Les détails que je dois vous donner à ce sujet vous paraîtront bien enfantins; mais toutes les questions, en Chine, surtout les plus sérieuses, se heurtent contre des surprises qui transportent aussitôt le législateur le mieux intentionné dans le domaine des légendes et des fantasmagories. Le grand maitre de la Chine est, jusqu'à nouvel ordre, le dragon, une puissance qui courbe sous son joug 400 millions de sujets. C'est un personnage auquel les réformateurs doivent songer à faire un sort, avant toute espèce d'innovation, car il ne peut pas être question de décréter sa déchéance, ni de le reléguer au rang de notre inoffensive tarasque. Ce serait une révolution.

Le dragon se nomme « loung » en chinois. C'est un animal fantastique qui est un vrai chef-d'œuvre d'imagination chinoise. Le populaire sait qu'il existe, qu'il vit, qu'il agit, qu'il gouverne; c'est lui qui préside aux destinées de l'empire : il en est la force et le soutien. Le loung a la tête d'un chameau, les cornes d'un daim, les yeux d'un lapin, les oreilles d'une vache, le cou d'un serpent, le ventre d'une grenouille, les écailles d'une carpe et les griffes d'un épervier. Voilà le monstre que toute la Chine adore, et dont le seul nom fait tressaillir les plus récalcitrants des contribuables.

Il y a trois dragons. Il y a le « Li » qui vit dans la mer, et le « Kiéou » qui a établi son empire dans les marais. Ce sont deux dragons subalternes. Le vrai dragon habite le ciel et s'appelle « Loung ». Les futurs électeurs de la Chine ne prononcent ce nom qu'en tremblant.

Les rites, qui, selon la loi, déterminent les positions relatives du souverain et des sujets, des supérieurs et des inférieurs, déclarent que voir l'Empereur, c'est voir la face du dragon : « Son trône est le trône du dragon ; son corps est le corps du dragon ; son armure est le dragon aux quintuples griffes. » Le peuple est médusé par ces idées ; l'Empereur est un être merveilleux qui tient du prodige : il est le dragon incarné. « Vous comprenez, me disait un Chinois de mes amis, qui me racontait ces histoires, qu'il serait bien difficile à notre divin empereur de cesser d'être invisible. C'est la condition même de sa toute-puissance. Si le peuple se mettait à réfléchir que l'Empereur est un homme comme un autre, il ne professerait aucun respect pour sa personne ; il le mépriserait. Songez donc que notre empereur est considéré comme le vice-roi du ciel, spécialement nommé pour gouverner toutes les nations. Il est infaillible en toutes choses ; il possède à la fois le pouvoir législatif et le pouvoir exécutif, sans limite ni contrôle. Il représente dans toute sa perfection l'élu du droit divin, tel que les nations occidentales l'admettaient autrefois ; il est presque Dieu. » Le sujet que traitait mon interlocuteur m'intéressait à plusieurs titres. Non-seulement j'apprenais à connaître l'opinion d'un Chinois, — ce qui est une bonne fortune assez rare, — mais j'allais sans doute savoir quelles étaient les dispositions de la cour relativement aux cérémonies d'étiquette qui seront célébrées au mois de février prochain, à l'occasion de la majorité du souverain. J'aurais désiré avoir quelques renseignements précis sur la personne même du souverain ; mais, soit ignorance, soit mauvaise volonté, je n'eus pas une complète satisfaction. C'est un sujet « défendu ». Je pus conclure de cette réserve que même les mandarins partagent dans une certaine mesure les superstitions du peuple : ils croient au « solitaire ». Cette première déception m'en promettait d'autres.

La Chine officielle ignore complétement quels peuvent être les mérites acquis de ce personnage qui va être mis, dans trois mois, en possession du trône de ses ancêtres. Depuis l'année 1875, il a vécu dans son palais, élevé au milieu de femmes et d'eunuques, dans l'isolement le plus absolu. Sans doute, ses précepteurs ont dû lui apprendre le mandchou et le chinois ; peut-être est-il habile archer ou brillant cavalier ; mais nul ne saurait l'affirmer. Personne ne l'a vu chasser ; personne ne peut répondre de ses aptitudes. Ce qu'on sait d'une manière certaine, c'est le goût qu'il professe pour les arts scéniques; il aime le drame, la comédie et les farces. Il faut dire que ce genre de distractions est passionnément cultivé par les eunuques et les dames du palais. Les plaisirs de la table sont aussi de ceux qu'il recherche. La bonne chère établit, en Chine, plus que partout ailleurs, la distinction sociale. Plus le rang est élevé, plus la table est somptueuse. Les Chinois ont à cet égard des principes qui les feraient volontiers comparer aux Romains de la décadence; ils ont des raffinements dignes de l'appétit gastronomique d'un Lucullus. L'Empereur est le personnage le plus luxueusement nourri de l'Empire, et a droit, selon les rites, à huit plats qui sont une merveille de l'art culinaire. Je les dédie aux disciples fidèles de Brillat-Savarin : pattes d'ours, queues de daim, langues de canard, œufs de poisson-torpille, bosse de chameau, lèvres de singe, queues de carpe, moelle de bœuf. Un pareil menu a le don d'enthousiasmer les Chinois; un personnage qui mange tous les jours du chameau, du singe et de l'ours, est vraiment le Fils du Ciel; il a droit à tous les respects; il règne; il est l'Empereur.

Mon interlocuteur, qui me donnait ces détails le plus sérieusement du monde, et qui croyait m'en imposer, car je gardais mon sang-froid pour ne pas contrarier ses opinions sur la grandeur du souverain, ne faisait, en somme, que se conformer aux rites et aux coutumes. Le ventre est un des dieux les plus honorés de la Chine, et c'est une des espérances les plus élevées de l'ambition que d'obtenir, par les honneurs que confère le mandarinat, une table chargée de mets délicats. Les œuvres classiques, les pièces de théâtre, par exemple, sont remplies d'allusions de ce genre. Dans le *Pi-pa-ki*, une des comédies de mœurs les plus estimées, on voit un père de famille, qui n'a qu'un fils, sacrifier, au bonheur de le conserver auprès de lui, l'espoir d'acquérir, par ses succès littéraires, une table abondante, où figureront « les viandes succulentes ». Toute la Chine sentimentale est révélée dans ces traits de mœurs ; au-dessus des jouissances d'une bonne digestion, amplement justifiée, les Chinois n'en placent aucune autre ; ils sont gourmets et gourmands.

Ces détails et beaucoup d'autres du même ordre, que je vous raconterai dans un prochain courrier, avaient vivement excité ma curiosité, mais ils n'entraient pas précisément dans mon programme. L'Empereur recevrait-il, le jour de son couronnement, les ambassadeurs des puissances étrangères ? Telle est la question dont je désirais connaître la solution. Mon interlocuteur était suffisamment bien placé pour me répondre. Je ne vous dirai pas de quelle manière il esquiva la confidence ; mais j'ai compris que l'Empereur recevrait les ambassadeurs en audience solennelle, conformément à l'étiquette européenne, sans exiger la cérémonie du kotéou, une des plus extraordinaires manières de saluer que je connaisse. Les visiteurs sont obligés, vous le savez, de se mettre à plat ventre, et de ramper à trois reprises, jusqu'au trône impérial. Alors, ils se relèvent et contemplent le Fils du Ciel, comme dans une vision. Ce sera la seconde fois que cet honneur aura été accordé à des « diables de l'Occident ». Sous le précédent empereur, S. M. Tsai-chun, à l'occasion de son mariage, en 1872, les ministres étrangers furent admis à l'audience impériale. Les contemporains racontent cette merveille avec des détails qui donnent la chair de poule. Il *paraît* que lorsque les ministres arrivèrent en présence de l'Empereur, ils tombèrent subitement à terre, saisis d'une frayeur terrible, et que les introducteurs officiels eurent toutes les peines du monde à les faire revenir à eux. Le dragon les avait épouvantés. La sérieuse *Gazette de Pékin* a enregistré ce remarquable incident, et des milliers d'exemplaires d'une brochure relatant ce navrant épisode ont été répandus dans toutes les provinces. Cette année encore, les Chinois apprendront que MM. Brandt, Constans et leurs collègues ont subi le même sort que leurs prédécesseurs : ils auront été foudroyés.

Comme je vous le disais en commençant, ces choses sont burlesques ; mais elles sont chinoises. Il faut donc les accepter et les accueillir pour ce qu'elles valent. Elles sont sérieuses. L'empereur de la Chine, que ses conseillers le veuillent ou non, demeurera pour le peuple le souverain mystérieux dont les décrets émanent du ciel. Le jour où le peuple aura perdu cette conviction, il n'y aura plus en Chine ni empereur, ni mandarins. On en verra de belles, alors !

Les mandarins, quand il est possible d'obtenir leur opinion, disent parfaitement leur avis sur cette situation. Ils savent admirablement que le peuple ne respecte leur autorité que parce qu'ils sont les délégués du dragon, du croquemitaine officiel dont tous ces pauvres gens ont peur, comme des petits enfants. Ils savent, avec une réelle certitude, que la plus épouvantable des révolutions ensanglantera la Chine, lorsque le peuple aura compris que toutes ces vanités gouvernementales ne sont que des farces, et qu'il n'y a pas plus de différence entre le Fils du Ciel et le dernier d'entre eux, qu'entre une idole et un morceau de bois. Le torrent populaire, grossi de toutes les haines qu'ont accumulées des siècles d'oppression, renversera tout cet édifice qui ne repose que sur des mensonges, et c'en sera fait de la Chine, que nous voyons aujourd'hui résister à ces sourdes menaces; et qui croit se sauver en armant ses côtes contre des dangers imaginaires. Mon interlocuteur ne m'a pas dissimulé ces inquiétudes. « La force de la Chine, me disait-il, ne réside pas uniquement dans ses institutions politiques ; celles-ci auront leur temps, elles passeront; mais la force qui réside dans le peuple, celle-là est immuable et douée d'une vitalité inépuisable. La classe des mandarins et des fonctionnaires de tous ordres n'a que des théories... fantastiques à opposer à cette force ; nous gouvernons avec des chimères. Que deviendra l'État lorsque le peuple n'y croira plus? Nos réformateurs n'arment contre les étrangers que pour conjurer les dangers dont nous menacent leurs doctrines. Ce ne sont pas vos canons et vos armées savantes qui nous font peur, mais vos idées différentes des nôtres ; vous êtes les messagers de la révolution sociale; vos progrès nous tueront, quelle que soit l'habileté prudente de nos législateurs, car ils démontreront au peuple qu'il est exploité et abusé. La vieille Chine, avec toutes ses chinoiseries, pouvait maintenir l'existence qu'elle mène encore actuellement ; mais qui peut dire que les réformes, issues d'idées nouvelles, auront des conséquences prévues ? Personne ne peut répondre de l'avenir : personne ne sait, à l'avance, comment les provinces accepteront la nouvelle Chine; c'est l'inconnu. » Et je crois que cet honnête mandarin a raison. Le peuple n'est gouvernable que parce qu'il craint le dragon aux yeux de lapin; mais, lorsqu'il sera mieux renseigné, il dictera ses volontés à la manière des peuples qui sont las des abus et du despotisme.

Le marquis de Tseng est en ce moment à Shanghaï, arrivé d'hier par l'*Ava*, des Messageries maritimes. La réception faite à l'ancien ambassadeur par la population et par la colonie étrangère a été très-imposante, quoique égayée par les cérémonies toujours étonnantes de l'étiquette chinoise. Seulement, il est difficile de les décrire. Il y avait là sur les quais, pressés comme des troupeaux de moutons, des milliers de Chinois parés de leurs robes des grandes fêtes; une véritable exposition de couleurs. Toute cette foule était contenue par des « braves » armés de leurs bannières; sur le débarcadère étaient réunis les consuls, le taotaï, les mandarins, toutes les autorités.

La musique était représentée par cinq tambours et cinq fifres, qui exécutaient les plus délicieux morceaux de leur répertoire. Lorsque l'*Ava*, tous ses mâts pavoisés, le pavillon du marquis à la place d'honneur, eut achevé ses manœuvres d'abordage, la cérémonie commença. Nous eûmes d'abord, au milieu du brouhaha de la foule, un solo de clarinette; puis les canonnières chinoises exécutèrent une série de salves; après quoi, tous les équipages tombèrent à genoux, face contre terre. Les autorités profitèrent de cet instant pour se rendre à bord, où eut lieu le grand prosternement. Le grand salon de l'*Ava* n'avait jamais vu pareille fête. On ne peut pas s'imaginer l'effet que produisent un cinquantaine de Chinois, dans le pittoresque costume que vous savez, étalés par terre, comme si un typhon les avait tous couchés.

Ils exécutent le mouvement en mesure, et sans rire. A un moment donné, ils se relèvent et se tiennent accroupis sur leurs pieds de manière à heurter le sol de l'extrémité de leurs doigts. Ils comptent trois fois. Alors, seulement, ils se donnent des poignées de main et se font mille caresses. Figurez-vous donc qu'on est renommé en Chine, dans la classe mandarinale, quand on sait exécuter le koteou avec grâce. Nous disons, en Occident, d'un homme distingué, qu'il se présente bien; en Chine, on dit qu'il s' « étale » bien. C'est une nuance.

Voilà donc le marquis définitivement en Chine. Nous allons le voir à l'œuvre. On le dit armé de projets gigantesques; on dit surtout des merveilles de son habileté et de sa connaissance approfondie de la politique. Ses secrétaires se pavanent dans les rues comme s'ils revenaient de conquérir le monde. Je vous ai exposé dans une de mes précédentes correspondances, sous un point de vue général, quelles sont les idées du marquis. Je n'ai pas à revenir sur ce sujet, ni sur les développements qu'il comporte. Je crois vous avoir donné la note exacte. Mais quelle que soit l'habileté du nouveau ministre des affaires étrangères, quelque savante que soit sa politique, qui, à part ses intentions, n'a nullement le mérite d'être originale, parviendra-t-il à résoudre la question sociale, avec laquelle il faudra bien compter un jour ou l'autre? C'est seulement là le point intéressant. Une conversation que je viens d'avoir avec un des secrétaires du marquis m'a permis de conclure que l'ancien ambassadeur a étudié et compris sérieusement la question. La preuve, la voici: il est l'adversaire le plus ouvertement déclaré de l'introduction des chemins de fer en Chine; il ne les admet pas, et, tant que ses avis seront prédominants dans les conseils du gouvernement, on ne les admettra pas. C'est qu'il sait bien que ces chemins de fer révolutionneraient l'Empire ; c'est qu'il se rappelle cette maxime politique grandement prudente d'un des plus grands empereurs de la dynastie tartare : « Maintenir toujours séparés le Nord et le Sud. » Ni lui ni tous les serviteurs fidèles de la dynastie mandchoue n'ont garde d'oublier ce bon conseil. Relier par une voie ferrée Canton et Pékin, ce serait décréter la chute de la dynastie. Les financiers peuvent faire des plans et proposer mille combinaisons, le gouvernement les acceptera tous, mais ne les appliquera pas. Le résultat est certain.

Laissons venir les événements. Avec le sentiment de sa force, la Chine verra naître fatalement des complications internationales dont la solution sera remise à la violence. Les Anglais, qui sont les plus intéressés à conserver les priviléges que leur ont concédés les traités, ne sont pas gens à les laisser perdre. Le marquis de Tseng peut avoir sur ce sujet des projets magnifiques ; comment les réalisera-t-il ? Qu'il touche donc au monopole de l'opium, et il verra ! Qu'il restreigne donc les droits dont jouissent les étrangers dans leurs concessions, et il verra ! « Lui ! le sauveur et le libérateur de la Chine ? me disait en soupirant mon mandarin ; il n'y en a qu'un seul... — Et il s'appelle ? lui demandais-je. — Il s'appelle le dragon. »

HISTOIRES DIPLOMATIQUES

LE TRIBUT DE L'ANNAM

ET LE

TRAITÉ DE TIEN-TSIN

LES CAUSES DE L'HOSTILITÉ DE LA CHINE

Le traité du 9 juin 1885, dit traité de Tien-tsin, est la pièce diplomatique « sérieuse » que la Chine a consenti à signer, par amour de la paix, disent les Chinois. Ce traité a mis fin aux combats qui se livraient au Tonkin, entre les troupes françaises et les réguliers chinois, et a rendu officielle la prise de possession par la France du protectorat de l'Annam et des territoires compris dans le bassin du fleuve Rouge, depuis Lao-kaï, à l'ouest, jusqu'à la mer, à l'est.

Il y avait plus de trois ans que durait l'affaire du Tonkin, la plus singulière des affaires, si l'on veut bien réfléchir que notre diplomatie avait à maintes reprises déclaré que ses intentions n'étaient nullement de s'emparer du Tonkin. M. de Freycinet, président du conseil et ministre des affaires étrangères, disait, le 4 juin 1880 : « Nous ne voulons pas engager les hostilités, ni étendre

13.

notre domination sur le Tonkin. » Tous les ministres qui se sont succédé au pouvoir ont tous fait la même déclaration, *même M. Ferry.* Ils ont tous affirmé que les crédits qu'ils demandaient au Parlement n'avaient d'autre but que d'arriver à se maintenir à Hué, et à organiser des « mesures conservatoires ». Aux situations nouvelles il faut des expressions nouvelles. Les « mesures conservatoires » ont été créées spécialement par M. Ferry pour « amorcer » les crédits toujours très-difficiles à convaincre, quand il s'est agi d'expéditions lointaines, exposées aux hasards souvent intelligents des aventures et des surprises.

Malheureusement pour nos ministres et surtout pour nos crédits, il y avait au nord du Tonkin une très-vieille nation de quatre cents millions de sujets, qui s'appelle la Chine ; et cette très-vieille nation, dont au quai d'Orsay on ne s'occupait pas plus que si elle n'existait plus, voyait d'un très-mauvais œil l'établissement au Tonkin de ces « mesures conservatoires » soutenues par des envois de troupes. La Chine écoute volontiers les avis qui flattent son amour-propre : elle a de plus un instinct prodigieux pour pressentir les événements. Bien avant que nos diplomates aient pu supposer que la Chine pourrait, à un moment donné, susciter des difficultés, la Chine avait déjà fait son plan. C'est pourquoi le commandant Rivière éprouva la première surprise dont sa mort a consacré le douloureux souvenir. On ne se doutait ni à Hanoï, ni à Saïgon, ni même à Paris, qu'il y eût autour du camp retranché de la petite poignée d'hommes que commandait Rivière, 20,000 ennemis ! On le savait cependant à Tien-tsin et à Shanghaï ; mais on s'était bien gardé de le dire.

L'expédition du Tonkin a été amenée tout naturellement par la pensée chevaleresque de venger la mort de Rivière. Mais ce n'était plus de la politique. On faisait fausse route. La diplomatie française a refusé de voir l'action de la Chine s'exerçant au Tonkin et en Annam, on n'a jamais pu savoir pourquoi : et c'est la seule raison de ses défaites ; elle a cru d'autorité que ses établissements politiques pourraient s'effectuer, pour ainsi dire, à l'insu de la Chine. Il faut déclarer que si la France avait pris la Chine pour confidente de ses desseins, ou que si elle lui avait bien décidément affirmé qu'elle lui ferait la guerre si elle refusait de consentir à ses projets, toute cette affaire eût été réglée immédiatement. Mais nous étions tellement sûrs de l'avenir, nous étions tellement habiles que nous commençons 1° par blesser l'orgueil de la Chine, en ne la prévenant même pas de nos intentions, elle qui est *la suzeraine de l'Annam;* et 2° par déclarer que nous ne ferons pas de guerre ; que nous ne voulons pas de guerre. C'était le programme même de la maladresse, et il a été exécuté avec une rare habileté.

Si le lecteur, qui s'intéresse à ces questions, veut bien jeter les yeux sur une carte d'Asie, il reconnaîtra que la Chine avait bien quelque raison de se préoccuper de nos projets au Tonkin et en Annam. Nous allions devenir ses voisins, non pas seulement pour la vaine ambition d'étendre le territoire colonial de la France qui suffit à ses colons, mais surtout pour établir avec la Chine des relations commerciales suivies, et pour fonder définitivement notre influence en extrême Orient. Nos politiques avaient compris que la Chine avait d'inépuisables ressources de toute nature, dont profitait jusqu'alors, comme d'un monopole, le commerce anglais, et avaient admis que nous devions prendre notre part de cet immense trafic. L'idée première était certes excellente d'installer nos entrepôts au Tonkin; mais elle ne l'était qu'à la condition de faire de la Chine l'alliée de notre politique, et de la considérer comme associée à nos desseins. C'était la seule condition du succès. Au contraire, que font nos diplomates? Ils vont d'abord conclure en 1874 une convention avec Tu-duc, roi d'Annam, et l'obligent à déclarer, par écrit, qu'il reconnait la colonie de Cochinchine, et qu'il ne reconnait plus l'autorité de la Chine. Tu-duc brise d'un trait de plume le lien de vassalité qui unissait son empire à celui de la Chine et accepte la suzeraineté de la France. Dans quel but raisonnable accomplit-on cet acte, soi-disant habile? Dans le but d'éveiller les soupçons et les défiances de la Chine. Il n'y en a pas d'autre. A dater de 1874, les Chinois adoptent une politique antifrançaise; ils n'y pensaient pas auparavant. Ce sont nos diplomates qui lui dictent sa conduite.

Tu-duc, le renégat Tu-duc, lui qui a abandonné son suzerain, l'empereur du Céleste Empire, en 1874, regrette bientôt ce qu'il a fait. Les agents de la Chine lui reprochent sa forfaiture, et lui arrachent un acte de reconnaissance de sa vassalité vis-à-vis de la Chine. La *Gazette officielle de Pékin* publie, en 1881, ce document; il est adressé à l'Empereur, et il contient ce passage très-significatif que nos diplomates d'alors ont trouvé très-grave : «Les montagnes et les cours d'eau de l'Annam sont immobiles et reçoivent les ordres de votre dynastie : tous les royaumes tributaires ne demandent qu'à aller vous offrir tribut continuellement. L'époque du tribut étant arrivée, j'éprouve le plus vif désir de me conformer aux règlements et d'aller vous l'offrir, afin que Votre Majesté daigne s'apercevoir de la sincérité de mon respect et de mon obéissance, et pour que mon humble pays puisse mettre au jour les sentiments de respectueuse affection qu'il a pour elle. »

Est-ce Tu-duc qui écrit ce certificat, ou est-ce la Chine qui le dicte? C'est la Chine, n'est-ce pas? la Chine qui ne peut pas admettre que le domaine sacré et inviolable de l'Empire du Milieu soit atteint dans ses droits. Tu-duc n'était qu'un instrument docile entre les mains des hauts mandarins qui avaient ordre de l'épouvanter par le décret de déchéance tombé du trône du Fils du Ciel, ou de l'encourager et de le ramener par la promesse que l'appui des braves armées de la Chine soutiendrait sa fidélité. Comment? Tu-duc a bien osé rompre avec la Chine le pacte traditionnel de sa dépendance, lorsque les diplomates français sont venus lui imposer cet impolitique marché, et il pourrait paraître invraisemblable que ce même Tu-duc ait été, sept années plus tard, aussi disposé à trahir les intérêts de ses nouveaux suzerains, pour se rapprocher de la Chine, qu'il l'avait été à s'en séparer? Mais ce serait singulièrement s'illusionner! Quel intérêt avait donc Tu-duc à être fidèle à notre cause, alors que nous excitions contre elle les défiances de la Chine? N'était-il pas à prévoir que la Chine protesterait contre l'usurpation du protectorat régulier qu'elle exerçait sur l'Annam? N'était-il pas à prévoir que si, de sa propre initiative, elle ne réclamait pas en faveur de son droit, quelque autre nation, envieuse des progrès réalisés par la France, intriguerait et imaginerait cette guerre de guérillas, qui a si bien réussi à affaiblir notre influence et à discréditer cette importante question? N'était-ce pas à prévoir que la Chine, inquiétée sur ses frontières, humiliée dans son orgueil, excitée par les étrangers rivaux de l'influence française, s'opposerait contre les projets de notre politique, par tous les moyens qui lui sont familiers? N'était-ce pas à prévoir que nous deviendrions ses ennemis, malgré nous, par la force des choses, sans que nous ayons d'autre coupable à accuser, que la logique?

Est-ce que ces observations ne sont pas claires? Je sais bien qu'elles arrivent après coup, et qu'il est aisé d'être habile quand les erreurs sont commises. Mais là n'est pas la question. Je veux établir, je veux affirmer, non pas un fait que je savais vrai, mais un fait que je prouve, à savoir qu'en 1874 la Chine était logiquement obligée de suivre une politique antifrançaise, parce que nos diplomates ont touché à cette époque à un droit qu'elle n'avait pas le pouvoir d'abandonner. La Chine est organisée de telle sorte qu'elle ne peut pas admettre officiellement certaines circonstances modifiant son état politique.

Ce sont, je l'accorde volontiers, des bizarreries; mais il s'agit de savoir s'il ne vaut pas mieux les admettre que les mépriser. Les questions en extrême Orient ne concernent que les intérêts : il n'y en a pas d'autres. En vain se récriera-t-on contre ces exigences de la vie diplomatique chinoise : qu'importe, si l'intérêt exige d'y souscrire! Notre honneur était-il donc en jeu? A bien réfléchir même, en supposant que l'habileté n'eût rien à prétendre dans le résultat obtenu, n'était-il pas honorable de reconnaître un droit, ce droit fût-il celui de la Chine, puisqu'il existait? Qui pourrait dire que la France eût souffert dans sa dignité si, en 1874, nos diplomates, au lieu d'obliger Tu-duc à se séparer politiquement de la Chine, ce qui n'avait aucun sens, l'avaient invité au contraire à continuer d'observer les anciens traités vis-à-vis de la dynastie? Nos diplomates qui auraient été habiles au point d'imposer cette clause, auraient d'abord préparé un avenir heureux à toutes les difficultés qui pouvaient surgir, et ils auraient ensuite, en conseillant le bon exemple, inspiré à Tu-duc le goût de la fidélité; ce qui n'était nullement de la mauvaise diplomatie.

Mais nos habiles diplomates, dont ce n'est pas le métier de prévoir, n'ont été à Hué que pour en imposer à cette cour qui respecte l'autorité du Fils du Ciel; et ce serait s'abaisser que de penser comme ces gens-là, n'est-il pas vrai? Ah! vous respectez, ici, mandarins d'Annam, sur la foi de traités vieux de plusieurs siècles, le nom de l'empereur de la Chine! Vieilleries que tout cela! A dater de ce jour, la Chine n'est rien en Annam, c'est nous, diplomates représentant la France, qui le déclarons! Et pour rendre officielle, bien officielle cette bêtise, on passe le pinceau à Tu-duc et on lui fait signer la déchéance de son suzerain.

Voilà l'habileté de notre diplomatie! et ils se sont imaginé, ceux qui ont fait ce chef-d'œuvre, qu'ils avaient été très-forts : eh bien! ce sont eux les responsables de toutes les difficultés qui sont venues ensuite; car, de ce jour, la Chine était transformée en ennemie de la France, ennemie d'abord invisible et conspirant secrètement, à la manière de ceux qui sont les plus faibles, pour accepter ensuite le défi, quand elle se sentirait assez bien armée. Voilà les causes réelles de l'hostilité de la

Chine ; voilà pourquoi les Pavillons-Noirs étaient si bien armés ; voilà pourquoi la Chine déclarait qu'elle ne combattait pas officiellement au Tonkin, quand elle y était ; voilà pourquoi Rivière a été massacré ; voilà pourquoi toutes les choses étranges qui se sont passées là-bas s'y sont passées ; voilà pourquoi il s'en passera bien d'autres, s'il est permis de déranger l'harmonieux équilibre de toutes les naïvetés de nos opportunistes.

Ce qu'il y a d'infiniment curieux, quoique ce soit en même temps infiniment regrettable, c'est que la faute commise en 1874 n'a commencé à être découverte que longtemps après. Je ne crois même pas qu'elle soit actuellement encore bien connue. — Il y a douze ans : c'est trop tôt. Je raconterai plus tard à cet égard des choses merveilleuses.

Depuis 1874 jusqu'en 1884 la Chine organise ses armements : elle attend que nos « mesures conservatoires » deviennent menaçantes. Elle n'a pas trop à se presser, puisque nos ministres déclarent à chaque changement de ministère, c'est-à-dire assez fréquemment, que la France ne veut pas de guerre au Tonkin. Mais, le 6 juin 1884, M. Patenôtre signe le traité de Hué qui consacre définitivement la reconnaissance et l'acceptation du protectorat de la France par l'Annam.

C'était la faute commise en 1874 qui reparaissait dans son plein, cette fois avec un caractère officiel offensant définitif, et avec tous les considérants que ne pouvait accepter la Chine. Les dates et les événements deviennent ici très-intéressants, et découvrent les intentions avec une complète évidence.

M. Patenôtre signe à Hué le 6 juin 1884 le traité qui annule en Annam l'autorité du Fils du Ciel et la remplace par notre protectorat. Ce traité est très-curieux à lire, en ce sens qu'il n'y est fait aucune allusion à la Chine.

Pour les signataires du traité, la Chine n'existe pas. C'est la faute de 1874, qui continue à s'affirmer et qui prend des proportions gigantesques. Nous sommes en 1884, au mois de juin, le 6; depuis le 11 mai, c'est-à-dire depuis trois semaines, nous sommes en paix avec la Chine, que nous avons combattue et battue à Son-tay et à Bac-nin, de manière à la convaincre que le sort des armes lui est contraire, malgré les prodiges de bravoure accomplis par ses soldats. C'est le 11 mai que le commandant Fournier a conclu avec le vice-roi Li-hung-chang une convention qui fut célèbre alors, et qui restera célèbre longtemps, parce qu'elle constituait pour les Chinois un désaveu de la faute de 1874. Cette convention, très-bien rédigée en chinois, parlait de l'Annam en caractères non équivoques. Il y était fait mention très exactement de la « majesté », de la « dignité », du « prestige » et de ces aspirations de la Chine, pour déterminer sa situation vis-à-vis de l'Annam. C'était tout ce que demandait la Chine officielle, du moins la Chine de Li-hung-chang. Mais trois semaines après que cette convention a été signée, M. Patenôtre conclut avec l'Annam ce fameux traité du 6 juin qui fait litière de la « majesté », du « prestige », des « aspirations » et de la « dignité » de la Chine. Le sceau de l'investiture qui conférait aux rois d'Annam l'autorité royale est anéanti par le représentant de la France. C'était le dernier coup de grâce donné aux aspirations de la Chine. Aussi, à quelques jours de là, le 23 juin, éclate le retentissant événement de Bac-lé, ce néfaste guet-apens qui va remettre tout en question.

Est-ce clair? J'ai lu tout ce qui a été dit sur cet incident. De longues discussions ont eu lieu sur la question de savoir si c'était un guet-apens prémédité, constituant une violation du traité du 11 mai. Oui, on a discuté sur cette question; et il y a eu des personnes de très-bonne foi qui ont cru à un malentendu, qui ont admis presque le bon droit des officiers chinois Li, Wang et Wei, qui commandaient à Lang-son, parce que ceux-ci n'avaient pas reçu d'ordres directs de Pékin. O naïveté! Mais les Chinois ont déclaré plus tard, quand ils se sont sentis assez forts, que c'était la France qui avait violé le traité du 11 mai, en brûlant le sceau d'investiture des rois d'Annam; et, par conséquent, lorsque cet aveu est échappé aux diplomates chinois, ne pensez-vous pas qu'ils prouvaient implicitement que les coups de fusil de Bac-lé avaient été commandés, afin de désorganiser la paix? Les officiers chinois qui ont fait tirer sur nos troupes à Bac-lé ont tiré par ordre, parce que la Chine a cru qu'elle pouvait de nouveau soutenir les hostilités pour reconquérir son « prestige » et ses « aspirations » en Annam. Il n'y a pas d'autre interprétation à donner à cet incident qui, s'il ne s'était pas produit à Bac-lé, se serait produit ailleurs, avec des conséquences identiques. C'est la même politique qui continue de s'affirmer; ce sont les mêmes passions antifrançaises qui s'exercent à l'instigation du marquis Tseng, qui s'est posé en défenseur des droits de la Chine, et dont la conduite en France et en Angleterre a été la préparation incessante de ces événements. Tout ce qui se passe, tout ce qui va se passer, n'est que la conséquence de la faute commise en 1874 par nos diplomates, faute répétée et aggravée en 1884, dans le traité de Hué, par notre incompréhensible entêtement de vouloir déposséder la Chine d'un droit auquel elle tient essentiellement, quoiqu'il n'ait pas d'autre importance que celle d'une formalité; faute qui, actuellement, est la cause de tous les insuccès de notre politique en extrème Orient, et qui, tôt ou tard, créera de nouvelles difficultés.

LA DIPLOMATIE ANGLAISE

Les observations que j'ai présentées dans le chapitre précédent pourraient peut-être ne pas amener une absolue conviction dans l'esprit de ceux qui croient volontiers aux malentendus et aux fatalités. On est tenté de dire, à propos du Tonkin, tout ce qu'il est d'usage de dire quand la fortune est adverse. Une des formules les plus complaisantes consiste à reconnaitre qu'il y a eu des fautes commises, mais on ne précise pas lesquelles. S'il y a eu des fautes commises, et il y en a eu de notre côté, on peut affirmer qu'elles n'ont pas eu d'autre cause que les fantaisies et les maladresses de notre politique, dont les inspirations ont été, depuis le premier jour jusqu'au dernier, en contradiction constante avec le bon sens, avec la logique, avec les données de la question. Les diplomates qui ont accepté ces délicates missions, sans se rendre compte qu'ils ne connaissaient pas le premier mot des questions soumises à leur décision, ont sans doute une opinion particulière sur les responsabilités encourues; sinon il serait difficile d'excuser leur conduite, dont les conséquences ont été fatales à la France.

Il est déjà possible, au point où nous sommes rendu de notre exposé, de comprendre que la question de la suzeraineté de la Chine sur l'Annam avait une certaine importance, et qu'il valait mieux, par esprit de prévoyance, la définir, d'accord avec la Chine, que l'esquiver, sans se préoccuper des conséquences. Nos diplomates y ont peut-être songé; mais comme il s'agissait de la Chine, c'est-à-dire de la... Chine, on s'est dit qu'il était bien plus habile de « s'en moquer ». Et, de fait, on s'en est moqué. Les erreurs sont malheureusement partout des erreurs, et il n'existe plus de pays où elles peuvent être commises impunément. Les peuples les plus puissants commettent des fautes, si c'est leur bon plaisir; mais ils sont obligés, comme les plus humbles, de les payer. Tôt ou tard, cependant, la logique reprend ses droits.

Nous avons voulu supprimer en Annam l'autorité du Fils du Ciel : c'était une erreur, une grossière erreur ; mais elle a séduit nos diplomates, et elle a été commise sans plus de formalité. C'est la France qui a payé les conséquences généreusement, sans trop se plaindre, à sa manière, avec des centaines de millions et avec le sang de ses soldats. Voilà, exactement, l'œuvre de nos diplomates; ils sont responsables et du sang versé et des millions perdus : c'est leur « habileté » qui nous a valu tant de cruels sacrifices dont souffrent les muettes douleurs de la patrie.

Voulez-vous une preuve accablante de ce fait? car enfin c'est une grave accusation que je porte sur des noms connus et honorés; et il faut une certaine audace pour dire à des hommes politiques : Vous avez commis une faute stupide qui a coûté un milliard à la France et des milliers d'existences. Pourquoi ne le dirait-on pas, si cela est? Je ne comprends pas qu'on se taise quand on connaît le mal dont se meurt une cause, quelle qu'elle soit; et si cette cause touche aux intérêts du pays, c'est un devoir de parler.

Eh bien, nos chers voisins, les Anglais, nous apportent cette preuve, preuve officiellement offerte à nos réflexions, avec tous les caractères de l'évidence la plus parfaite.

Il y a à l'ouest de la Chine un vaste territoire qu'on appelle la Birmanie. Ce pays, organisé en royaume, était gouverné par les princes de l'antique et célèbre dynastie d'Ava, et reconnaissait, comme l'Annam et le Tonkin, la suzeraineté de la Chine. Les Anglais ont envahi l'année dernière cette magnifique contrée, et y ont installé leur puissance. Les Anglais sont, avant tout, pratiques et détestent les remises au lendemain. Ils étudient la question qui intéresse leur politique, adoptent une résolution bien nette, sans dissimuler leurs intentions. Ils sont ce qu'ils décident d'être.

Le roi Thibau végétait dans ses États avec la même splendeur que le roi Tu-duc. L'un et l'autre envoyaient régulièrement leurs petits cadeaux à la cour du Fils du Ciel, et s'estimaient heureux de leur sort. Les Français, tentés par les avantages multiples qu'offrait la situation de l'Annam et du Tonkin, aux frontières de Chine, entreprirent donc les habiles opérations que nous connaissons, pour notre malheur, et arrivèrent à conquérir le Tonkin et l'Annam, mais au prix des « bonnes dispositions » de la Chine, que nous avons exaspérée, humiliée, affaiblie, de manière à en faire une ennemie irréconciliable.

Les Anglais, eux aussi, avaient apprécié les plaines fertiles de la Birmanie et l'importance de sa situation, aux portes de la Chine. Ils entreprirent donc de s'emparer de la Birmanie; mais au lieu de commencer en 1874, et d'en finir à peu près en 1886, — d'en finir, c'est une manière de parler, — ils commencèrent en 1885 et en terminèrent en 1886. *Leur* question du Tonkin n'a pas existé; ils auront évidemment à batailler contre les bandes qui pillent le pays, comme nous bataillons sans cesse au Tonkin contre les pirates, mais ils n'auront pas à se quereller avec la Chine. Il n'y a pas de question birmane. Et cependant, quand on compare nos procédés avec ceux de l'Angleterre, on serait tenté de croire que nous devions attirer à nous toutes les sympathies. Erreur ! nous, les républicains, ennemis des rois, nous respectons la dynastie d'Annam et nous protégeons son roi, nous payons ses dettes, nous nous engageons à le soutenir, à le rendre un grand roi. Voilà qui est, je crois, agir en civilisés respectueux du droit d'autrui ! Les Anglais, eux, les royalistes, les sujets de la Reine, s'empressent d'enlever le roi Thibau, le déclarent à tout jamais déchu de son trône, suppriment tout, prennent tout, et décrètent l'annexion pure et simple de la Birmanie aux domaines de Sa Majesté Britannique. Puis, apprenant que les Chinois protestent et réclament, parce que la Birmanie était un État tributaire de l'empire, et comprenant que la Chine pourrait bien gêner leurs projets et leur causer de sérieuses difficultés, ils demandent aux Chinois, carrément, ce qu'ils exigent, et les Chinois répondent : « Notre tribut décennal; ce tribut que la France nous a impitoyablement refusé ! » Les Anglais ne sont pas assez habiles, vous supposez, pour préférer à l'octroi de cette simple faveur une expédition du genre de celle du Tonkin, coûtant un milliard et beaucoup d'hommes, et rapportant l'inimitié, l'hostilité de la Chine, et des traités illusoires. L'Angleterre, servie par des hommes d'État dignes de ce nom, a préféré s'entendre avec la Chine, et elle a accédé à sa demande, non-seulement parce qu'elle était légitime, ce qui ne serait pas une raison suffisante en extrême Orient, mais parce qu'elle n'avait pas été accordée par la France. L'Angleterre s'est posée, du même coup qu'elle envahissait sans raison un royaume tributaire de la Chine, en protectrice respectueuse des droits de la Chine ! C'est ingénieux : voilà de la politique comme il faut la comprendre en Orient.

C'est le 24 juillet de la présente année que ce remarquable accord a été conclu. Voici les deux articles de cette convention, tels qu'ils ont paru au *Livre bleu* du Foreign Office :

« ARTICLE PREMIER. — Considérant qu'il était d'usage d'envoyer tous les dix ans de Birmanie en Chine des missions avec des produits locaux, l'Angleterre consent à ce que les hautes autorités de la Birmanie continuent à envoyer ces missions; mais les membres des missions doivent être de race birmane.

« ART. 2. — La Chine consent à ce que, dans tout ce qui a trait à l'autorité et au pouvoir que l'Angleterre exerce actuellement en Birmanie, l'Angleterre soit libre d'agir ainsi qu'elle le trouvera à sa convenance. »

Voulez-vous, s'il vous plaît, mettre à la place du mot Birmanie le mot Annam, et vous aurez la formule magique qui eût conservé à la France ses millions, et aux mères leurs enfants qu'une inutile gloire a fauchés. Êtes-vous persuadés comme moi? touchez-vous du doigt la faute commise? la comprenez-vous dans toute sa sanglante ineptie? Comprenez-vous que pour avoir refusé d'envoyer une demi-douzaine de mandarins annamites à la cour de Pékin porter un petit cadeau, nous avons dépensé un milliard et fait tuer nos soldats? Comprenez-vous que, pour avoir refusé cette petite machine de rien, nous avons bombardé l'arsenal de Foutchéou, tué un tas de Chinois, qui connaissent aussi le prix de la vie, ruiné des villes, et excité toutes les rancunes de la Chine?

Comprenez-vous cela? Moi, je dis que ceux qui ont commis cette faute méritent qu'on leur crie sans cesse : « C'est vous qui l'avez commise! » Ayons donc conscience enfin des incapacités de nos diplomates. Elles coûtent trop cher : du sang, des larmes et le trésor sacré de la patrie !

DEUX QUESTIONS

Deux questions se pressent sous ma plume. La première est celle-ci : Nos diplomates ont-ils réellement refusé à la Chine de consentir à l'envoi de son petit cadeau annamite? La seconde est celle-ci : La Chine a-t-elle réclamé en faveur de son droit? en a-t-elle fait une condition de la paix?

Nous allons répondre à ces deux questions.

NOTRE POLITIQUE ANTICHINOISE

La question du tribut de l'Annam a été catégoriquement posée et résolue par nos diplomates dans le sens que j'ai indiqué; il a été supprimé. Vous croyez peut-être que cette détermination très-importante à été prise en conseil des ministres; qu'elle a fait l'objet d'un programme défini, en vue d'un résultat? Détrompez-vous; nos diplomates ont suivi, comme à la piste, les événements; ils acceptaient le tribut aujourd'hui, le refusaient demain, selon le temps qu'il faisait. Tantôt ils voyaient juste et plaidaient la cause du tribut avec les meilleures raisons; tantôt ils voyaient faux et plaidaient contre, avec d'autres arguments qui leur plaisaient. C'est une histoire bien curieuse qu'a résumée plus tard dans une dépêche célèbre notre représentant en Chine, M. Patenôtre, quand il a dit : « La politique de la France en Chine est une énigme. » C'était le mot. Nous aurons l'occasion de vérifier l'exactitude de cette opinion.

Dès 1876, la question est posée officiellement : Enverra-t-on ou n'enverra-t-on pas l'ambassade annamite porter le tribut au Fils du Ciel? Une grave question qui a fait rédiger bien des dépêches, allez! Cela se passait en 1876. On prit les avis des uns et des autres. Déjà, l'année précédente, M. de Rochechouart, notre ministre à Pékin, un de nos plus distingués diplomates, avait dit qu'il n'avait pas jugé à propos d'agiter cette question, que c'était s'engager « sur un terrain brûlant », et que, chargé de notifier au Tsung-li-yamen notre convention du 15 mars 1874 conclue avec Tu-duc, il avait préféré « glisser » sur la question du protectorat. Ce n'était pas une solution : on prévoyait bien la difficulté, mais au lieu de la vaincre, on la remettait au lendemain, comme toujours. Cependant, à cette époque, la Chine était bien faible !

L'amiral Duperré, gouverneur de Cochinchine, consulté sur la signification qu'il fallait donner à l'envoi du tribut, répondit très-nettement « que ce tribut n'a aucune importance, qu'il faut autoriser son envoi régulier », et il donnait à son avis une excellente raison : « Pourquoi, disait-il, nous faire des ennemis à Pékin ? » Eh ! oui ; il voyait juste, le brave amiral ; mais les idées justes ne survivent pas aux ministères qui les accueillent ; elles s'en vont aux archives, où elles meurent de leur belle mort, n'ayant pas le privilége qu'ont les phénix de renaitre de leurs cendres.

En 1877, le duc Decazes, ministre des affaires étrangères, écrit à ce même sujet à notre ministre à Pékin, M. de Montmorand, et lui dit textuellement : « J'éprouve, pour ma part, quelques hésitations à admettre que dans des pays où l'influence des traditions est si forte et si respectée, quand elle est entretenue surtout par des affinités de race, de mœurs et de religion, on puisse faire aussi bon marché de la longue habitude qui a assujetti, pendant plusieurs générations de souverains, l'Annam à la Chine ; il est permis de se demander si l'indifférence témoignée par la cour de Pékin, lorsqu'il s'est agi de provinces aussi éloignées de ses frontières que l'est la basse Cochinchine, se retrouverait toujours au même degré lorsqu'il s'agirait de districts voisins du Tonkin sur lesquels s'est exercée jusqu'ici l'influence prépondérante de ses mandarins, et que ses armées ont eu, jusqu'à l'année dernière, la faculté de parcourir librement et en tous sens. »

Que dites-vous de ce document? Il est parfait, n'est-ce pas? Il semble que notre politique va adopter un parti définitif : un parti! Mais pas du tout! La question est éclairée, les raisons sont données pour la résoudre, mais la solution n'intervient pas; on va attendre, on ne fera rien, *quand on sait ce qu'il faudrait faire*. Et ce qu'il y a de plus étonnant, c'est que notre ministre à Pékin, qui connaît la situation *de visu,* approuve cette manière de juger; il répond en effet : « On ne peut guère se flatter de voir briser en un jour des liens que des conformités de race, de religion et de mœurs ont établis depuis des siècles, entre deux peuples chez lesquels les traditions sont tout et où le respect des anciennes coutumes tient lieu de civilisation. » (*Livre jaune.*)

Il est impossible de mieux plaider en faveur de l'envoi du tribut. Pourquoi donc, si ce tribut avait pour lui de si excellentes raisons, n'a-t-on pas fait comme l'Angleterre qui a reconnu officiellement qu'il constituait un droit de la Chine, en échange des avantages que nous avons mentionnés? Pourquoi? Il nous serait bien difficile de le dire.

Il faut rendre cependant justice aux hésitations de M. le duc Decazes; il a vu clair, et nul ne peut affirmer qu'il n'aurait pas pris une détermination conforme aux intérêts réels de la France, s'il lui avait été donné de diriger plus longtemps notre diplomatie en extrême

Orient. Mais il était ministre, c'est-à-dire un passant.

Enfin Freycinet vint.

Il ne faut pas oublier le point de vue : j'ai démontré que l'habileté pratique recommandait la reconnaissance du droit de la Chine à recevoir son petit cadeau, et à résoudre d'urgence cette dangereuse question. Or, voici qu'en 1880, une nouvelle ambassade annamite se dispose à aller porter au Fils du Ciel l'antique et solennel tribut de la cour d'Annam. Vous allez voir quelles sont à cet égard les idées de M. de Freycinet : c'est merveilleusement curieux.

M. de Freycinet écrit à M. l'amiral Jauréguiberry : « J'estime avec vous que la solution définitive à donner aux difficultés soulevées par les liens de vassalité que *l'Annam persiste à vouloir* reconnaître, est intimement liée au projet en ce moment à l'étude pour le remaniement du traité de 1874. Je partage également vos doutes *sur la possibilité* de nous opposer aujourd'hui, *d'une manière ostensible,* à l'ambassade qui se prépare, après que nous avons fermé les yeux sur une première manifestation de ce genre il y a deux ans. *Il me semble* toutefois que nous pourrions *sans inconvénient* inviter M. Rheinhart à faire des efforts pour *détourner indirectement* le gouvernement annamite de son projet, *en laissant entendre que la France, sans élever d'objection formelle,* verrait cependant d'un mauvais œil l'envoi d'une mission à Pékin. »

Ça, c'est un chef-d'œuvre ! Je ne connais pas de document, qualifié de diplomatique, qui puisse être comparé à celui-là. C'est stupéfiant ! Comment ! la France — la France ! — verrait d'un mauvais œil l'envoi d'une mission à Pékin, et elle n'élèverait pas d'*objection formelle !*

elle protesterait *indirectement,* par crainte des *incon-véniens!* C'est la France qui parle ainsi! C'est la France, pays de loyauté, de dévouement et de franchise, qui s'abaisse à ce point, de ne pouvoir oser, d'une manière ostensible, s'opposer à ce qu'elle croit contraire à son droit! Car enfin, si cette ambassade heurtait les droits de la France, il fallait l'arrêter net aux frontières de Chine et lui barrer le chemin : Au nom de la France, on ne passe pas! — Et c'était là de la politique que tout le monde eût approuvée. Si, au contraire, cette ambassade était dans la coutume, si elle répondait à un droit réel de la Chine, vaine formalité dont se contentait son orgueil, il était du devoir de la France d'y souscrire, justement par crainte de ces inconvénients dont notre ministre des affaires étrangères avait si grand'peur. Il les connaissait donc, ces inconvénients, le chef de notre diplomatie, pour en parler si sûrement! Il savait donc que la Chine défendrait ses droits un jour ou l'autre; cas ses agents ont dû lui dire qu'elle poursuivait ses armements avec ardeur, qu'elle se préparait à une guerre prévue, annoncée, qu'elle fortifiait ses ports, et s'il savait cela, pourquoi donc n'a-t-il pas été au-devant de la difficulté, afin d'éclairer l'opinion, dont il dépendait, sur une question mal comprise jusqu'alors et dont on ne peut même pas dire encore aujourd'hui qu'elle a été bien clairement expliquée? Il fallait à ce moment-là, en 1880, affirmer résolùment la politique de la France et prendre une attitude correcte, au lieu d'adopter ces faux-fuyants, sans but défini, dont l'artifice mal dissimulé n'avait d'autre mobile que de soutenir un pouvoir ministériel chancelant; il fallait généreusement prendre le parti de la France, en lui faisant jouer un rôle qui fût digne du renom qu'elle possédait encore dans ces lointaines contrées.

Est-ce que ce n'est pas la logique même qui dicte ces reproches? N'a-t-on pas vu l'Angleterre sauver, d'un trait de plume, ses soldats et ses millions, en autorisant des Birmans à aller porter tous les dix ans un petit cadeau au Fils du Ciel? Est-ce que nous ne savons pas que la Chine a vainement supplié nos diplomates pour que cette clause du petit cadeau fût conservée dans les traités? Est-ce que nous ne savons pas que la Chine a offert pour notre commerce les avantages les plus précieux, pour notre trésor des millions, pour notre influence son amitié, pourvu qu'on lui accordât ce petit cadeau des Annamites? Est-ce que nous ne savons pas tout cela? Comment les Français supportent-ils donc qu'on commette en leur nom d'aussi lourdes fautes!

LA FAUTE

Si le gouvernement français n'a pas cessé de paraitre comprendre que sa politique exigeait la suppression du droit de suzeraineté de la Chine sur l'Annam, par contre, le gouvernement chinois n'a pas cessé de demander que ce droit fût respecté. La persistance courageuse, fière, qu'a apportée la Chine à soutenir les revendications de son droit, aurait pu éclairer nos diplomates et les inviter à plus de circonspection. Il n'en a rien été : les réclamations de la Chine, catégoriquement formulées, ont été non moins catégoriquement repoussées. Je crois que s'il est impossible de trouver une raison... raisonnable qui puisse expliquer et justifier la conduite de nos diplomates, il est absolument possible de comprendre la conduite de la Chine. Elle n'a fait la guerre que pour le maintien de son droit ; elle l'a faite à sa manière, mais le moyen de ne pas être original quand on est la Chine ? Cependant, ils ont défendu une cause légitime, en dépit de tout : je ne me trouve pas ridicule de le reconnaître.

C'est le 7 juillet 1884 que M. Jules Ferry s'écriait à la tribune, après le guet-apens de Bac-lé : « Ces choses-là se payent. » Évidemment, M. Jules Ferry, qui parlait ce jour-là au nom de la France, avait grandement raison ; seulement, ayant si bien parlé, il a eu grandement tort de ne pas se faire payer. Car la Chine n'a pas payé, pas même en monnaie de singe. C'est un fait historique.

M. Jules Ferry, dont on a célébré de tant de manières différentes la hauteur de vues dans les affaires politiques et coloniales, et que l'on cite comme un habile homme de gouvernement, — ce qui peut bien être, — a commis la faute grave de se laisser influencer par des opinions subalternes sur cette fatale question chinoise. Quand on est grand homme, on ne doit pas être le dernier à le savoir, et par conséquent on doit se servir de ses secrétaires, même de son chef de cabinet, pour ce qu'ils valent. On leur donne des instructions, mais on ne reçoit pas leurs avis pour les suivre.

Si M. Ferry, qui aimait à cette époque les conseilleurs, avait consulté, non pas un homme qui ne connaissait que la Chine de 1858, mais tous ceux, — et ils sont nombreux, — qui connaissaient la Chine de 1884, il aurait appris tout ce qu'il ignorait, et au lieu d'avoir des idées fausses, il aurait eu des idées justes. Il aurait

d'abord retourné sa langue plus de sept fois avant de
dire qu'il allait réclamer 250 millions à la Chine. Car
c'était le comble de l'imprudence. Il se serait demandé
ensuite, et simplement : « Pourquoi donc la Chine nous
combat-elle avec tant d'acharnement ? » Au fait, c'était
bien une question à se poser, puisqu'on bataillait sans
être en état de guerre. Et il était logique d'ajouter, toujours en s'aidant de la réflexion et du bon sens, dans le
silence du cabinet, — hors la vue des subalternes :
« Quel bienfait la France retirera-t-elle donc d'une paix
imposée par les armes? » Et alors il eût été profondé-
ment sensé de conclure : « Mais il faut s'arranger avec
ces gens-là, puisque l'avenir de la colonie à fonder
dépend des bonnes dispositions de ces gens-là. »

C'était là de la politique sage, digne d'un homme de
gouvernement et planant au-dessus des passions vulgaires
qui gâtent tant de bonnes choses ; c'était de la raison.
Oui, mais la raison n'habite pas fréquemment au quai
d'Orsay, du moins à cette époque... Il y a peut-être eu
des changements depuis.

M. Jules Ferry a cru aux chinoiseries de son entourage et a constamment versé dans les utopies. Il a fait
de la politique aussi fantastique que les fameux comptes
du préfet Haussmann.

Nous allons le démontrer.

A partir du 7 juillet 1884, la diplomatie française est
enfiévrée par une idée fixe ; elle a pris pour programme
le mot « indemnité ». C'est son dada. Il était question
jusqu'alors de créer une colonie d'un bon rapport, une
sorte de placement de « père de famille », de « tout
repos » ; maintenant il ne s'agit plus que de « représailles », de « gages », de « garanties », etc.... nos

diplomates s'engagent sur les asymptotes. Bon voyage!

Pendant ce temps, les Chinois prennent position sur l'hyperbole et n'en délogent pas; tantôt sur une branche, tantôt sur l'autre, ils restent fidèles à la théorie, quand même. Leur loi, c'est le tribut de l'Annam, c'est le petit cadeau. Néanmoins l'asymptote et l'hyberbole discutent. L'asymptote réclame des millions, beaucoup de millions, *à titre d'indemnité;* l'hyperbole refuse et négocie. Voilà très-exactement la situation.

Cependant le 3 août M. Ferry, qui a eu le plaisir de parlementer avec les représentants de la Chine, modifie ses prétentions; il se rapproche de la courbe, il y a presque tangence; il demande 50 millions et un bon traité de commerce, et il ajoute à cette demande cette réflexion : « Destinés à être voisins immédiats de la Chine, nous avons intérêt à ne pas creuser entre elle et nous de trop profonds ressentiments. » — Mais c'était très-bien, cela, monsieur Ferry! Ce jour-là, le 3 août, vous avez dû être inspiré, car vous vous rapprochez du point de vue exact; mais pourquoi ne pas être catégorique dans l'expression de votre pensée? En politique, il faut être net; il fallait dire carrément : « Nous avons intérêt à ne pas creuser entre elle et nous de ressentiments. » Voilà qui était parler! Qu'est-ce que vous pouviez bien espérer de ressentiments qui ne seraient pas *trop profonds?* Un ressentiment se mesure-t-il? Je vous demande mille pardons, monsieur le président du conseil, mais je ne comprends pas.

Écoutons maintenant les Chinois. Le même jour, le 3 août, M. Patenôtre, notre malheureux diplomate qui se trouvait alors à Shanghaï, télégraphie au quai d'Orsay la dépêche suivante :

« Voici les bases d'un arrangement que suggère M. Hart : la Chine, reconnaissant que la France est obligée à des dépenses considérables pour assurer la sécurité commerciale au Tonkin, s'engagerait à verser pendant dix ans, à titre de contribution, une somme annuelle de 8 millions de francs, qui par conséquent équivaudrait à 80 millions. M. Hart demandait que la France consentît en échange à laisser subsister le *tribut annamite.* » Voyez-vous comme les Chinois sont bien plus forts! Ils donnent l'argent qu'on leur demande, plus même, mais ils restent sur l'hyperbole, ils se maintiennent.

A quelques jours de là, le 8 août, M. Patenôtre écrivait à M. Ferry une lettre détaillée sur le même incident : « M. Hart est venu me voir le 3 août, dit-il. Il m'a demandé qu'en retour de la contribution de 80 millions, la France consentît au maintien du tribut que, antérieurement aux nouveaux traités conclus par nous avec l'Annam, la cour de Hué envoyait tous les deux ans à la cour de Pékin et qui ne pouvait, au dire de M. Hart, être considéré que *comme une simple formalité.* »

C'était clair comme le jour. Un diplomate quelconque aurait certainement compris que les Chinois tenaient essentiellement au petit cadeau de l'Annam, et aurait négocié sur cette base, en remaniant le traité de Hué, et en s'arrangeant avec la Chine au point de vue de la rédaction. C'était superbe d'habileté et de résultats. Mais quoi?... Nos diplomates perdirent la tête; c'est la faute de Jupiter.

Ils la perdirent si bien que nous allons assister au spectacle le plus extraordinaire qu'ait jamais donné la diplomatie depuis ses brillants exploits dans les affaires d'Égypte. Nous entrons dans le domaine de la fantaisie, et c'est le Livre Jaune, une lecture d'ordinaire fort négligée, qui va nous dévoiler, ou mieux nous confirmer les découvertes intéressantes que nous allons faire.

Il est curieux de remarquer que certains hommes politiques ont beau faire des fautes, et tomber lourdement sous le poids de la responsabilité acquise, ils n'en recommencent pas moins à refaire les mêmes fautes; c'est une sorte de fatalité. Ainsi il est clair pour tout le monde que la politique de nos diplomates nous a valu la perte de l'influence française en Égypte. C'est une conséquence que les événements se sont chargés de démontrer dans tous les moindres détails. Que fallait-il faire à l'époque où notre diplomatie, par crainte des complications, par peur, évacuait l'Égypte, désertait et abandonnait la cause de 20,000 de nos compatriotes? Mais il fallait tout simplement faire appel au suzerain de l'Égypte, la Turquie. Il fallait dire au Sultan qui implorait que cette invitation lui fût faite : Allez mettre de l'ordre en Égypte, allez rétablir l'autorité! Est-ce que ce n'était pas là une généreuse politique, une politique droite vraiment française? Mais elle ne fut pas adoptée parce que les Anglais ne voulaient pas, parce que les Anglais s'imaginaient que seuls ou avec l'aide de la France, si la France consentait, ils rétabliraient l'ordre, *sans faire appel à la Turquie.* Vous savez ce qu'il advint de cette politique sans caractère; des maux, des ruines, des désastres. L'Angleterre a payé cher son ambition! La France a payé plus cher encore sa désertion! Et, comme conséquence, il y a une question d'Égypte à l'horizon, une question d'Égypte qui menace, car quelque jour l'Angleterre, qui n'y était installée que provisoirement, pour les besoins de sa cause, s'y fixera définitivement. Le canal de Suez sera devenu anglais.

En attendant, l'ordre n'a pas été rétabli, et les Anglais *ont dû faire appel aux Turcs !* Le beau résultat ! Il était si simple à la France de prendre ce rôle avant le bombardement d'Alexandrie !

Eh bien ! la faute commise à cette époque, une faute incalculable dans ses résultats, a été rééditée à propos de l'Annam, et conduira nécessairement aux mêmes résultats. Nos diplomates n'ont pas voulu, n'ont pas osé, on ne sait pas pourquoi, avoir l'air de reconnaître en Égypte la suzeraineté de la Turquie. Il paraît que c'était impossible. Ce terme de suzeraineté a le don de méduser nos hommes d'État les plus habiles ; il inspire la terreur. Ils n'ont pas voulu de même reconnaître la suzeraineté de la Chine sur l'Annam, alors qu'il était si avantageux de faire en Annam et au Tonkin tout ce que nous voulions, *avec le bienveillant concours de la Chine*, dont les soldats auraient manœuvré contre les pirates et les dacoïts, sous les ordres de nos officiers.

Interrogez des hommes de bon sens, des patriotes, mais ils vous diront tous que la partie a été perdue par entêtement, par bêtise, et que la faute commise est tellement une faute, qu'il en coûte même d'en parler, c'est trop humiliant. Que voulez-vous? C'est navrant, ces choses-là !

LE TRIBUT EST OFFICIELLEMENT REFUSÉ

C'est le 3 août que notre ministre de Chine télégraphiait à Paris les propositions de M. Hart : c'est le 3 août que M. Ferry répond sans avoir pris le temps de réfléchir, même une heure. Il déclare que « la condition relative au tribut annamite ne peut pas être prise en considération un seul instant, et que si le gouvernement chinois la prenait à son compte, elle constituerait un reniement formel du traité de Tien-tsin et un acte offensant ». Voilà le texte qui a causé tous les malheurs, et M. Ferry, — en cela il est excusable, — s'en doute si peu que dans cette même dépêche il fait cette réflexion extraordinaire : « La proposition faite par M. Hart est un symptôme favorable. » — Un symptôme favorable! Mais les Chinois viennent d'affirmer leur condition *intransigeante;* ils font savoir qu'ils ne peuvent s'accorder avec la France, si leur tribut ne leur est pas reconnu; et c'est là un symptôme favorable! Jupiter est décidément bien coupable. Comment! cette clause que réclament les Chinois constituerait un reniement du traité de Tien-tsin? Mais ce traité, aux yeux des Chinois, était rédigé *en tels caractères,* comme nous l'avons dit, qu'il maintenait le principe de la reconnaissance du tribut! Vous voyez que c'était le plus régulier des cercles vicieux, le plus authentique, — et dès lors nous ne pouvons plus nous attendre qu'aux dénoûments tragiques. D'un côté M. Ferry, qui ne comprend pas l'importance de la Chine et qui, tout de même, va continuer à négocier ; de l'autre les Chinois, qui savent exactement la situation, et qui vont tout de même aussi continuer à négocier, pour gagner du temps et se préparer à soutenir la lutte inévitable. On n'a jamais vu de la diplomatie de cette force-là. Cependant nous verrons, quelques mois plus tard, M. Waddington parvenir à dépasser de mille coudées, au moins, ses collègues en habileté et inaugurer une politique de fou rire absolument irrésistible. Cette illustrissime Excellence a eu au cours de ses négociations, — car lui aussi a négocié, — un mot exquis que nous placerons à sa date dans cette étude instructive. C'est bien drôle, la diplomatie, quand on la prend au sérieux !

Cette histoire véridique pourrait bien se terminer sur ce point d'exclamation, car il me semble que ma démonstration est assez nette maintenant ; mais il me faut arriver au traité de Tien-tsin et au traité de commerce *négocié* à Tien-tsin une première fois par M. Cogordan et une seconde fois par M. Constans, notre envoyé que le *Journal officiel* a qualifié d'extraordinaire. Les circonstances qui ont accompagné les discussions auxquelles ont donné lieu ces négociations sont du plus haut intérêt, en effet, et méritent notre attention, comme on le verra. Suivons donc rapidement les épisodes de cette épopée diplomatique, et notons les hauts faits !

Si le lecteur a prêté quelque attention au récit de ces aventures, il doit comprendre que la Chine était dans une situation incomparablement meilleure que l'était la nôtre : elle savait que le conflit était certain. Aussi elle se prépare, tout en amusant M. Ferry par le procédé de la négociation diplomatique. La Chine a été servie à souhait sous ce rapport. On pourrait appeler le mois d'août

1884 le mois des dupes. Les dupes, ce sont les diplomates français, bien entendu.

M. Patenôtre, — permettez-moi de vous présenter notre ministre plénipotentiaire en Chine, — n'était pas au nombre de ces dupés. Il n'a pas cessé, en effet, de comprendre les réalités, ni de les faire connaître; il n'a pas cessé de se demander ce que pouvait bien signifier la politique de M. Ferry qu'il a qualifiée respectueusement d'énigmatique. Toutes ses dépêches nous démontrent que cet infortuné ministre se cassait la tête pour arriver à saisir le sens des instructions qu'il recevait. Je crois qu'il n'a pas encore compris.

Voici, du reste, quelques passages extraits de ses dépêches; elles nous montreront, à nous tous contribuables, à nous, public, qui payons en somme toutes ces dépêches des prix fabuleux, le peu d'importance qu'on leur accordait au quai d'Orsay, et partant, combien il est inutile d'entretenir des ambassades, puisque leurs avis sont nuls et non avenus.

Le 6 août.

D'après le journal anglais de Shanghaï, les Chinois auraient profité des délais accordés par la France pour fortifier leurs positions.

Le 8 août.

Je crains que pour avoir trop hésité à recourir à l'emploi de la force, nous soyons obligés aujourd'hui à une bien plus grande somme d'efforts.

Le 12 août.

La Chine profite de nos délais pour se fortifier et dépense en achats d'armes des sommes considérables. Nos hésitations auront pour résultat final de nous obliger à une guerre en règle.

Le 13 août.

Les Chinois poursuivent leurs préparatifs non-seulement à Fou-tchéou, mais partout. Nos bâtiments courent de grands risques à Fou-tchéou, et la situation s'aggrave chaque jour par suite de nos retards.

Le 20 août.

L'amiral Courbet continue à constater les préparatifs des Chinois à Fou-tchéou et craint, après l'action militaire, d'éprouver de grosses difficultés à sortir de la rivière.

. . . .

Toute la correspondance de M. Patenôtre fourmille de reproches de ce genre. Il demande une action décisive; et c'était nécessaire, puisque les deux gouvernements ne pouvaient pas s'entendre. Il fallait bien se résoudre à la guerre. Eh bien! non! Toutes les dépêches reçues à Shanghaï ne parlent que de négociations : M. Ferry espérait encore que les Chinois lui payeraient son indemnité! C'était un comble!

Le 26 août, l'amiral Courbet bombarde enfin les forts du Min et l'arsenal de Fou-tchéou. Voulez-vous savoir comment M. Patenôtre annonce ce succès? « Fou-tchéou est trop loin de Pékin pour que cette leçon suffise. » Et il ajoute dans sa lettre du 29 août ces observations très-judicieuses, qu'il faudra toujours se rappeler pour les difficultés à venir et inscrire dans le *memorandum* de nos diplomates : « Le système de décentralisation qui prévaut en Chine et qui fait de chaque vice-royauté une sorte de petit État distinct, permet, à l'occasion, au gouvernement central de se désintéresser, *à un point qu'on ne soupçonne pas en Europe,* de ce qui se passe dans les provinces. » C'était le langage de la raison même appuyée sur la connaissance parfaite de la situation politique de la Chine. Ce langage n'a pas été écouté. On était bien plus fort au quai d'Orsay qu'à Shanghaï!

Nous voilà donc entré dans la période des succès militaires; mais pendant ce temps, chose vraiment inouïe, le quai d'Orsay négocie toujours; il s'adresse tantôt à Londres, tantôt à Berlin. Les relations diplomatiques sont rompues; cela ne fait rien. La Chine, trop habile pour ne pas profiter de l'occasion, met tous ses agents en campagne : c'est une des phases les plus curieuses de cette mémorable histoire. En attendant les surprises que nous réservent ces négociations, méditez cette dépêche de M. Patenôtre, datée du 13 septembre :

« Six membres du Tsong-li-yamen ont été destitués par un décret impérial du 3, qui porte, en outre, que tout fonctionnaire qui proposera de *payer une indemnité sera puni.*

« La Chine fait, sous pavillon neutre, de nombreux envois de troupes et de munitions. »

Vous auriez été convaincu, n'est-ce pas, qu'il fallait se résoudre à la guerre? Eh bien, M. Ferry ne va pas cesser jusqu'au mois de février 1885 de demander à tous les fonctionnaires chinois qu'il pourra pressentir d'obtenir qu'on lui paye son indemnité..., et quant aux neutres, qui font la contrebande de guerre, il les prendra pour confidents de ses projets; il recourra à leurs bons offices! — C'est à renoncer d'écrire l'histoire.

NÉGOCIATIONS A BERLIN

C'est le prince de Bismarck qui fait le jeu. Les Allemands ont, en effet, un grand intérêt à voir s'éterniser le conflit franco-chinois, parce qu'ils fournissent les armes et les munitions d'abord, et parce que, ensuite, il est d'une bonne politique allemande de gêner nos opérations et de nous susciter des embarras. Nous leur rendrions la pareille si nous avions une diplomatie intelligente, évidemment.

C'était très-habile aux Allemands de se donner un rôle de négociateurs, par amour de la paix; ils donnaient dans l'instinct des Chinois, et ils paraissaient en même temps rendre un signalé service au ministère Ferry, qui, au fond, ne s'aventurait qu'avec un enthousiasme fort limité dans les hasards d'une expédition. M. Ferry voulait bien faire peur aux Chinois et leur tirer des coups de canon, mais il ne voulait pas, nous nous en souvenons, créer des « ressentiments trop profonds »; il ne voulait pas la guerre. Les Chinois le savaient très-bien, et n'avaient pas peur. Ce qu'ils désiraient avant tout, c'était d'avoir les moyens de soutenir la lutte le plus longtemps possible, afin de nous lasser. Ils ont fait la guerre. Ils ont fait la guerre à la Fabius contre les bataillons d'Annibal, et ils sont parvenus à leur résultat, quoiqu'ils n'aient pas étudié l'histoire romaine.

Si la guerre eût été déclarée, ils auraient dû céder, pour cette simple raison que les neutres auraient été obligés de leur refuser leur concours. Mais tant qu'ils ont eu pour les fournir d'armes et de munitions nos bons amis les neutres, ils pouvaient se faire battre au Tonkin aussi longtemps qu'il aurait plu à la France. Ce ne sont pas les hommes, en Chine, qui manquent. L'amiral Courbet et M. Patenôtre n'ont pas cessé de gémir sur toutes ces inconséquences, le *Livre jaune* en fait foi. Une dépêche de Shanghaï datée du 17 septembre le déclare expressément : « Le système de demi-mesure qui, jusqu'ici, a prévalu, est critiqué par tous. L'état de guerre déclaré serait certainement préférable. L'amiral Courbet ne cesse de réclamer contre une situation qui nous est absolument préjudiciable, car il est impuissant à arrêter *les transports de troupes et de munitions faites, sous pavillon neutre, par le gouvernement chinois.* » C'était donc bien clair : il fallait déclarer la guerre. On comprend pourquoi les Chinois, eux, ne pouvaient pas la déclarer; ils auraient perdu les bons offices des neutres. Pas si bêtes !

Parmi les neutres, les plus neutres à les entendre, il y avait les Allemands. En est-il parti, de ces bateaux, chargés d'armes de toutes sortes, de Hambourg, de Brème et de Brindisi! Les Allemands devaient, évidemment, faire tous leurs efforts en faveur de la paix, et ils ont effectivement offert leurs bons offices, mais à la condition qu'ils fussent infructueux.

Maintenant que nous connaissons la clause qu'il fallait précisément rappeler pour exciter les colères de M. Ferry, la clause relative au tribut de l'Annam, nous pourrions presque deviner que les négociations qui vont avoir lieu vont parler de cette clause, — puisqu'il fallait faire échouer les négociations! — C'est logique. C'est exactement ce qui s'est passé. M. de Bismarck connaissait cette difficulté, et il s'est bien gardé de ne pas donner aux Chinois le conseil d'exiger le petit cadeau. « Demandez le tribut d'Annam, disait-il à Li-fong-pao : vous finirez par l'avoir. » Il savait, cet habile homme, ce qu'il adviendrait de son conseil : un désaccord encore plus accentué, et la neutralité d'autant plus utile aux neutres.

Or, le 14 septembre, le prince chancelier fit appeler le baron de Courcel, et lui demanda si son gouvernement accepterait sa médiation pour le règlement du conflit franco-chinois. C'était une agréable proposition que notre ambassadeur à Berlin se hâta de rédiger sous forme de dépêche diplomatique, et qui parvint le même jour au quai d'Orsay. Si c'était la paix, cette fois!

Le président du conseil télégraphia aussitôt ses instructions à Berlin : « Voyez Li-fong-pao, dit-il à notre ambasssadeur; déclarez-lui que nous ne voulons *aucune équivoque sur la question de la suzeraineté;* mais l'indemnité est chose secondaire; qu'on nous donne des garanties. » C'était toujours la faute, la grosse faute! M. de Courcel pouvait bien voir Li-fong-pao; le résultat de l'entrevue était certain. Elle eut lieu cependant chez le comte de Hatzfeldt.

Li-fong-pao, que les disgrâces faciles à encourir en Chine ont éloigné des soucis de la vie politique, était un homme de bon sens. Il avait une certaine instruction, une grande expérience et le caractère conciliant. C'était un esprit sûr. L'entretien qu'il allait avoir avec M. de Courcel devait donc, *à priori,* être très-intéressant pour nos diplomates; le récit qu'en a fait notre ambassadeur nous confirme dans cette opinion; le voici textuellement :

« Le ministre de Chine m'a prémuni contre le danger d'inspirer à la nation chinoise, *pour bien des années à venir*, des sentiments d'animosité. Il admet qu'il serait possible d'obtenir que l'empereur de Chine sanctionnât par un décret le traité de Tien-tsin, *étant bien entendu que la Chine n'élèverait pas de difficulté sur la question des frontières et ne réclamerait aucune espèce de suzeraineté, même purement religieuse ou morale, sur le Tonkin et l'Annam ;* mais il est d'avis que la France devrait se contenter de la satisfaction qu'elle s'est procurée elle-même par la force des armes à Fou-tchéou et à Kilung. » Voilà encore un témoignage éclatant qui vient à l'appui de l'opinion dont je veux établir une démonstration parfaite, à savoir que la Chine ne pouvait pas céder sur la question du tribut de l'Annam.

Et considérez comme Li-fong-pao est bien instruit! Sous une forme indirecte, il indique à son interlocuteur l'opinion de son gouvernement réduite à sa plus simple expression ; il laisse entendre que la Chine se contenterait d'une suzeraineté religieuse ou morale, *du même caractère que celle dont jouit la France en Chine,* comme protectrice des intérêts religieux. Ce n'était pas, il faut l'avouer, une demande excessive, d'autant plus qu'elle favorisait si bien l'établissement de notre protectorat politique! C'était la providence de notre colonie ; c'était une mesure tellement indispensable au progrès de notre influence, que j'aurais compris tous les sacrifices que nous avons faits, afin d'obliger la Chine à consentir à recevoir le tribut de l'Annam. Nous nous sommes battus, vous voyez, à contre-sens ; cette expédition est un « barbarisme ».

Qui pourrait donc s'étonner, après toutes ces fautes

commises, que la Chine ait menacé de n'avoir dans l'avenir, à l'égard de la France, que des sentiments d'animosité? Qui pourrait s'étonner de la voir, à son tour, user de représailles et travailler à détruire l'influence de la France en Chine? Qui pourrait s'étonner qu'elle ait pris la résolution de se venger? Il n'y a plus à s'étonner de ces menaces, car elles se réalisent tous les jours; la Chine ne s'arme comme elle le fait que pour revenir au Tonkin sous forme de pavillons de toutes espèces de couleurs: elle organise une invasion contre nous; elle l'organise tous les jours; elle prendra sa revanche sûrement.

Je sais bien que nos diplomates taxeront ces notes de fantaisistes; nos diplomates! Il leur suffit qu'un Chinois quelconque leur parle des bonnes dispositions de la Chine pour qu'ils y croient. Ils verraient les préparatifs les plus menaçants, les plus inquiétants, ils se rassureraient aussitôt si un mandarin les informait « que tous ces préparatifs ne sont pas dirigés contre la France ». Comment donc! Est-ce que le traité de paix n'est pas signé? Les braves gens! Et l'on s'endort sur ces bonnes assurances.

Mais Li-hung-chang lui-même a prévenu la galerie; il a dit le 9 octobre 1884 à notre consul, qui ne l'a pas oublié: « Une guerre, quelque heureuse qu'en soit l'issue, aura pour effet de faire prendre en haine le nom français, haine qui pourrait devenir *funeste à la colonie que la France veut fonder aux portes de la Chine.* » Nous sommes officiellement renseignés; nous sommes prévenus. Les preuves, elles viendront par bandes; mais en attendant qu'elles éclatent, je pense que les succès de notre diplomatie, à propos du traité de commerce, dit traité Cogordan, pourraient me dispenser d'être moins modeste. C'est une preuve, celle-là. Nous y reviendrons plus loin.

Les négociations entreprises sous les auspices du prince de Bismarck avaient donc abouti au résultat voulu. On ne pouvait pas s'entendre; les éléments de la querelle restaient intacts : la guerre n'était pas déclarée, et les neutres continuaient à écouler, à bon prix, leur vieux stock d'armes démodées et de munitions avariées; c'était une bonne affaire.

NÉGOCIATIONS A LONDRES

Voilà le chef-d'œuvre. Ces négociations ont duré depuis le 21 octobre 1884 jusqu'au 7 janvier 1885.

Nous étions fixés, n'est-ce pas? vous et moi, sur la situation. Le Tsong-li-yamen avait déclaré, à plusieurs reprises, qu'il ne ferait aucune concession; Li-hung-chang avait nettement indiqué son opinion; Li-fong-pao avait tout dit. Il restait à connaître les intentions du marquis Tseng. La France accepte donc les « bons offices » de l'Angleterre; M. Waddington négocie avec lord Granville, un très-habile compère qui s'est chargé, d'accord avec le marquis Tseng, de faire traîner les pourparlers jusqu'en janvier. Pourquoi? demanderez-vous. Vous ne l'avez pas deviné? Mais simplement pour *gagner du temps,* la méthode favorite des Chinois; pour empêcher que la guerre soit déclarée, afin que les neutres bénéficient des avantages de la situation, et, enfin, pour lasser la France, dont les soldats s'épuisent à vaincre des armées toujours renouvelées. Les raisons étaient suffisantes!

Avec quel art consommé lord Granville a joué de son cher ami Waddington! C'est une belle leçon de diplomatie! Notre ambassadeur à Londres l'a-t-il comprise? Ce serait à souhaiter pour notre pays; mais je n'ose me flatter de cet espoir.

Le 21 octobre, lord Granville, qui a déjà eu plusieurs conférences avec M. Waddington, lui apprend cette bonne nouvelle : « J'ai télégraphié à notre ministre, à Pékin, pour le prier de sonder les dispositions de la Chine. » Voilà qui va bien. Le quai d'Orsay reçoit aussitôt cette dépêche : « Lord Granville m'appellera dès qu'il aura reçu une réponse. L'affaire est en bonne voie du côté de l'Angleterre; il reste à connaître les dispositions de la Chine.

« *Signé :* WADDINGTON. »

O sainte confiance! « Il reste à connaître les dispositions de la Chine! » N'est-ce pas, que c'est joli? Le 21 octobre, ils en sont encore à espérer connaître les dispositions de la Chine! Et jusqu'au mois de janvier ils vont attendre, accourant à toutes les convocations, et demandant à tous les échos du *Foreign Office :* « Pouvez-vous me dire quelles sont les dispositions de la Chine? » Il n'y avait que cela à savoir, rien que cela, et la paix était faite, et le ministère était sauvé.

Avouons que c'est du comique le plus fin!

M. Jules Ferry partageait absolument les mêmes illusions que celles de son agent diplomatique à Londres; seulement, tandis que M. Waddington paraissait convaincu des intentions sincères de la diplomatie anglaise à notre égard, M. Ferry doutait un peu. Il doutait! Est-ce possible, quand il connaissait le rôle des neutres! « Informez-vous des dispositions de lord Granville », écrit-il à M. Waddington le 4 novembre. Et M. Waddington s'informe; il a conférences sur conférences; il tient lord Granville au sujet de toutes nos angoisses, de notre désir d'en finir. Il le met au courant, tout simplement, comme s'il se fût appelé Jocrisse. Et le marquis Tseng? Au fait, que devient-il? « Avez-vous vu le marquis? demande M. Waddington à lord Granville le 4 novembre. — Non, répond le ministre, je ne l'ai pas vu; mais il a fait sonder mes dispositions par un tiers (la sonde est décidément un instrument diplomatique). — Vraiment! Mais alors... — Oui, par un tiers. » Et aussitôt une dépêche signée « Waddington » annonçant que la situation se dessine.

Entre temps, M. Ferry négociait avec M. Patenôtre, qui négociait avec Li-hung-chang, lequel négociait avec le Tsong-li-yamen. Il en était résulté, de notre part, de bonnes propositions qui avaient été soumises le 11 octobre à l'approbation des hauts dignitaires du Céleste Empire, et naturellement repoussées, puisque la Chine les avait déjà repoussées au moins vingt fois. Cependant, il y avait une douce espérance accompagnant cette amère déception. La Chine repoussait bien les propositions de M. Ferry, mais... elle préparait une contre-proposition! — l'art de gagner du temps. C'est M. Hart, le directeur général des douanes chinoises, un Anglais, qui se charge d'annoncer cette heureuse nouvelle, *le 7 novembre seulement,* à M. Patenôtre.

Le 12 novembre, lord Granville fait mander M. Waddington : « Avez-vous reçu la contre-proposition? — Non, mylord. — Eh bien, je suis chargé de vous dire que cette contre-proposition vous parviendra par mes bons offices. Je la recevrai directement de Pékin, et j'espère cette fois que c'est la paix. Seulement, tâchez donc de reprendre Tamsui; ce Tamsui gâte tout. — Nous envoyons des renforts; nous prendrons Tamsui. »

Cette conversation était, comme on le voit, très-importante. Tamsui ne fut pas pris.

La contre-proposition est enfin connue, vaguement encore, car ce n'est qu'une indiscrétion qui nous arrive de Tien-tsin. Il est question du tribut de l'Annam, paraît-il. M. Waddington se rend au Foreign-Office, et dit textuellement à lord Granville ces paroles mémorables : « Mon gouvernement désire être fixé le plus tôt possible sur la réponse définitive de la Chine et sur l'efficacité des bons offices de l'Angleterre. » M. Waddington y croyait encore, à l'efficacité. Voilà ce que c'est que d'avoir un nom qui finit en « ington ». Cette entrevue avait lieu le 2 décembre, et la comédie durait depuis le mois d'octobre. C'est trop fort !

Et le marquis Tseng? On le dit malade. Lord Granville ne voit que son secrétaire, l'Anglais Macartney, avec lequel il est sûrement d'accord, et auquel il dicte les demandes et les réponses. Le mois de décembre se passe, le marquis est toujours invisible, mais il va mieux. Enfin il se décide à donner ses conditions, les conditions extrêmes auxquelles consentira la Chine, par amour de la paix, et aussi par reconnaissance pour la généreuse intervention de l'Angleterre. Oh ! cette proposition, qui devait tout arranger, de quelles précautions elle est entourée ! quel mystère on fait autour de ses articles ! « J'ai reçu, écrit lord Granville à M. Waddington, j'ai reçu du gouvernement chinois une communication officielle..... » M. Waddington télégraphie à Paris, et M. Ferry répond, — fallait-il qu'il eût de la confiance ! — « Je ne sais quelle peut être *la nouvelle* proposition de la Chine. Vous pouvez accepter de lord Granville la communication qu'il vous propose. » Attendons ! — D'avance, n'est-ce pas, vous savez ce que va être cette proposition? Vous pourriez la dicter..... Eh bien, M. Ferry et M. Waddington ne l'auraient jamais devinée ! La voici dans toute sa splendide clarté :

La Chine consent à ratifier le traité de Tien-tsin, avec l'adjonction d'un article additionnel qui stipulerait :

Que, conformément aux dispositions de ce traité, qui déclarent que les conventions entre la France et l'Annam ne contiendront rien qui soit contraire à l'honneur et à la dignité de la Chine, *la France ne s'opposera pas à ce que l'Annam continue à payer comme de coutume son tribut à la Chine,* si le roi d'Annam le désire.

J'avais voulu démontrer que la question seule du tribut était la cause de toutes ces misérables difficultés : la démonstration est-elle complète? S'est-on assez moqué de nos ambassadeurs, à Shanghaï, à Berlin, à Londres? Est-il clair maintenant que c'est nous qui avons été les battus dans toute cette campagne diplomatique? Qu'avons-nous obtenu? Rien. La Chine n'a pas fait une seule concession; elle est demeurée inébranlable, et elle a mis les neutres, c'est-à-dire les rieurs, de son côté. Ah! la France n'est pas très-riche en diplomates; heureusement elle en a d'autres en disponibilité.

LE TRAITÉ DE TIEN-TSIN

La parole est à la diplomatie.

Le 20 avril, M. Patenôtre quitte Shanghaï et se rend à Tien-tsin, où vont avoir lieu les négociations. Il s'agit de conclure un traité qui favorise les intérêts français : la paix n'a été acceptée qu'en échange de cette promesse.

Nous trouvons dans le *Livre jaune* une lettre adressée par M. Cogordan, sous-directeur au ministère des affaires étrangères, à M. Campbell, lettre dans laquelle les intentions de la France sont formulées. Nous allons les faire connaître.

« Paris, le 23 avril 1883.

« Je vous envoie le texte d'un projet de traité que j'ai rédigé et que M. de Freycinet accepte dans son esprit général. Comme vous le verrez, je me suis attaché à suivre de près le traité de Tien-tsin, qui forme la base des négociations actuelles, et je renvoie à un *règlement ultérieur* les questions de détail relatives au commerce de terre entre la Chine et le Tonkin. *Il est pourtant nécessaire* d'indiquer dans le traité de paix les bases sur lesquelles seront réglés les rapports commerciaux : c'est à cet effet qu'ont été rédigés les articles 5 et 6, dont les dispositions m'ont été suggérées par l'étude du dernier traité entre la Chine et la Russie. *Il était naturel* de nous inspirer de ce traité, la Russie étant la seule puissance européenne qui ait eu à régler des questions de frontière et de voisinage avec l'Empire du Milieu. *Je ne crois pas* que la réduction de tarifs que nous demandons puisse soulever des difficultés.

. . . .

Les ouvertures qui nous ont été faites à plusieurs reprises par Li-hung-chang *m'autorisent à croire* que la clause concernant les chemins de fer sera également accueillie. »

Telles sont les dispositions d'esprit dans lesquelles se trouvent nos diplomates au moment où vont s'ouvrir les négociations. Ils doutent à peu près sur tout; ils s'excusent presque d'avoir à demander des faveurs; ils espèrent, ils sont autorisés à croire que leurs demandes ne souffriront pas de difficultés.

D'autre part, le 11 mai, M. de Freycinet télégraphie à M. Patenôtre ses dernières instructions :

« La tâche qui vous incombe, lui dit-il, est particulièrement *délicate*. Vous saurez apporter dans vos conférences avec Li et ses collègues toute la courtoisie possible, et leur témoigner tout l'esprit de conciliation *compatible avec la nécessité de faire prévaloir les vues de votre gouvernement* (sic). Je fais appel à votre patriotisme pour mener à bien une œuvre dont vous sentez comme moi *toute l'importance*. Vous aurez rendu un grand et signalé service à votre pays, le jour où vous aurez apposé votre signature au bas du traité qui nous assurera la possession *si chèrement achetée* du Tonkin. »

Ah! que les Chinois avaient donc du bonheur! Quel bon traité ils vont nous faire, eux qui n'ont qu'un désir, celui de se venger des coups de canon de Fou-tchéou et de toutes les défaites de leurs armées!

De la courtoisie! De la conciliation!

Le procédé est nouveau, certes! Qu'avions-nous à craindre? Les Chinois étaient à bout de ressources : il fallait leur envoyer Négrier porter le traité tout fait, et leur dire : « Signez! ou sinon... » C'est ainsi que procéda Li-hung-chang, un an après, quand il négocia avec M. Cogordan le fameux traité de commerce qui devait donner tant d'avantages à la France, et qui n'en reconnaissait qu'à la Chine.

De la conciliation avec les Chinois! mais c'était le seul moyen de se faire tromper. Aussi nous l'avons été.

Nous avons constaté que, le 23 avril, M. Cogordan avait communiqué à M. Campbell le texte du projet de traité; M. Patenôtre ne le reçut que le 11 mai; il y avait déjà eu un commencement de négociations qui était désastreux. M. de Freycinet avait cru utile, c'est lui-même qui le déclare, de continuer les pourparlers avec la cour de Pékin par l'entremise de Campbell et de Hart, parce qu'il ne pouvait pas « douter du *crédit* dont jouissaient à Pékin ces intermédiaires ». Nous les connaissons, ces intermédiaires! Prendre des Anglais comme intermédiaires pour soutenir les intérêts de la France en Chine! C'est le *Livre jaune* qui contient cette perle.

Donc, du 25 avril au 11 mai, on a négocié entre Paris et Pékin. Voyons les résultats.

Le *Livre jaune* est muet à ce sujet; mais nous avons le *Livre bleu* des Anglais qui va nous renseigner. Vous comprenez que les diplomates de Pékin avaient l'occasion belle; c'étaient leurs amis qui présentaient les articles au Tsong-li-yamen; ils pouvaient donc les discuter tout à leur aise. Pendant ce temps, notre minstre à Tien-tsin, M. Patenôtre, ne savait même pas ce qui se passait. Il se préparait à être courtois.

Pékin, le 29 avril 1885.

M. O'CONNOR AU COMTE GRANVILLE.

Voici en substance le traité français : Lorsque la Chine sera décidée à construire des chemins de fer, elle s'adressera à la France. — Les tarifs à la frontière du Tonkin réduits aux deux tiers des tarifs en vigueur dans les ports. — Douanes établies au nord de Lang-son et à Lao-kaï.

Voilà donc quelles étaient les demandes de la France. La lettre de M. Cogordan nous les avait déjà fait connaitre. Il s'agissait « de donner, du côté de la Chine, un débouché à notre industrie, ce qui est dans l'intérêt de la Chine autant que dans celui de la France ». Cette interprétation très-juste est tout au long écrite dans la lettre de M. Cogordan.

Mais ce n'est pas l'avis du comte Granville.

Foreign-Office, 6 mai 1886.

COMTE GRANVILLE A M. O'CONNOR.

L'article concernant les chemins de fer est « objectionable ». Il constituerait un droit exclusif en faveur de la France, au détriment de la Chine. Les puissances n'accepteraient pas cette concession.

Foreign-Office, 7 mai 1885.

COMTE GRANVILLE A M. O'CONNOR.

Faites savoir que si la Chine concède une réduction de tarifs à la frontière du Tonkin, nous réclamerons la même réduction.

Le chargé d'affaires d'Angleterre à Pékin, M. O'Connor, n'avait pas besoin qu'on lui fît la leçon, comme nous allons le voir. Le même jour où il télégraphiait à son gouvernement, le 29 avril, il écrivait une longue lettre très-instructive, d'où je détache le passage suivant :

« Le traité comprendra, je crois, dix articles (il était bien renseigné!), sur lesquels trois seulement nous intéressent. Le premier article, mentionné dans mon télégramme, dit *textuellement :* « Lorsque la Chine aura « décidé de construire des chemins de fer, elle s'adres- « sera à la France. » Si ce « elle s'adressera » était maintenu dans le traité, ce premier article constituerait un monopole que, j'en suis certain, le gouvernement de Sa Majesté ne verrait pas avec satisfaction devenir une réalité. Dans peu de jours, je pense, je connaîtrai exactement l'interprétation que le ministre de France donne à cet article. Dans tous les cas, s'il assurait à la France un monopole *réel* pour la construction des chemins de fer, ce monopole fût-il même limité à un certain nombre d'années, je crois pouvoir vous affirmer que mon influence est suffisante pour faire l'opinion du Yamen sur cette question. Certes, je me conformerai à vos vues ; je n'agirai pas de manière à pouvoir encourir le reproche d'entraver la marche des négociations ; mais je déclarerai que le gouvernement de Sa Majesté est fermement opposé à toute cession de monopole à un gouvernement étranger en Chine, comme portant un préjudice grave aux intérêts du commerce anglais.

« Quant à la demande relative à la réduction des tarifs, je crois que la Chine y fera droit d'une certaine manière. Mais cette concession sera « façonnée » autant que possible pour rendre inopportunes les réclamations que les autres puissances pourraient élever, en vertu de la clause du traitement de la nation la plus favorisée.

« Dans le troisième article, la France réclame deux stations de douanes au nord de Lang-son et à Lao-kaï. Ces stations auront tous les priviléges des ports libres pour l'introduction des produits français dans l'intérieur de la Chine, dans les provinces du Yunnan, du Kouang-si et du Kouang-tong. Si, par cet article, ces provinces sont *réellement ouvertes,* s'il spécifie certaines villes auxquelles les produits français pourront être envoyés de la frontière munis de feuilles de transit, il donnera un élan au commerce français et conférera des avantages dont le commerce anglais pourrait réclamer une semblable application. »

Cette lettre en dit bien long, et laisse bien peu d'espoir ! Que de choses dans ces mots! On devine ce qui s'est passé : nous réclamions des avantages réels, nous voulions que notre industrie profitât de tous les sacrifices auxquels la France avait souscrit; nous voulions... oui, mais l'Angleterre ne voulait pas. Une première fois, la Chine se refuse nettement à admettre la demande de la France, relativement au monopole des chemins de fer. Alors l'article est amendé; nous cédons, nous acceptons le refus de la Chine; nous présentons une autre combinaison qui est également rejetée... mais je laisse la parole à M. O'Connor, qui va nous renseigner officiellement.

Pékin, le 10 mai 1885.

AU COMTE GRANVILLE.

J'apprends que le gouvernement français demandait effectivement un privilége exclusif et une concession pour la construction des trois mille premiers kilomètres de chemins de fer. Le gouvernement chinois a refusé son consentement. L'article a donc été renvoyé à Paris, d'où il est revenu dans des conditions qui ne soulèvent plus aucune objection. Le sens général de cet article est le suivant : «Lorsque la Chine décidera de construire des chemins de fer, elle s'adressera au gouvernement français, qui sera heureux de mettre à sa disposition ingénieurs, matériel, etc., etc.; *mais* il est entendu que cette clause ne constituera pas un privilége en faveur de la France. »

Ah ! le bon billet ! Étions-nous battus? De quel nom désigner ces négociations? C'est le comble de la conciliation ! Je comprends maintenant que le *Livre jaune* n'ait pas mentionné ces jolies choses. Quand je pense que ces négociations sont dues au *crédit* dont jouissaient les intermédiaires Hart et Campbell ! Alors c'était le crédit, en sens inverse? J'avoue que je ne comprends plus rien à la diplomatie; c'est au-dessus de mes moyens.

J'en appelle à tous mes compatriotes : j'en appelle

surtout aux braves soldats qui ont combattu pour soutenir en extrême Orient l'honneur et les droits de la France. Notre diplomatie devait-elle se courber devant les refus de la Chine dictés par les Anglais? Devait-elle supporter qu'une seule de ses demandes pût ne pas être acceptée? Était-il honorable d'admettre dans un traité un article aussi ridiculement illusoire que celui dont nous venons de parler? De quelle excuse peut-on parer une telle défaillance?

Nous ne savons que répondre à ces questions, qui déconcertent notre patriotisme. L'opinion publique seule a le droit de dire si les représentants de la France ont fait complétement leur devoir, et si l'esprit de conciliation qui a présidé aux négociations n'était pas précisément incompatible «avec la nécessité de faire prévaloir les vues du gouvernement ». La peur des complications peut inspirer une politique prudente; mais doit-elle tout sacrifier au désir d'obtenir la paix? C'est une question de mesure; je ne suis pas assez diplomate pour la résoudre.

Je rappelais dans les premières pages de cette étude l'opinion du journal *le Temps*. Il disait, ce journal bien informé, qu'une lutte *acharnée, suprême,* était engagée contre la France, non-seulement en Europe, mais dans tout l'univers. Cette assertion, navrante dans son expression, manquait de preuves; nous les avons données. Nous allons les compléter.

Le 23 mai 1885, le comte Granville télégraphie à M. O'Connor les instructions suivantes :

« Je vous fais observer que notre traité de Tien-Tsin, de 1858, contient cette clause : — Le gouvernement britannique et ses sujets participeront dans une mesure équivalente à tous les priviléges, immunités et avantages qui ont été accordés ou pourront l'être dans l'avenir, par l'empereur de Chine, au gouvernement et aux sujets de toute autre nation. En conséquence, si le traité en cours de négociation avec la France allait assurer aux produits français une réduction de tarifs telle, qu'ils fussent moindres que ceux dont les produits anglais sont frappés à leur entrée dans les ports, si ce même traité conférait aux Français ou à leur commerce quelques priviléges ou quelques avantages plus grands que ceux dont jouissent actuellement les sujets anglais, le gouvernement de Sa Majesté réclamerait le traitement de la nation la plus favorisée. Insistez sur ce point auprès des ministres du Tsong-li-yamen. »

M. O'Connor a insisté. Il avait déjà obtenu une première victoire ; il lui était facile d'en obtenir une seconde, qu'il remporta. L'Angleterre avait évidemment un grand intérêt à combattre cette clause du traité qui accordait à notre commerce une réduction des tarifs pour tous les produits français importés dans les provinces limitrophes du Tonkin. Il eût été difficile à la Chine de nous refuser cette réduction qui, en somme, constituait le seul avantage réel que conférait le traité. Il fallait donc le reconnaitre, mais d'une telle manière que l'Angleterre n'eût pas trop à se plaindre. C'est le résultat qui fut obtenu.

Les provinces limitrophes du Tonkin sont au nombre de trois : le Yunnan, le Kouang-si et le Kouang-tong. De ces trois provinces, deux, le Yunnam et le Kouang-si, sont accessibles aux agents du commerce anglais par la Birmanie. L'Angleterre obtint la promesse qu'elle aurait sur sa nouvelle frontière de Birmanie la même réduction de tarifs. Restait le Kouang-tong. La question était plus grave, parce que cette province possède un port libre, Canton, et un fleuve navigable, le Si-kiang, qui remonte jusqu'au Yunnan. La diplomatie anglaise obtint donc que la réduction de tarifs accordée à la France ne porterait que sur les produits importés dans le Yunnan et le Kouang-si, *mais ne concernerait pas les produits importés dans la province de Kouang-tong*. D'autre part, l'Angleterre recevait l'assurance que cette province serait ouverte au commerce par la voie fluviale, de telle manière que les produits du commerce anglais pourraient arriver dans le Kouang-si et le Yunnan dans des conditions aussi favorisées que les produits français par la frontière du Tonkin. Telle fut la concession que la Chine dut faire aux Anglais. Elle était préjudiciable au dernier chef à nos intérêts ; mais l'article passa tout de même. Ne fallait-il pas être conciliant? Cet article, qui est le sixième du traité, était un des plus importants. Que dire? Je cherche en vain nos conquêtes : je ne trouve que des défaites. Les Anglais seuls ont négocié, seuls ont triomphé. Le traité est rédigé de telle sorte qu'il ne les gêne plus. Si nos diplomates ont voulu prendre une leçon, elle leur a été donnée supérieurement ; ils ont fait que l'expédition du Tonkin aura servi à affirmer le crédit de l'Angleterre, puisqu'elle a conclu la paix, prétend-elle, et à développer son commerce en lui concédant des avantages dont elle seule bénéficiera. Le succès est complet.

Le traité de paix, d'amitié et de commerce fut conclu le 9 juin 1885 à Tien-tsin. L'article 6 de ce traité est ainsi conçu :

« Un règlement spécial, annexé au présent traité,

précisera les conditions dans lesquelles s'effectuera le commerce par terre entre le Tonkin et les provinces chinoises du Yunnan, du Kouang-si et du Kouang-tong. Les marchandises faisant l'objet de ce commerce seront soumises, à l'entrée et à la sortie, entre le Tonkin et les provinces du Yunnan et du Kouang-si, à des droits inférieurs à ceux que stipule le tarif actuel du commerce étranger. Toutefois, *le tarif réduit ne sera pas appliqué aux marchandises transportées par la frontière terrestre entre le Tonkin et le Kouang-tong,* et n'aura pas d'effet dans les ports déjà ouverts par les traités.

« Le commerce des armes, engins, approvisionnements et munitions de guerre de toute espèce, sera soumis aux lois et règlements édictés par chacun des États contractants sur son territoire.

« L'exportation et l'importation de l'opium seront régies par des dispositions spéciales qui figureront dans le règlement commercial susmentionné.

« Le commerce de mer entre la Chine et l'Annam sera également l'objet d'un règlement particulier.

ART. VII

« En vue de développer dans les conditions les plus avantageuses les relations de commerce et de bon voisinage que le traité a pour objet de rétablir entre la France et la Chine, le gouvernement de la République construira des routes au Tonkin et y encouragera la construction des chemins de fer.

« Lorsque la Chine, de son côté, aura décidé de construire des voies ferrées, il est entendu qu'elle s'adressera à l'industrie française, et le gouvernement de la République lui donnera toutes les facilités pour se procurer en France le personnel dont elle aura besoin. *Il est entendu que cette clause ne peut être considérée comme constituant un privilége exclusif en faveur de la France.* »

J'ai souligné les deux passages de ces articles qui ont été imposés par les Anglais, ainsi que je l'ai démontré précédemment. La victoire de leur diplomatie est proclamée officiellement.

On remarquera que l'article 6 de ce traité mentionne le « règlement spécial » qui devra déterminer les conditions dans lesquelles s'effectuera le commerce entre le Tonkin et la Chine. C'est ce règlement que M. Cogordan a été chargé d'aller négocier au nom de la France.

Ce même article 6 dit que « l'exportation et l'importation de l'opium seront régies par des dispositions qui figureront dans ce règlement ». Nous verrons plus loin quelles sont ces dispositions.

Tout est maintenant à la paix. La France et la Chine, en ce jour du 9 juin, apposent leur signature sur un traité de paix, d'amitié et de commerce.

Paix forcée, amitié officielle, sans garantie, commerce illusoire : voilà la réalité, attestée par tous les témoignages qui depuis lors ont pu être enregistrés et que nous signalerons plus tard.

Que l'avenir paraissait brillant alors en ce mois de juin! Quelle confiance avaient nos diplomates dans les promesses de la Chine, promesses qui ont arraché toutes les concessions auxquelles ils ont naïvement accédé, promesses de Chinois, aussi vite oubliées qu'engagées!

« Je me suis entretenu deux fois avec Li-hung-chang,

télégraphie le 12 juin notre ministre, au sujet des projets d'emprunt et des chemins de fer. Le Vice-roi paraît *sincèrement* désireux d'affermir la cordialité des nouvelles relations établies entre la France et la Chine, *en réservant à notre pays une large part* dans les grandes entreprises qui sont à la veille d'être mises à exécution. »

O sancta simplicitas!

Ces belles promesses étaient faites le 9 juin, le jour de la signature, le jour où la flotte recevait l'ordre de faire cesser la visite des navires. Depuis ce temps, quelles sont donc les commandes qui ont été faites à l'industrie française ?

Il n'y en a pas eu une seule !

Les Chambres ont ratifié le traité.

___

LA DÉPÊCHE DU 26 FÉVRIER 1885

Le mois de janvier 1885 n'apporta aucun changement susceptible d'amener la solution pacifique que rêvait notre diplomatie. On se battait toujours au Tonkin; on prenait Lang-son; on évacuait Lang-son; on reprenait Lang-son; il n'y avait aucune raison pour que cette sombre comédie trouvât son cinquième acte; elle menaçait de s'éterniser.

Le quai d'Orsay était inquiet, ne sachant plus à quel négociateur se vouer. Il n'avait plus à se fier aux « bons offices » de l'Angleterre, ces « bons offices » dont M. Waddington avait cru pouvoir garantir l'efficacité au mois d'octobre de la précédente année. L'Allemagne était muette, ayant dit son dernier mot dès le premier, et muette elle serait restée pendant de longs mois, au grand avantage de sa politique et aussi de ses intérêts.

Au mois de février 1885, M. Ferry négociait encore, mais sans espoir d'aboutir à un résultat. La paix n'était plus possible, et elle n'eût pas été conclue de longtemps sans un incident qui se passa à Berlin, et qui eut les plus heureuses conséquences.

Cet incident et les circonstances qui l'ont accompagné sont restés secrets. Le *Livre jaune* n'en a pas fait mention. Cependant le ministère des affaires étrangères a été tenu au courant de ces négociations, et elles sont consignées aux archives. Ce sont ces négociations qui ont amené la conclusion de la paix; elles l'ont préparée, elles l'ont décidée; à ce titre elles devaient être connues. Un autre motif non moins grave devait provoquer leur publication. On s'est imaginé, en effet, que la paix avait été faite par l'intermédiaire des Anglais. Cette opinion est fausse. Les « Hart » et les « Campbell » sont des audacieux qui se sont attribué un honneur qui ne leur appartient pas. Je leur rendrai exactement la part de gloire qui leur revient, à eux et à tous ceux qui les ont aidés.

J'ai eu la bonne fortune d'avoir entre les mains le rapport manuscrit de ces négociations; c'est ce rapport que je transcris ici comme une page d'histoire qui sera lue avec intérêt.

RAPPORT SUR LES ORIGINES DU TRAITÉ DE PAIX CONCLU ENTRE LA FRANCE ET LA CHINE

Le 17 février 1885, je me trouvais à la légation de Chine, à Berlin, en compagnie de Li-fong-pao et de son secrétaire le colonel Tcheng-ki-tong. (Je connais le ministre de Chine depuis plusieurs années.) Le sujet de notre conversation était naturellement la guerre au Tonkin. Nous suivions avec une égale inquiétude, le ministre les défaites de ses compatriotes, et moi les victoires de nos soldats. Nous étions, en effet, inquiets de l'avenir, en présence de cette lutte interminable que les Chinois rendaient peu à peu redoutable par le nombre de leurs troupes sans cesse renouvelées, et par l'obstination de la résistance.

Le ministre Li désirait vivement la paix. Il ne voyait pas quels bienfaits pouvaient résulter pour son pays de l'état de guerre prolongé. Il savait, en outre, mieux que personne l'étendue des sacrifices que la Chine s'était imposés, et il n'était pas homme à se faire des illusions sur l'issue de la campagne, si la France se décidait à déclarer la guerre.

Cependant, à mesure que les événements se précipitaient, la conclusion de la paix devenait de moins en moins probable. La Chine était battue, humiliée; ses troupes vaincues dans toutes les rencontres évacuaient Lang-son que nos soldats occupaient le 13 février, pour se porter en avant et menacer les frontières de Chine. Il semblait que ces victoires dussent être définitives et décisives, et hâter l'ouverture des négociations. On le croyait à Paris; on l'espérait du moins. Mais il n'en était rien. La politique de résistance obstinée maintenait toutes ses prétentions; à la légation de Chine, à Berlin, on avait perdu tout espoir d'arriver à un accord.

Le gouvernement français pensait vaincre la Chine et la convaincre. De son côté, la cour de Pékin décidait de ne pas céder, et, en fait, elle n'aurait jamais cédé. Un décret avait été rendu qui menaçait de la peine capitale tout fonctionnaire chinois qui aurait proposé la paix aux conditions imposées par le gouvernement français, c'est-à-dire en acceptant le principe de l'indemnité de guerre. Or, après la prise de Lang-son, à la date du 17 février 1885, le gouvernement français réclamait cette indemnité, et en faisait une condition *sine quâ non* de la conclusion de la paix.

« On ne connaît pas la Chine ni notre système de gouvernement, me disaient mes amis de la légation, si l'on peut s'imaginer que des faits de guerre auront une influence sur les décisions du Tsong-li-yamen. Personne ne peut prononcer le mot « indemnité » en présence de l'Impératrice. Celui qui aurait cette témérité ne sortirait pas vivant du palais. Vaincue jusque sous les murs de sa capitale, la dynastie abandonnerait Pékin aux vainqueurs, mais elle ne céderait pas sur la question de l'indemnité, c'est théoriquement impossible. »

Lorsque le ministre me tenait ce langage, il était éclairé, ainsi que son secrétaire, sur les dispositions du gouvernement français. Il avait reçu de Paris, quelques jours auparavant, un projet de traité qui était l'expression définitive des conditions extrêmes auxquelles la paix pourrait être conclue. Aux termes de ce projet, la Chine payait une indemnité de guerre (le mot était conservé), mais avec cette restriction considérée comme une faveur par le gouvernement français, que le chiffre de l'indemnité serait fixé par une « nation amie ».

Malgré le sens modéré de cette combinaison, elle ne pouvait pas aboutir; le traité n'était pas présentable au trône, et, de fait, aucune communication officielle n'en fut faite à Pékin.

M. Ferry fut informé de ce résultat par la personne même qui avait servi d'intermédiaire officieux dans cette circonstance, M. R....., député.

Ce n'était pas la première fois que le ministère essayait de renouer avec la Chine des négociations. Déjà au mois de décembre une démarche avait été faite par un des aides de camp de l'amiral Peyron, mais sans plus de succès. Tous ces projets étaient inacceptables.

La légation de Chine avait été vivement impressionnée des dispositions favorables que montrait le gouvernement français, d'autant qu'elle comprenait l'importance critique du moment. Le secrétaire Tcheng-ki-tong me disait avec une conviction réelle : « Si les troupes françaises entrent en Chine; si la campagne continue, personne ne voudra plus accepter la paix, personne ne pourra même plus en parler, en supposant qu'elle fût « présentable au trône »; — et il ajouta : « Si M. Jules Ferry et Li-hong-chang étaient aux deux extrémités d'un fil télégraphique, avant trois jours la paix serait faite. »

Rentré chez moi, comme je repassais dans ma mémoire les divers incidents de la journée, il me vint à la pensée que si je pouvais faire connaître à une personne officielle la conversation que je venais d'avoir, il pourrait peut-être en résulter une conséquence heureuse. En somme, me disais-je, c'est une simple formalité diplomatique qu'il faut tourner; le problème n'est pas insoluble. Il y a un ambassadeur de France à Berlin; il s'agit donc d'arriver jusqu'à lui. Je me fis présenter à une personne de ses amis — ce n'est pas un diplomate — et je lui racontai toute mon histoire, qu'il trouva intéressante. L'ambassadeur fut aussitôt informé.

Pendant ce temps je revenais à la légation de Chine : « Si le gouvernement français, dis-je au secrétaire, abandonnait le principe de l'indemnité, *en apparence,* c'est-à-dire si l'on remplaçait le mot et la chose par un avantage quelconque, à déterminer d'un commun accord, qui constituerait pour la France une condition équivalente, un traité de commerce, par exemple, de manière à sauver votre face et la nôtre, pourriez-vous télégraphier à votre gouvernement? — Il me fut répondu oui, très-sérieusement. — Me permettez-vous, ajoutai-je, de prendre l'affaire à cœur et de la mener à bonne fin? Nous pouvons peut-être conclure la paix à nous deux?... — Mais, je vous en prie, me répondit le secrétaire, seulement faites vite! »

Je revis mon intermédiaire, et j'employai toute mon éloquence à lui faire comprendre que notre politique embourbait le char de l'État, si elle persistait à l'engager plus avant en Chine. Je lui dis tout ce que je savais sur la gravité de la situation, au sujet de la volonté arrêtée des Chinois officiels de ne vouloir entendre aucune proposition contenant le mot « indemnité ». Je lui communiquai sans doute le feu sacré qui m'animait, car, le lendemain, c'est-à-dire le 19 février, je recevais sa visite : il venait me lire le rapport diplomatique qui devait partir le lendemain pour Paris. Ce rapport était très-étendu, très-bien fait ; il était l'expression fidèle de la situation telle que je l'avais révélée.

Le 20 février, départ de la valise.

Le 21 se passe sans incidents.

Le 22, je reçois la visite du secrétaire Tcheng-kitong qui, très-inquiet de mon silence, vient me prier instamment de lui dire si mes démarches ont quelques chances de succès. Il témoignait d'une impatience qui me démontra l'importance de l'action que j'avais entreprise. Cependant, je n'avais encore rien d'officiel à lui dire ; je le fis patienter.

Le 23 février, je me rends chez mon intermédiaire à

dix heures du matin ; il me promit une réponse pour deux heures. Je revins à l'heure dite, et j'appris que le gouvernement français était disposé à abandonner le principe de l'indemnité, mais à la condition expresse que « le traité de commerce créerait à la France des priviléges, et que les familles des victimes de Bac-lé seraient indemnisées ».

En ce moment, je crus la paix conclue; car *je savais* que la Chine accepterait toutes ces conditions. Il fut décidé, séance tenante, que mon intermédiaire et Tcheng-ki-tong auraient une entrevue le lendemain, et pour raisons de convenances diplomatiques, on convint que la rencontre se ferait chez M. l'attaché militaire de Suède, lieutenant-colonel de M***, à l'hôtel du Kronprinz.

Je me rendis sur-le-champ à la légation où j'étais attendu, avec quelle impatience! J'arrivai à quatre heures.

— Eh bien? me cria Tcheng-ki-tong, du plus loin qu'il m'aperçut.

— Je crois que c'est fait, lui répondis-je.

Aussitôt je suis introduit chez Li-fong-pao, à qui je racontai tout ce qui venait de se passer. J'expliquai le résultat de mes démarches, et l'espoir que j'entretenais en faveur de la paix. Li-fong-pao n'était plus ministre à cette époque; son successeur Shü-ching-cheng était déjà arrivé à Berlin; mais quoiqu'il eût fait la remise des services, il avait conservé un rôle actif dans la conduite des affaires.

L'ancien ministre me félicita donc chaleureusement, et me remercia de l'intérêt que je prenais à la cause de la paix. Ah! cette entrevue du lendemain! Avec quelle inquiétude on en attendit le résultat ! Et combien cher la Chine eût payé l'espoir que je fis luire en ce moment ! Que n'eût-elle pas donné pour se rencontrer avec un négociateur français ! Je parus à leurs yeux comme un sauveur ; on me fit mille protestations de dévouement et de reconnaissance... Je livrai alors, plein de confiance dans l'avenir, le nom fatidique de l'attaché militaire de Suède. Mes Chinois croyaient rêver !

Le lendemain à deux heures eut lieu la première entrevue entre Français et Chinois. Je vis à quatre heures et demie, au moment où il rentrait, le diplomate chinois. Ses impressions étaient « favorables » ; je pense que l'entrevue avait dû être quelque peu diplomatique, car le Chinois ne revenait pas avec une dépêche à envoyer à Pékin, *but de mes efforts*. Il ne voyait pas cette dépêche ; cependant il avait espoir.

Les pourparlers continuèrent. Le 25 et le 26, le secrétaire Tcheng-ki-tong et mon intermédiaire eurent de nouvelles entrevues dans lesquelles on précisa enfin. J'étais à la légation après cette dernière conférence. C'est à ce moment que je décidai le ministre de Chine à envoyer une dépêche. Elle fut rédigée sous mes yeux ; en voici le texte : « J'apprends de source certaine que le gouvernement français serait disposé à ne pas réclamer d'indemnité. Un traité de paix et de commerce avec dispositions particulières remplacerait l'indemnité. J'attends des instructions. »

Au moment de passer la dépêche au chiffre, les ministres Li et Shü me demandèrent encore avec une insistance qui me frappa *si je pouvais affirmer* « que c'était bien l'intention exacte du gouvernement français de renoncer au principe de l'indemnité ». Ce résultat était tellement inespéré qu'il avait encore contre sa réalisation toutes les défiances des ministres chinois. J'affirmai le fait comme étant vrai. Cet incident fut solennel. Le ministre de Chine Shü signa la dépêche, et elle fut expédiée le 26 février pour Pékin. Une dépêche identique fut envoyée à Li-hong-tchang.

Les faits qui précèdent démontrent donc avec une conviction profonde que la question de la conclusion de la paix ne dépendait que de l'interprétation à donner au mot « indemnité » ; que les Chinois étaient prêts à consentir à tous les sacrifices pour avoir la paix, pourvu qu'on leur facilitât le moyen de faire une proposition au trône ; et de fait, ce jour-là, le 26 février, les ministres Li et Shü, qui étaient en communication constante avec Pékin, et qui connaissaient la situation exactement au jour le jour, *apprenaient pour la première fois* la seule combinaison d'où pouvait sortir la paix. Jusqu'alors le gouvernement français avait maintenu le mot « indemnité » qui rendait toute négociation « impraticable ». C'était grâce à mon initiative, à la suite de toutes mes démarches, de toutes mes sollicitations, après l'assurance obtenue du gouvernement français que le mot « indemnité » ne serait pas prononcé, que ce résultat était acquis. *L'origine mathématique de la paix est la dépêche du 26 février.* La veille, c'était la guerre d'extermination, une guerre à outrance, une résistance obstinée. Le lendemain, c'était l'espérance de la paix. Ce sont de réelles négociations qui commencent ; les deux gouvernements se parlent ; Paris et Pékin sont en communication diplomatique, j'avais résolu le problème que je m'étais posé.

Les deux ministres Li-fong-pao et Shü, ainsi que leur

secrétaire, s'accordent à dire le 26 février que la situation est sauvée, et qu'ils n'oublieront jamais le service que je viens de rendre à leur pays.

Je suppose que je n'aurais pas eu l'idée des démarches que je viens de raconter, il est facile de se rendre compte des conséquences. Comme je l'expliquerai plus loin, les négociations dites « Campbell » n'eussent pas existé; et, après la retraite de Lang-son, le protocole du 4 avril n'eût pas existé *tout prêt à être signé*. La guerre eût donc continué; les sacrifices de la France eussent été accrus, *sans espoir d'obtenir plus d'avantages*. C'est la dépêche du 26 février 1885 qui est le point de départ, la cause directe de toute l'action diplomatique engagée, et qui a eu son dénoûment pratique, le 4 avril à Paris, et au mois de juin à Tien-tsin.

Je reprends la suite des événements.

Le 1ᵉʳ mars, les dépêches de l'agence Havas annoncent que les dignitaires du Céleste Empire se sont réunis, par ordre de l'Empereur, en grand conseil, à Pékin, le 27 février, et que la question de l'opportunité de la paix ou de la continuation de la guerre a été mise à l'ordre du jour. Le Conseil a délibéré. Ce jour même la Légation de Chine reçoit une dépêche que je suis chargé d'aller communiquer officiellement à l'ambassade de France. Cette dépêche recommande de « maintenir les pourparlers entamés » et annonce des « instructions ultérieures ».

Le 3 mars, le secrétaire Tcheng-ki-tong me dit avoir reçu ce jour une dépêche chiffrée de Tien-tsin, « d'un de ses amis » qui le prévient que les négociations pour la paix se poursuivent à Pékin *sur les bases annoncées par le télégramme du 26 février;* c'est-à-dire qu'à cette date, au dire de mon interlocuteur (qui paraissait du reste fort gêné), le gouvernement français aurait déjà fait savoir à Pékin qu'il était disposé à abandonner l'indemnité, en vue d'arriver à la conclusion de la paix, et qu'il existait un négociateur[1]. Cette dépêche, le lecteur a déjà compris son but, était une manière de répondre, par une fin de non-recevoir déguisée, à toutes mes démarches si bien accueillies quelques jours auparavant. C'était peu habile. Comment les ministres Li-song-pao et Shü auraient-ils ignoré que ces négociations avaient lieu à Pékin, si on les connaissait à Tien-tsin? Pourquoi le Tsong-li-yamen aurait-il répondu le 28 février? Pourquoi cette réunion du Grand Conseil ordonnée subitement, le lendemain du jour où est expédiée la dépêche de Berlin? Et pourquoi la question de la paix est-elle mise à l'ordre du jour, quand jusqu'à ce jour c'est la guerre qui passionne tous les esprits? Il y avait là des contradictions flagrantes dont je me suis promis de découvrir les ressorts cachés.

A quelques jours de là, j'appris qu'un nommé Campbell, de Londres, négociait avec M. Ferry. M. Campbell est l'agent de sir Robert Hart, le directeur des douanes chinoises. Je supposai logiquement que ma dépêche du 26 février avait été aussitôt connue de M. Hart, qui se trouvait à cette époque à Pékin, et que par la puissance de son crédit il aurait obtenu de faire patienter les négociations engagées à Berlin, pour s'en approprier l'honneur et le profit. Les journaux bien informés, le *Temps* entre autres, ont dit en effet que M. Campbell avait reçu une dépêche de sir Robert Hart

[1] Cette assertion était fausse : le *Livre jaune* le constate.

dans *les premiers jours de mars*. Ce fait est significatif. Sir Robert a compris qu'il tenait la clef de la situation, et il l'a mise dans sa poche, pour s'en servir en temps opportun.

Il ne fut donc plus question des négociations que j'avais engagées. On attendait impatiemment à la légation une grosse nouvelle..... Un coup se préparait. Je savais en effet que les troupes chinoises massées à la frontière étaient nombreuses. Le coup qui se préparait consistait simplement pour les Chinois à n'entrer en lutte contre les Français que lorsqu'ils seraient dix contre un; en toute autre circonstance, de fuir pour attendre des renforts et se reformer. Le conseil n'était pas nouveau, mais les Chinois l'appréciaient. C'était, comme on l'appelait, le coup de Gordon, du nom de son auteur. Or, le moment était venu de tenter le coup; les Chinois étaient dix contre un, et plus même.....

Ainsi la Chine avait le moyen de faire la paix, *elle le connaissait;* mais elle temporisait pour exécuter le coup des Anglais. M. Campbell n'aurait donc négocié pendant ce mois de mars avec M. Ferry que pour occuper ses espérances et masquer les préparatifs du coup. Il se peut cependant que M. Campbell n'ait pas su le rôle qu'il jouait; il se peut qu'il ait été un instrument inconscient, et qu'il soit très-excusable. Ah! c'est que j'ai vu, de mes yeux vu, comment la nouvelle de la défaite de Négrier a été accueillie! Ce n'était pas une nouvelle produisant une impression subite, mais une nouvelle *attendue*. Il s'est joué là une comédie anglo-chinoise très-habilement préparée.

Les événements qui se précipitèrent vers la fin de mars démontrèrent le bien fondé de mes réflexions et de mes craintes. La retraite de Lang-son obligeait le ministère démissionnaire à accepter les propositions et les conditions que M. Campbell était chargé, lui aussi, d'accepter au nom de la Chine, à moins d'éterniser, sans aucun intérêt, ce misérable différend. Les propositions étaient prêtes, le texte était même rédigé ; mais il ne contenait plus la clause de l'indemnité aux familles des victimes de Bac-lé, clause admise le 26 février. Le coup de Gordon avait réussi, et tous les ennemis de la France étaient satisfaits.

- Cependant, même après le succès de Lang-son, la cour de Pékin prit peur ; elle craignit que la paix ne fût devenue impossible. A la légation, il y eut une véritable panique quand on apprit le vote des Chambres et l'attitude de l'opinion. Le ministre de Chine me demanda alors si l'ambassadeur de France pouvait reprendre les négociations interrompues après le 1er mars. Je me rendis à l'ambassade, et j'en rapportai l'assurance que le gouvernement français maintenait ses aspirations pacifiques. Sur mes indications fournies aussitôt après cette visite, le ministre Shū envoya une première dépêche à Pékin ; le ministre demandait des pouvoirs pour signer le protocole de la paix ; en même temps, il éclairait son gouvernement sur le caractère exact de la situation. Cette dépêche était très-urgente, et le ministre en comprenait toute la gravité. A mon tour, je lui avais dit : Faites vite ! C'est le 2 avril que cette dépêche fut expédiée. Le lendemain, le ministre envoie encore, à l'issue d'une entrevue qu'il eut avec moi, une seconde dépêche plus explicite et plus pressante. . . . .

. . . .

Le dimanche 5 avril, à quatre heures de l'après-midi, une dépêche arrivée de Pékin annonçait que MM. Billot et Campbell avaient signé la veille le protocole de la paix, à Paris.

Berlin, le 15 mars 1885.

J'ai reproduit ce rapport tel qu'il m'a été communiqué, laissant aux personnes désignées dans le texte le soin d'intervenir, si elles estiment qu'il contient un seul mot inexact.

L'auteur de ce travail s'estimerait heureux si la publicité qu'il a cru devoir donner à ces négociations avait eu pour résultat de provoquer, de la part des autorités chinoises et en particulier du ministre de Chine à Paris, S. E. Shü, un débat, quel qu'il fût, qui pût éclairer l'opinion sur les incidents encore obscurs auxquels il a été fait allusion. C'est une question importante qui intéresse l'honneur de la diplomatie française ; car les Anglais se sont prévalus en Chine, comme d'un succès glorieux pour leur influence, du bienfait qu'ils avaient apporté à la cause de la civilisation en déterminant le gouvernement français à conclure la paix. Sir Robert Hart a le renom, en Chine, en Angleterre et en France, d'avoir été l'auteur de la paix. Il importe de détruire cette opinion : elle est fausse. C'est la France qui seule a fait la paix, qui seule l'a voulue : les « bons offices » des Anglais ont toujours été nuls ; nous l'avons démontré dans la deuxième partie de cet ouvrage.

Interrogeons maintenant le *Livre jaune,* et demandons-lui des preuves officielles.

C'est le 26 *février* que la dépêche de la légation de Berlin est expédiée à Pékin. Le 28 *février,* sir Robert

Hart télégraphie à M. Campbell la dépêche suivante, qui est communiquée à M. Ferry le 1er mars :

« L'Empereur a autorisé la proposition des articles suivants :

« 1° D'une part, la Chine consent à ratifier la convention de Tien-tsin de mai 1884, et, d'autre part, la France consent à ne rien demander de plus que ce qui est stipulé par cette convention.

« 2° La France convient d'envoyer le ministre à Tien-tsin ou à Pékin, pour arranger un traité détaillé. »

Voilà donc la réponse à la dépêche du 26, à cette dépêche qui a été dictée par la France; c'est la réponse officielle; elle est consignée au *Livre jaune.*

Un document plus explicite encore émane de M. Patenôtre, et est daté de Shanghaï, *le 9 mars :*

« Li-hong-tchang a mandé notre consul. Je tiens de trois sources différentes, lui a dit le Vice-roi, que votre gouvernement serait disposé à faire la paix si des avantages commerciaux étaient donnés, et si la convention de Tien-tsin était ratifiée. Sur ces bases un arrangement est possible, et je suis prêt à entrer en négociations. »

N'est-ce pas concluant? Le Vice-roi se sert des mêmes expressions que celles qui sont dans le texte de la dépêche du 26 février; ce sont les mêmes conditions. Il dit qu'il tient de trois sources différentes son information; il est aisé de les nommer : de Berlin, du Tsong-li-yamen, et de M. Hart. Et la date de cette dépêche, 9 *mars,* n'est-elle pas à elle seule une preuve éclatante? Rappelez-vous que la légation de Chine prétendit avoir reçu de Tien-tsin, le 3 *mars,* une dépêche annonçant que les négociations se poursuivaient à Pékin, *déjà aupa-*

ravant, sur les bases annoncées par le télégramme du 26 février, c'est-à-dire sur l'abandon de l'indemnité. Or, c'est le 9 mars que Li-hong-tchang déclare qu'il est prêt à négocier sur les mêmes bases! Bien plus, M. Hart lui-même donne, dans sa dépêche du 28 février, un démenti formel à la prétendue dépêche du 3 mars, puisqu'il dit : « La France convient d'envoyer le ministre à Tien-tsin ou à Pékin » ; donc il n'y avait jusqu'alors aucune négociation ; donc la dépêche du 3 mars était imaginaire et inventée pour enlever à la diplomatie française l'honneur et l'avantage d'avoir posé les premiers préliminaires. Je défie qu'on me prouve le contraire.

Notre démonstration est complète. Il nous reste cependant à terminer l'étude de cette question dans ses conséquences, et à donner nos conclusions.

Peu de temps après la signature du Protocole du 4 avril, la *République française* faisait paraître un article qui fut très-remarqué. « Le gouvernement anglais, disait ce journal, dut donc intervenir dans le conflit franco-chinois en exerçant sur la cour de Pékin une pression accusée dans le sens de la solution pacifique que nous réclamions, en poussant vivement M. Robert Hart à conclure avec nous dans cette voie un arrangement pacifique. » Cet article avait évidemment pour but de faire prendre le change à l'opinion, *qui ne s'expliquait pas l'intervention des Anglais dans cette affaire.*

L'assertion de la *République française* est de tous points *inexacte.* Aucune puissance n'a pu exercer de pression sur la cour de Pékin; car celle-ci a toujours, pendant toute la durée des hostilités, protesté contre les causes de la guerre et constamment témoigné de son désir de faire la paix. Seulement, elle ne pouvait pas accepter la paix aux conditions imposées par le gouvernement français. Si l'auteur ou l'inspirateur de l'article de la *République française* avait été s'informer à la légation de Chine, il aurait appris qu'avant le 27 février il était interdit, par décret de l'Empereur, sous peine de mort, à aucun fonctionnaire chinois de parler de la conclusion de la paix aux conditions voulues par le gouvernement français; le mot « indemnité » était, dans ce moment-là même, considéré comme un crime de haute trahison. Or, avant le 27 février, le ministère présidé par M. Ferry n'avait pas encore proposé au Tsong-li-yamen d'abandonner l'indemnité de guerre. Il est donc absolument inexact de dire que M. Hart ait exercé une pression sur la cour de Pékin.

Avant le 27 février, M. Hart, qui se trouvait à Pékin, n'avait rien à dire ni rien à faire à la cour de Pékin. Les armées de la France avaient chassé du Tonkin les troupes chinoises, pris Lang-son, et menaçaient les frontières de Chine. C'est à ce moment même, en plein succès, que M. Ferry entra secrètement en négociations avec le cabinet de Pékin, et proposa une combinaison qui fut acceptée.

C'est le gouvernement français, et non pas le gouvernement anglais, qui a exercé une pression sur la cour de Pékin. Voilà ce qu'il est seulement exact de dire.

On a prétendu que M. Hart avait envoyé son agent, M. Campbell, à Paris, avec des pouvoirs et des instructions, en vue de négocier directement avec M. Ferry. Cette assertion est encore *inexacte* : nous l'établirons clairement plus loin. Tant que M. Ferry a maintenu, au nom de la France, tous ses droits à l'indemnité, il ne pouvait être question de pouvoirs ni d'instructions données par le gouvernement chinois; c'était légalement impossible. M. Campbell n'a pu négocier utilement qu'après le 1ᵉʳ mars, lorsque M. Hart lui eut fait connaître, par dépêche, la solution secrète qui se préparait et dont la généreuse et habile initiative appartient seulement à la France. M. Hart avait le moyen d'être bien informé ; il l'a été. Il a emporté d'assaut une ville conquise, et a crié victoire ! Il a eu ensuite les récompenses que méritent l'intelligence et le patriotisme: c'est un heureux homme. Mais qu'on ne vienne pas dire que ce personnage ait, au nom du gouvernement anglais, exercé une pression sur la cour de Pékin dans le sens de la solution pacifique que nous réclamions! C'est faux. Nous avons eu cette solution, après la retraite de Lang-son, dans les termes où nous avions consenti à la voir s'établir avant cet événement; et si la paix n'a pas été conclue sur ces bases, dans la première quinzaine de mars, au lieu de l'avoir été le 4 avril, après un insuccès de nos armes, ce n'est pas seulement sur le gouvernement français qu'il faut en faire retomber la responsabilité. Ce qui est hors de doute, c'est que, après la prise de Lang-son, après les héroïques faits d'armes de nos soldats, lorsque le drapeau français est partout victorieux, c'est à ce moment même que le gouvernement français trouve la formule du traité de paix, la seule qui pût concilier les droits de notre honneur, nos intérêts et les exigences de la politique française. C'est la France qui a voulu la paix. L'histoire impartiale donnera à chacun son rôle dans cette comédie où il entre plus de perfidie que d'habileté, et où les intentions les plus bienveillantes et les plus loyales ont été indignement exploitées.

Il importe pour la dignité du gouvernement français que tous ces faits soient mis au grand jour et que l'opinion les juge.

J'insiste, en terminant, sur un point qui a son importance. On a voulu faire croire que M. Campbell négociait à Paris, avec pleins pouvoirs, en vue d'arriver à la conclusion de la paix. Mais il est impossible de soutenir cette invention : les dates officielles la condamnent.

Voici d'abord M. Ferry qui déclare dans sa dépêche du 9 mars que « depuis plusieurs semaines il est en communication avec sir Robert Hart, par l'intermédiaire d'un de ses agents anglais, M. Campbell, *venu à Paris pour l'affaire du bâtiment de la douane chinoise retenu par l'amiral Courbet* ».

S'agit-il donc des négociations pour la paix? Sans doute il a dû en être question dans les audiences que M. Ferry a accordées à M. Campbell; car c'était le rêve de M. Hart de pouvoir se vanter d'avoir été le négociateur de la paix; mais M. Campbell n'a obtenu aucune concession *utile* de M. Ferry : les documents diplomatiques en font foi.

L'agent Campbell était venu à Paris pour une affaire de bateau! Voilà comment M. le président du conseil traite ce diplomate!

Avait-il des pouvoirs, ce diplomate? Oui, prétendent ceux qui ont un intérêt à ce que cela soit; mais ils ont contre leur affirmation une déclaration officielle de.... M. Hart lui-même. Le fait est trop curieux à constater. Le 15 mars, M. Hart télégraphie de Pékin à M. Campbell cette étonnante dépêche : « J'ai télégraphié à M. Ferry

ce qui suit : — Un décret impérial enregistré *le 27 février*
a nommé M. Campbell pour signer *le protocole* comme
commissaire spécial de la Chine. » Qu'on nous cite donc
une date antérieure au 27 et au 26 février? Nous mettons
au défi tous les Anglais et tous les Chinois de faire cette
démonstration. Leur agent Campbell n'est avant le
27 février qu'un employé des douanes chinoises venu à
Paris *pour affaires :* il est subitement transformé en
agent diplomatique, après le 27 février. C'est M. Hart,
l'impresario de cette ridicule comédie, qui se charge de
nous renseigner. Ils auront beau faire, ils ne parviendront
pas à fausser la vérité. Tout ce qui s'est fait en faveur de
la paix, toutes les résolutions prises pour la conclusion
de la paix, tout a été décidé au lendemain du jour où la
dépêche de Berlin a été rédigée, à la suite de négociations
dont l'initiative n'appartient ni aux Anglais ni aux Chinois. Avant le 27 février, c'était la guerre ; après le
27 février, c'est la paix.

Il me reste une dernière question à poser : Pourquoi
le protocole de la paix a-t-il été signé par les Anglais?
Pourquoi cette signature Campbell au bas d'un traité qui
engage la Chine ?... Afin que l'Occident sache bien que
l'Angleterre est souveraine en Chine et qu'elle y dicte
ses volontés. Notre diplomatie a fait inconsciemment le
jeu des Anglais.

Nous allons payer les conséquences de cette faute, une
des plus irréparables de toute cette campagne.

ÉPILOGUE

L'outrage est fait par la Chine, représentée par un de
ses plus hauts mandarins, le vice-roi de Canton.

Le consul de France, M. Fraudin, ayant réclamé de
cette Excellence le payement des dommages causés par
le pillage des missions françaises établies dans le Kuang-
si, s'est attiré l'impertinente réponse qui suit :

MONSIEUR LE CONSUL,

J'ai l'honneur de vous accuser réception de la dépêche que vous m'avez adressée relativement au pillage des chapelles catholiques établies dans ma province, ainsi que du mémoire qui l'accompagne fixant les
dommages à la somme de 380,000 dollars. Vous me
dites que ces événements se passèrent pendant les années
1884 et 1885, et que la responsabilité en incombé à mes
fonctionnaires, puisque les édits impériaux leur faisaient
un devoir de protéger les intérêts étrangers. Vous insistez sur l'importance des pertes subies par les missionnaires
et par leurs paroissiens; vous faites appel à mon équité
et à ma générosité, et sollicitez mon concours afin d'obtenir satisfaction; vous espérez même que je donnerai de
nouvelles instructions à mes subalternes, leur prescrivant

d'accorder à tous une égale protection, dans l'intérêt même, dites-vous, de la consolidation des rapports pacifiques qui unissent nos deux pays. Vous me proposez enfin de désigner un commissaire qui serait chargé de faire une enquête contradictoirement avec votre délégué.

Je me hâte de vous dire, Monsieur le consul, que j'ai examiné avec une grande attention votre dépêche, et que je ne permettrai pas que les événements auxquels elle fait allusion deviennent entre nous un sujet de discussion. La France et la Chine ont signé un traité de paix; ces événements se sont passés sous votre prédécesseur; je lui avais nettement formulé mes idées à leur sujet, et en de tels termes qu'il avait dû regretter son intervention. Quel n'a pas été mon étonnement de vous voir reprendre la même affaire, et de vous voir reproduire les mêmes erreurs signalées par moi!

Vous êtes, Monsieur le consul, dès longtemps au courant des principes de justice qui règlent les rapports entre peuples; vous savez par expérience qu'il n'est pas utile de faire renaître des questions qui ont été résolues; aussi, me plaçant à ce point de vue, je vous déclare de la manière la plus absolue que votre requête est complétement en contradiction avec l'équité et la raison.

Votre dépêche comprend trois points : le premier traite des chapelles; le second, des missionnaires; le troisième, des chrétiens.

Au sujet des *chapelles françaises*, voici ce que j'ai à dire : Au commencement des hostilités elles furent fermées et scellées. Après la paix signée, elles furent rendues à leurs propriétaires.

Au sujet des missionnaires, voici ce que j'ai à dire : Ceux qui ont voulu partir ont été escortés jusqu'aux limites de ma province; ceux qui sont restés ont été protégés.

Le principe de la « protection » ne m'oblige pas à d'autres devoirs. Je n'ai donc pas un mot à ajouter à ce que je viens de vous dire.

Quant aux chrétiens, c'est-à-dire aux Chinois *qui ont embrassé la foi française,* ils sont encore sujets chinois; de quel droit alors viendriez-vous faire une enquête? Autoriser une telle mesure serait admettre que le gouvernement de la Chine ne sait pas protéger son peuple; ce serait usurper le droit de l'État. Aussi je maintiens que sur ce troisième point, comme sur les deux premiers, je n'ai rien à voir, rien à répondre.

En fin de compte, toutes les instructions que j'ai reçues de Sa Majesté, m'enjoignant de protéger les fonctionnaires français, les marchands et les missionnaires, prouvent combien est profonde, combien est extraordinaire la bienveillance de notre gouvernement. Nous rejetons tout prétexte de mécontentement; nous n'avons qu'une seule pensée : observer les anciens traités d'alliance, et faire tout notre possible pour maintenir les relations amicales. Et pendant ce temps, de toutes parts, des armées sont levées et envoyées contre nous!

Les ordres de Sa Majesté sont respectés et exécutés dans tout l'Empire; tous les fonctionnaires, soit de l'ordre civil, soit de l'ordre militaire, rivalisent de zèle à conformer leur conduite à la lettre des édits. Partout vous trouvez aide et assistance pour vos explorateurs, vos négociants; nous protégeons leurs maisons et leurs biens.

Je cherche en vain une expression de votre reconnaissance envers nos fonctionnaires : il n'y en a pas trace. Pas le moindre remerciment pour nos soldats ni pour le peuple. Tout au contraire, vous nous parlez des édits de Sa Majesté, qui nous imposent le devoir de vous protéger, comme n'ayant pas été observés; vous nous accusez faussement de vous avoir persécutés; vous nous diffamez en prétendant que nous vous avons pillés. Et pour comble vous évaluez un dommage imaginaire, et vous me demandez pour clore cet incident, de vous payer plus de 380,000 dollars! Les événements dont vous me parlez se sont passés après l'ouverture des hostilités; je n'ai pas à clore cet incident. S'il avait eu lieu après la signature de la paix, d'accord; mais dans les circonstances présentes, je n'ai pas à m'en occuper.

Les hostilités ont arrêté le commerce dans tous nos ports, à Fou-tchéou, à Taï-wan, à Ning-po. Vos soldats ont dévasté toutes les propriétés; ils ont mis tout au pillage; ils ont tué, ils ont saccagé; les dommages causés sont incalculables. A Canton, pour ne parler que de ma province, vous m'avez pris nos steamers; vous avez bloqué Pakhoi. La navigation et le commerce ont été interrompus sur tout le littoral de la province. J'estime la perte que nous avons subie à quatre millions de taëls (vingt-cinq millions de francs). Or, conformément à la loi internationale, c'est l'agresseur qui est responsable des dommages qu'il cause. Je vous invite donc à m'établir de quelle manière vous comptez régler cette réclamation et à me fixer l'époque à laquelle vous me payerez. Lorsque vous aurez liquidé cette affaire à ma satisfaction complète, je pourrai alors admettre votre requête au sujet de cette misérable somme que réclament vos missionnaires.

En outre, j'ai été obligé de faire d'énormes dépenses pour organiser la défense de ma province.

J'ai calculé que j'ai acheté pour quatre millions de taëls de bateaux et de canons, et je puis vous avouer que je n'ai pas encore pu payer ma dette. Comme vous attachez une si grande importance aux relations amicales, je vous serais extrêmement obligé si vous aviez la complaisance de contribuer pour une part dans le payement d'une somme que vous m'avez obligé de dépenser.

Telles sont, Monsieur le consul, les observations que j'avais à vous présenter en réponse à votre requête. En terminant, je vous prie d'agréer l'expression de ma constante considération.

TCHANG-TCHI-TONG.

Cette lettre est reproduite dans le journal chinois le *Chen-pao*, de Shanghaï. Elle a été traduite et publiée dans tous les journaux anglais. Depuis deux mois, elle fait son tour du monde. L'insulte du vice-roi de Canton est donc aujourd'hui universellement connue.

FIN.

TABLE DES MATIÈRES

PREMIÈRE PARTIE

CORRESPONDANCE PARTICULIÈRE DU *Journal des Débats.*

XVIII

DEUXIÈME PARTIE

DOCUMENTS DIPLOMATIQUES INÉDITS

LE TRIBUT DE L'ANNAM.

UNE PAGE INÉDITE DU LIVRE JAUNE CHINOIS.

ÉPILOGUE.

FIN DE LA TABLE.

PARIS. TYPOGRAPHIE E. PLON, NOURRIT ET Cⁱᵉ, RUE GARANCIÈRE, 8.